人としてのセラピスト養成モデル
「私自身」をセラピーに生かすためのトレーニング

〈編著〉

ハリー・J・アポンテ　　カーニ・キシル

〈監修〉

福井　里江

〈訳〉

小笠原知子　　大森　美湖
辻井　弘美　　福井　里江

星和書店

The Person of the Therapist Training Model

Mastering the Use of Self

Edited by
Harry J. Aponte
Karni Kissil

Supervised by
Satoe Fukui

Translated from English
by
Tomoko Ogasawara
Miko Oomori
Hiromi Tsujii
Satoe Fukui

English Edition Copyright @ 2016 by Harry J. Aponte and Karni Kissil
First published by Routledge, an imprint of the Taylor & Francis Group,
an Informa Business.
Japanese Edition Copyright@2024 by Seiwa Shoten Publishers, Tokyo

Japanese translation rights arranged with Taylor & Francis Group LLC
through Japan UNI Agency, Inc., Tokyo

私の愛する妻，テレサへ，
そして，愛しい私の娘，マリアへ

——H.A.

人としてのセラピスト養成モデル

人としてのセラピスト養成モデルは，ひとりの人間として，また，専門職として，セラピーのあらゆるプロセス，つまり，関係構築，アセスメント，そして介入といったプロセスにおいて，目的をもって，積極的に，自分自身を活かすモデルを提唱する。この本では，一見漠然として，とらえどころのないように見える「人としてのセラピスト」を取り上げ，力のあるセラピストへの成長を促すような養成プログラムとはどのようなものか，またそれをどのように構造化し，実施するかについて，段階的に説明していく。この本において力のあるセラピストとは，自分という全体をクライアントとの出会いにおいて活用することができる者である。セラピスト自身がもつ人種的背景，ジェンダー，文化，価値観，人生における経験，特に，セラピストがクライアントと関わるなかで感じる人間としての弱さや葛藤などを，意識的に，計画的に，活用することを目指している。ここに示すものは実証性に裏付けられており，臨床家にとって，スーパーバイザーにとって，また，いかなる養成プログラムにとっても，望ましいリソースとなるだろう。

ハリー・J・アポンテ（Harry J. Aponte, MSW, LCSW, LMFT, HPhD.）
ドレクセル大学カップル・ファミリーセラピー学部臨床准教授

カーニ・キシル（Karni Kissil, PhD, LMFT.）
臨床家として20年の経験を持ち，多様な臨床機関において個人，カップル，家族と関わってきた。現在，フロリダ州においてクリニックを開業。

序　文

私たちのストーリー

ハリー・J・アポンテ（Harry J. Aponte）

　POTT モデルが現在のような形をとるに至った背景には，私の人として，そして専門家としてのルーツがある。ニューヨークで生まれ育ち，プエルトリコ出身の両親を持つ私は，大学院修了後，自分にとってはオズの魔法使いの国，一般にはカンザス州として知られる地へとはるばる向かい，メニンガー・クリニック（Menninger Clinic）で1年間の卒後研修を受けた。しかし，結局，その後7年にわたってそこにスタッフとして残ることになる。クリニックの患者やその家族は，大多数が生活には困らないアングロサクソン系の人々であり，私は何か文化的に違和感を感じていた。一方で，私は患者の家族と関わるのが仕事であり，つまり，家族と関係を築き，彼ら，彼女らを理解し，何らかの助けになれるよう努める責任があった。私にとって，文化的，社会的な違いがコミュニケーションや共感性を著しく難しくしていると感じる時もあったが，精神分析の砦ともいえる「逆転移」，いわゆるセラピストの私的体験がクライアントの課題やその心理的な歴史へ反応する，という概念についても私は学びつつあった。私にとってこれは，患者やクライアントへの理解や関係構築に自分が何を持ち込んでいるかに関して，気づきをはぐくむことにつながった。そして，プエルトリコという私の出自だけでなく，低所得家庭の出身という背景が，クライアントとの関わりにどのように影響を与えているかを意識するようになった。また，問題の多い家族の歴史を今でも身近に抱えているため，プライベートな生活に関しては話したがらず，自立心が強いとい

う私自身がもつ傾向について理解するようになっていった。私はメニンガーで，私が抱える個人的な問題の解決に何か役に立つことを願いながら，精神分析を受けるようになった。フロイトは，こういったセラピストの個人的問題を解決することにより，私たちが行うセラピーの質を維持することができるという。私は内省と意識化を学んでいった。しかし，実際，私が以前から抱えている問題の核心が解決に至ることはなかった。一方で，カンザス州のトペカ（Topeka, Kansas）にいたこの期間，私は，クライアントがどんなに自分とは違って見えても，自分を開くことを通して共通の人間性を見いだし，クライアントと関わっていくすべを見いだしていった。私たちはともに弱さを抱えた人間なのだという現実を受け入れることで，ともに人生の苦悩を持つ者として関わるようになっていった。

　話を先に進めよう。メニンガー・クリニックで勤めた後，私はサルバドール・ミニューチン（Salvador Minuchin）に誘われて，フィラデルフィアにあるフィラデルフィア・チャイルドガイダンスクリニック（Philadelphia Child Guidance Clinic）へ移ることになったが，そこでは，困難を抱えた家族に対する家族療法の活用を研究していた。これらの家族は私と同様の出自を持つ人々であり，彼らが人生において経験していることは私にも経験のあることだから，彼らと関わることにほとんど問題はないだろう，と私は考えていた。しかし，精神分析の手法が私たちの幼児期の経験に焦点を当てるのに対し，チャイルドガイダンスで行われていた構造的家族療法は，セラピールームにおいて，現実にそこにいる家族の間で，またセラピストと家族の間で，その瞬間に起こっていることに焦点を当てていた。精神分析を通して得た経験は，自己の内省やそれを基にして自己を修正していくことには役立ったが，目の前の家族と今，ここで関わる，という即時性においては，異なった対応が求められた。私は家族と私の間で，その場で起こっていることにうまく対処する必要があり，それは専門的なプロセスであるだけでなく，何か自分自身を試されているようにも感じた。自分の欠点を"直す"時間など持つことはできない。何か，私という

人間がセラピーに持ち込むすべてを通して，すべてを用いて，セラピーの効果を高め，充実させ，持っている可能性を最大限に高める必要があった。私は，自分の人生経験——過去の経験だけでなく，今この瞬間に私がクライアントとの相互作用の中で体験しているもの——を，自分の専門職としてのパフォーマンスに結びつけようとしていた。私は，クライアントと向き合いながら，自分自身の傷つきやすさと共鳴することでクライアントに共感し，その共感を通してクライアントに起きていることを読み取り，私が差し出せるものすべてを使って，クライアントにアクセスする必要があった。

　私はまた，クライアントや私自身が持つ世界観，哲学，スピリチュアリティが，私たちのセラピーのプロセス，つまり私たちがどのように課題を定義し，目標を設定し，そこに到達するための方法を選ぶかに，影響を与えるのだと意識するようになった。セラピーの世界における目標や理想の多くは，私たちの心の傷を修復し解決することに関連しているが，それにもかかわらず，私たちは生涯にわたって，人間としての限界や欠点，弱さを多かれ少なかれ自覚し，葛藤している。このことは私たちを落胆させ，恥の感覚をもたらすこともある。しかし，自分の弱さや傷を，自分自身を伸ばし，自分自身や人間関係をより深く掘り下げるチャンスと捉え，限界だと思っていたことを超えて変化し成長するための挑戦であると考えてみることもできる。私たちが自分の人間性をめぐる弱さや脆さを受け入れることから始め，それに取り組んでいこうとするならば，それは自分ひとりでは成し遂げられない，一生をかけた挑戦になるという現実を受け入れることが前提となる。成長のためのこの特別な旅は，私たちの個性を現す土台となる。なぜならそれは，私たちがどのような理想を持ち，そこに到達するためにどのように歩んできたかを明らかにするものだからだ。このような，私自身の傷や弱さがもたらす課題についての私の捉え方は，私のセラピーやセラピスト養成へのアプローチに影響を及ぼしており，私のセラピーにおける哲学的・精神的基盤となっているのである。

何よりも大切なのは，苦しみに対して私たちが取る態度，特に，苦しみを自ら引き受ける態度なのです。(Frankl, 1963, p.93)

私たちは苦しみから逃れる必要はなく，むしろ，苦しみを通して力いっぱい人生について問いかけることができるのだ，と気づく時，絶望の表れであったまさにその苦しみが，希望の兆しへと変容するのだ。(Nouwen, 1979, p.93)

カーニ・キシル（Karni Kissil）

　私がPOTTモデルに出会ったのは，ドレクセル大学で博士課程に在籍していた時だった。私はハリーのスーパービジョンの授業を受けたが，そこでは授業の一環として，学生はそれぞれ自分のケースを発表し，ハリーからスーパービジョンを受けなければならなかった。私はこの課題が怖かった。クラスメートの前で自分の弱さをみせ，自分の「問題」と，それがクライアントとの関係にどのような影響を及ぼしているのかを話さなければならないと思っていたからだ。そこで私は，30分もすればこの困難な試練は乗り越えられる，と自分に言い聞かせながら発表を始めた。そこで何かが起こったのだ。ハリーが私の話に何か応えてくれたそのあと，私の前からクラスメートは消え，自分が部屋にいることも忘れてしまった。いつもの警戒心は消え，気がつけば自分のことをもっと話したいと思うようになっていた。このようなことは今までほとんどなかった。私は，しっかりしている自分，コントロールできている自分を装う必要はないのだと感じた。彼は私の話を理解してくれるだけでなく，私の感情や行動はよくわかると言ってくれた。彼は，あたかも私が良いセラピストであるように感じさせてくれたが，それは，私がやるべきことを正しく行ったからではなく，その状況に自分が何を持ち込んだのかを認めることができたからだった。この時私は，クライアントとの関係に自分を持ち込むことは「普通」

であり，自分を持ち込むことで実際にクライアントとつながることができるのだ，と強く感じた。この体験は，私の受けた精神力動派のトレーニングとは全く対照的で，私を変容させるものだった。そして，ハリーは一体何をしたのか，どうしたら自分もそうできるのかを，知りたくなった。私が感じたように，クライアントにも，自分が理解され，受け入れられていると感じてほしい，その手助けをしたいと思うようになった。

　幸運なことに，ドレクセル大学で修士課程の授業を担当していたPOTTのトレーナーの一人が退職し，私はそのポストを得ることができた。私はハリーとともに，数年にわたって修士課程の学生をトレーニングすることになった。アルバ・ニーニョ（本書の著者の一人）とともに，私たちはこのPOTTモデルを改良し，ドレクセル大学のプログラムへ適用できるよう努めた。そして私たちは，学生たちが示してくれた結果に驚いた。9カ月のトレーニングが終わったとき，彼らの臨床的洞察力のレベルやクライアントとつながる能力は向上し，何よりも，自分自身の欠点や弱さに対して持つ率直さは印象的だった。私は，ハリーが私にしたのと同じように，自分も学生たちに働きかけているのを感じた。さらに，新しい世代のセラピストたちが，POTTのトレーニングで学んだことを使って，クライアントとのセラピーを行っていることを実際見ることができた。私は，POTTが有効であることに疑いを持っていない。

　私たちは，自分たちの素晴らしいプログラムを世界に伝えたいと考え，そのためには自分たちの仕事を体系的に研究する必要があると気がついた。ここ数年，私たちはプログラムの有効性を評価するためにいくつかの研究を行い，その結果を発表してきた（p.229付録Aに掲載の2014年の文献，p.230にある2013年の文献を参照）。このようにPOTTの有効性を科学的に裏付けることができたので，今こそ，多くの人がその恩恵を受けられるようにトレーニングを普及させる時だと感じた。こうして私は，ハリーと協力し本書に取り組むことになった。

私たちが考えていること

　クライアントとセラピストの関係というのは，媒体のようなもので，それを通して私たちはクライアントの信頼を得，クライアントを理解し，人生の課題に対処しようとする彼らの努力に影響を与えることができる。この関係は本質的に個人的で親密なものであり，セラピストはこの関係を通して，クライアントの内面や大切な人間関係に働きかけ，彼らの人生を突き動かしている最も深いところにある力に手を差し伸べる。しかし，このようなセラピーのプロセスに影響するのはクライアントの内面だけではない。セラピストの人生もまた，セラピストとクライアントの間の相互作用に積極的に関わり，セラピーのプロセスに影響する。セラピーという専門的な仕事は，その本質上，セラピストが自分の人生経験をすべて用いて自分自身を活かし，クライアントと個人的なつながりを築いていく中で，自分の学びと修得したスキルを実践することを必要とする。効果的なセラピストは，それぞれのクライアント／患者（個人，カップル，家族）や彼らの課題に合うように，専門家であることと，ひとりの人間であることを融合させることができるのである。

　これまで，セラピストのトレーニングでは，人々の発達と機能について教えることに重点が置かれ，人々にポジティブな変化をもたらし，問題を解決するための思考と介入のモデルが提供されてきた。しかし，「話すことを通したセラピー」が始まったごく初期の頃から注目を集めてきたのは，専門的な学びのすべてを活用してクライアントに向き合い，ひとりの人間として関わる，そういったセラピストという存在なのである（ジークムント・フロイトを思い浮かべてほしい）。どんなに優れたスキルを持っていても，私たちセラピストには個人的な課題があり，それが私たちの思考やクライアントに対するふるまいに影響を与え，場合によってはクライアントや患者の不利益を引き起こす可能性があると認識されている。個人

志向の精神分析的思考の時代から，最近のシステム論的捉え方に至るまで，この分野のトレーナーたちは，セラピストの個人的な悩みがセラピーに及ぼす潜在的な悪影響を軽減するための方法を導入し，個人療法や家族介入によって，こうした個人的課題を解決するよう調整してきた。さらに最近では，クライアントが直面する課題に自分との関連を見いだして共感することを学べるように，セラピストが自分の抱える個人的な課題を積極的に活用できるようになるための取り組みが行われている。

　ここで登場するのが，「人としてのセラピスト（Person-of-the-Therapist）」モデルのトレーニングである。セラピーのプロセスにおいて，ひとりの人間としての自分自身を活用するこのアプローチは，セラピスト自身が持つ感情的な「傷つき／傷を負った体験（woundedness）」に取り組むことを特に重要視しており，私たちはこれをセラピストの「サイン的テーマ（signature theme）」と呼んでいる。ここで大前提となるのは，私たちは皆，自分自身の核となる課題をいくつか持っており，これらの課題は，過去においても，そしてこれからの人生においても，ずっと私たちと共にあるような一つの主要なテーマから展開されていることが多いということである。この「サイン的テーマ」は，見方によっては人生のつまずきであると捉えることもできるが，別の見方をすれば，より賢明で，強く，思いやりのある人間へと自分を広げ，変容していく機会をさまざまな方法で提供しているともいえる。自分の課題に果敢に挑戦したからといって，課題を完全に解決できるわけではないが，その過程で経験する困難さや痛みは，自分自身を変え，改善していこうと内面をさらに深く掘り下げるための原動力となる。この生涯にわたるプロセスは，クライアントにとってのセラピーと同じようにセラピストにとっても，自分の課題を見いだし，それを何らかの形で解決しようとする，人生や人間関係をより良いものにするための取り組みとなる。別の言い方をすれば，私たち皆が持つ個人的な課題に私たちが気づき，意識し，働きかけていこうとする姿勢は，私たちのクライアントが直面する課題をより良く理解することにつながる。私

たちがクライアントに関わり，共に核心となる課題に取り組めるよう助け
てくれるのだ。

私たちの本について

　これまで，POTTモデルを精査し，修正し，数年にわたってさまざま
な環境下で実施を試みた後，私たちはようやく，次の大きな挑戦へと向か
う機が熟したと感じた。それは，POTTの理念とトレーニングを，セラ
ピストのための体系的で詳細なトレーニングの手引きとして結実させると
いうことだった。この本は，これまでにはない新しい道を切り開こうとし
ている。それは，セラピストが自分自身に取り組むことを，すべての臨床
家とメンタルヘルスに関わる専門職にとって本質的なトレーニングとして
位置づけ，標準化することである。一見，曖昧で捉えどころがないように
見えるこのプロセスを概念化し，実施可能なものにし，実践することによ
って，クライアントとの出会いの中で自分自身を活かすことのできるセラ
ピストをどのように育てることができるのかについて，この本は段階的に
説明している。本書は，私たちがドレクセル大学のカップル・ファミリー
セラピー学部で10年以上にわたって開発し，実施されてきたトレーニン
グプログラムに沿って書かれている。本書を通して，意欲的なセラピスト
はまず，自分は欠点のある人間だという現実を認識し，それは普通のこと
なのだと受け入れ，かつそういった自分を観察し，活用していくことで，
クライアントをより深く理解し，クライアントとより効果的に関わり，介
入するために自分自身を使うことを学ぶ。そのための方法論がこの本では
述べられている。私たちが大学という教育機関でPOTTモデルから得た
ものは，他の教育的機関にも，また同じような環境ではない場合において
も，得られるものと信じている。この本では，POTTの方法論の背景に
ある理論と考え方をできるだけ明確に提示し，それぞれが自分の環境でこ
の方法論を利用し，また改善していけるよう，可能な限り実践的で明確な

例を用いながら，その適用の形を示したいと思う。

　本書は大きく分けて2つのグループの読者を対象としている。第一のグループは，POTTについてもっと知りたいと考えている臨床家やスーパーバイザーである。本書は，POTTモデルを紹介し，その概要を説明したものであり，これを読む臨床家とスーパーバイザーが，POTTに関する十分な情報を得，POTTが自分たちの専門的なニーズに合っているかどうかについて決めることができるようにと希望している。本書で提供される情報は，臨床家および／またはスーパーバイザーとしてPOTTを取り入れるための良い出発点となるだろう。

　本書が対象とするもう一つのグループは，臨床実習を基本としたメンタルヘルスプログラムのカリキュラムを構築したり，その実施に携わるプログラムの管理者，及びそれらのプログラムに関する決定権をもつ人々である。本書は，そういったプログラムの受講生・研修生の臨床能力（コンピテンシー）を向上させるための土台となるものである。本書で説明するように，POTTモデルは多様な環境下で実施されており，読者であるあなた方が所属する機関においても養成の一つのリソースになるよう，私たちは共に協力しながらこのモデルを修正していくことも可能である。

　本書では，このトレーニングモデルがもつさまざまな側面を9章に渡って取り上げる。第1章「セラピーのなかで自分を活かす『人としてのセラピスト（POTT）』モデル：トレーニングの理念」では，まず読者にPOTTの理念を紹介する。セラピストは，クライアントとの極めて人間的な関係において，自分自身のすべてを通して専門的な臨床に従事するが，ひとりの人間としての自分とは，自分のもつ文化，スピリチュアリティ，自身の家族経験，心理的な課題といった，すべての側面を含む存在であることを意味する。本書はこのような包括的な「人としてのセラピスト」の捉え方に立脚している。その上で，次の2つの前提に基づいて，こ

のモデルの中心的かつ特徴的となる支柱に光を当てる。第一の前提とは，私たちは皆，自分の中に，人間として傷ついた体験から来る心理的課題を抱えており，それは私たちの日常における感情機能に影響を与えているということである。そして第二の前提は，セラピストがクライアントと最も効果的に関わるには，セラピストは自分という人間の全体を通して，特に，私たちが「サイン的テーマ」と呼ぶセラピスト自身の中心的課題を通して，クライアントに関わることを学ばなければならないということである。POTTモデルはセラピストが持っている心理的課題の価値について独自のスタンスを取っているが，その独自性は，こうした「サイン的テーマ」がセラピストの有効性を高めるリソースになりうることを示すだけでなく，この「サイン的テーマ」を生かして自分自身を活用するという学びを基本的な養成の中心に据えていることにある。第1章では，まず，このようなPOTTトレーニングの核となる原則と目標について説明し，「自分自身の活用」を臨床的に実践するために欠くことのできない3つの要素，すなわち，自分を知ること，自分へアクセスすること，自分を調整することについて詳しく述べる。自己をより良く活用することにより，どのようにセラピストがクライアントと効果的な繋がりを構築し，適切にアセスメントを行い，効果的な介入へと結びつけることができるかを説明する。

　第2章の「POTTプログラム：ステップ−バイ−ステップ」では，ドレクセル大学大学院のカップル・ファミリーセラピープログラムを例として，大学という教育機関の中で実施するPOTTトレーニングの構成と実施方法について詳しく説明する。ここではトレーニングの段階，使用する道具，トレーニングの各段階の内容を反映した臨床事例などが含まれている。ここでは，ビネット（架空の事例）を用いながら，受講生が進んでいくトレーニングの段階を示し，その内容を明らかにしていく。まず，自分の「サイン的テーマ」を特定するところからはじめ，次に臨床の場へ自分は何を持ち込んでいるかに気づくことを学び，そして，自分自身について

学んだことを，スーパービジョンを受けながら，研修を受けた俳優からなる疑似家族との臨床実習において実際に適用していく。

第3章の「POTTにおいて日誌を書くこと」では，POTTにおける重要な構成要素の一つである日誌を取り上げる。日誌は，このトレーニングが人として，また専門職としての自分自身にどのような影響を与えたかを，受講生が継続的に振り返る機会を提供する。ここでは，トレーニング期間を通して日誌を書くことによって，受講生たちがこのモデルを臨床の場に統合していくプロセスを，私たちがどのように支え，促進し，ある時はチャレンジするのかについて，説明している。また，日誌からの抜粋を用いて，養成段階に応じて受講生が経験する典型的な日誌のテーマやプロセスについても説明している。

第4章「ライニーの事例」と第5章「『助け人』の事例」では，それぞれ，9カ月にわたるPOTTトレーニングコースを通して，一人の受講生がたどる「旅」を詳細な事例を用いて紹介している。受講生が提出したレポートや，受講生の「サイン的テーマ」の発表時のやり取りを用いながら，私たちが受講生とどのように関わり，彼らがプログラムでどのようなプロセスを経験しているかを示すとともに，受講生の視点から，POTTのトレーニングが持つさまざまな側面が与える影響を浮き彫りにしている。

第6章「ファシリテーターについて」は，POTTモデルの実施について，ファシリテーターに焦点を当てて述べている。ファシリテーターをどのようにトレーニングするか，ファシリテーターに必要な基本的要件と資格，そしてPOTTモデルを効果的かつ安心できる環境で受講生に提供するために，ファシリテーターがトレーニングにおいて具体的にどのようなことを行うのかについて説明する。

第7章「POTTをあなたの環境に取り入れるには：適用と修正」では，さまざまに違う環境や施設において，どのようにPOTTを取り入れることができるのかを説明している。ここでは次のような質問，「"シミュレーションラボ（シムラボ）"を持てなくても，POTTを使用できますか？」

「POTT はスーパービジョンの中で使えるように修正できるのですか?」
「POTT を精神保健センターや個人経営のクリニックなど，大学以外の環
境でどのように適用することができますか?」等に対して答えを提供して
いる。本章では，POTT の実施に必要となる構造的，時間的要件や，ク
ライアント家族を演じる俳優に対するトレーニングなど，実施全体に関わ
るコツも紹介している。

　第8章「さまざまなメンタルヘルス領域に通じる POTT の基本理念：
『あなた自身の臨床的判断を使いましょう』」では，POTT の原則が，メ
ンタルヘルスに関する分野全体を通じて適用可能なものであることについ
て述べている（夫婦家族療法，カウンセリング，心理学，ソーシャルワー
クなど）。ここでは，POTT の理念を基に育まれる臨床判断力は，さまざ
まな専門的職能団体や資格認定機関が掲げる臨床実践の教育基準に適うも
のである点を具体的に論じている。多様なクライアントに対して受講生が
十分な関係が築けるよう，その教育に関わる者は，受講生の臨床判断力を
育てるためのしっかりした枠組みを提供することが必要である。受講生が
臨床においてクライアントと関係を築き，アセスメントし，目的をもって
介入を行えるよう自分自身を効果的に活用するために，POTT は発達的
プラットフォームとして機能するのである。こういったすべてのプロセス
が，一人の受講生の体験の中でどのように展開されるのか，本章では，き
わめて人間的な物語を例として取り上げる。

　本書の最後となる第9章「POTT モデルのスーパービジョン」では，ト
レーニングとは異なる臨床スーパービジョンに対し，どのように POTT
モデルが適用可能かについて，詳細な事例をもとに詳しく解説する。

　本書は POTT モデルを熱く支持する者たちによる共同作業の成果とし
て世に出ることとなった。これらの共著者による多大な貢献に対して感謝
を記さずに，この「序文」を終えることはできない。レナータ・カルネー
ロ，クリスチャン・ジョーダル，アルバ・ニーニョ，ジョディ・ルッソ

ン，セネム・ゼィティーノル，皆が全員，ドレクセル大学でのPOTTト
レーニングにおいて，講師またはティーチングアシスタントとして参加
し，毎年モデルを改良し，トレーニングをより効果的なものにするために
役割を果たしてきた。私たちは皆，このPOTTトレーニングモデルを他
の臨床プログラムやスーパーバイザー，臨床家たちに紹介することによっ
て，真に力のある臨床家の育成を促進するというビジョンを共有してい
る。こういったすべての人の努力と貢献に心から感謝している。

ハリー・J・アポンテ，カーニ・キシル

参考文献

Frankl, V.E. (1963). *Man's search for meaning*. New York: Washington Square
Press.
Nouwen, H.J.M. (1979). *The wounded healer*. New York: Image.

謝　辞

　ドレクセル大学のカップル・ファミリーセラピープログラムの責任者であったマーリーン・ワトソン博士には，多大な援助をいただきました。ここに謝意を表したいと思います。ワトソン博士は，POTT モデルに信頼を寄せ，学生の中核的なトレーニングに取り入れることに尽力し，その後，このモデルについて出版するようにと，何年も私たちを励ましてくれました。また，ステファニー・ブルックス博士には，カップル・ファミリーセラピー学部において，このモデルの発展を心から奨励し続けていただきました。本書は，お二人の協力と支援なしには生まれなかったでしょう。最後に，私たちの受講生と講師陣に，感謝の意を表したいと思います。皆さんの勇気と信頼が，POTT モデルの開発とトレーニング内容の向上を支えてくれました。本書への皆さんの貢献は，計り知れないものです。

ハリー・J・アポンテ，カーニ・キシル

xix

目 次

序文 *v*

謝辞 *xviii*

第 1 章 セラピーのなかで自分を活かす「人としてのセラピスト
(POTT)」モデル：トレーニングの理念 ……………………………… *1*
ハリー・J・アポンテ（Harry J. Aponte）

第 2 章 POTT プログラム：ステップ−バイ−ステップ ……………… *25*
セネム・ゼィティーノル（Senem Zeytinoglu）

第 3 章 POTT において日誌を書くこと ………………………… *49*
クリスチャン・ジョーダル，レナータ・カルネーロ，ジョディ・ルッソン
（Christian Jordal, Renata Carneiro and Jody Russon）

第 4 章 POTT のプロセス：ライニーの事例 ……………………… *73*
カーニ・キシル（Karni Kissil）

第 5 章 POTT のプロセス：「助け人」の事例 ……………………… *113*
アルバ・ニーニョ（Alba Niño）

第 6 章 ファシリテーターについて ……………………………… *147*
カーニ・キシル（Karni Kissil）

第 7 章 POTT をあなたの環境に取り入れるには：適用と修正 ………… *165*
カーニ・キシル，ハリー・J・アポンテ
（Karni Kissil and Harry J. Aponte）

第 8 章 さまざまなメンタルヘルス領域に通じる POTT の基本理念：
「あなた自身の臨床的判断を使いましょう」 ……………………… *177*
ジョディ・ルッソン，レナータ・カルネーロ
（Jody Russon and Renata Carneiro）

第 9 章　POTT モデルのスーパービジョン ……………………………………… *205*

ハリー・J・アポンテ（Harry J. Aponte）

〈付録〉

A.　秋学期の資料…………………………………………………………………… *227*

　　　1.　POTT のシラバス：秋学期（抜粋）　*227*
　　　2.　守秘義務に関する文書　*234*
　　　3.　サイン的テーマの発表とレポートの概要　*235*

B.　冬学期の資料…………………………………………………………………… *237*

　　　1.　POTT のシラバス：冬学期（抜粋）　*237*
　　　2.　事例発表とレポートの作成に関するガイドライン　*242*
　　　3.　ロールプレイの選択肢　*243*

C.　春学期の資料…………………………………………………………………… *244*

　　　1.　POTT のシラバス：春学期（抜粋）　*244*
　　　2.　シムラボにおけるフィードバック：セラピストのための質問　*245*
　　　3.　シムラボのレポートとその書き方　*245*
　　　4.　最終の振り返りレポートのガイドライン　*249*

D.　スーパービジョンのための資料 ……………………………………………… *250*

　　　1.　POTT のスーパービジョンに関する資料：事例発表　*250*
　　　2.　スーパービジョン後の質問　*251*

訳者あとがき　*253*

索引　*258*

第 **1** 章

セラピーのなかで自分を活かす
「人としてのセラピスト（POTT）」モデル
トレーニングの理念

ハリー・J・アポンテ
（*Harry J. Aponte*）

POTT アプローチにおけるトレーニングの理念

　POTT がもつ独自の強みは，セラピーを行うセラピストの人間的深み
を活かす，という視点にある。これは，セラピストがどのように自分自身
を活用するかについて，何か戦略を持つという意味ではない。それは，ク
ライアントとの関係において専門職としての役割を果たしながら，私たち
臨床家が，意識的に，目的を持ち，修練された姿勢で，自分の内なる人間
性にアクセスすることを意味する。このことはまた，私たちセラピスト
が，セラピーの核心には人と人が出会う人間的なプロセスがある，と見て
いることを意味する。POTT のアプローチに基づけば，セラピーという
生きたプロセスの中に，セラピストとクライアントの両者が体験的に存在
すればするほど，セラピストは自分自身とクライアントに対して，さらに
深くアクセスする力を持つことになる。セラピストがセラピーにおける関
係性の中に「存在している（being present）」という POTT の概念は，
専門職として，目的を持って，クライアント（個人であれ，カップルであ
れ，家族であれ）と**ひとりの人間として**関わることを意味し，そのこと
が，臨床においてセラピストが持つ洞察に明晰さを与え，感受性に深みを

もたらし，効果的なセラピーの可能性を広げることにつながるのである。

　セラピーの場に家族が集い，クライアントとセラピストの間に出会いが生まれる。その場に集うすべての人にとって，それは**生きた体験**となる。どのような臨床モデルが用いられようとも，セラピストとクライアント（家族であれ，カップル，個人であれ）が相互に関わる時，全員がセラピーという共同作業に携わり，その場その瞬間に複雑でユニークな関係性の力動を生み出している点は共通している。例えば，ナラティヴセラピストは家族とともに物語を構築・脱構築することに意識的に焦点を当てるが（West & Bubenzer, 2000），セラピストが家族との間に構築する人としての関係性は，セラピーに関わる全員の関係性だけでなく，セラピーの方向性にも影響を与えていく。また，構造学派のファミリーセラピストは，クライアントであるカップルや家族の間で起こるやり取りに立会人のように耳を傾け，必要な時に積極的に介入する立場を取る。実演化（エナクトメント）の場面では，セラピストを含めたその場で関わる全員を結びつけるような，人間的なつながりを活性化しようとするが，結果としてそれがセラピーのプロセスに独自の色合いや形をもたらしていく。一方で，古典的な精神分析家は，沈黙を通してそうした人間的つながりを育む。時としてそれは転移現象を引き起こし，ひいては逆転移を生み，そのことがまた，どちらの側にも深い人間的な影響を与える（Bochner, 2000）。精神分析家というものは，「第三の耳」を通して聴くという内的体験によって，つまり，「自分自身の内側から響いてくる［患者の］声」（Reik, 1948, p.147）を聴くことによって，クライアントを理解しているのかもしれない。このような臨床アプローチのすべてにおいて，人と人との相互交流はセラピーの流れに影響を与え，セラピーのプロセスにおける本質的な部分となっている。私たちが言葉を駆使した心理療法のテクニックを用いようとも，関係性に起こるドラマに焦点を当てようとも，また，無意識の投影がもたらす産物を意識化する手法を用いようとも，関係において起こる相互プロセスは，互いの理解を促進し，セラピーにおける変化を引き起こす媒体とな

第1章　セラピーのなかで自分を活かす「人としてのセラピスト（POTT）」モデル　3

っている。それぞれの臨床モデルにおいて明確化されているかどうかは別として，私たちは「関係性というものはすべてのセラピーが積極的変化を及ぼす際の重要な要因である」という立場を取っている。Weissとその共著者（2015）による次の言葉を挙げよう。

　　セラピーにおける同盟関係に関する研究のほとんどは，関係性を本質的なメカニズムとして重視する心理療法（例：精神力動や人間性指向の学派）を対象として行われてきたが，変化の主なメカニズムとして関係性をそれほど重視しない他の心理療法でも，結果は同様であるように思われる（p.29）。

MuntiglとHorvath（2015）は次のように述べている。

　　過去30年における実証研究は，セラピーにおける関係性の質こそが，クライアントの主訴や臨床アプローチの違いを超えて治療効果を決める重要な要因であるという主張を，強固に裏付けている。（p.41）

　このような知見は，次の2つの重要な質問をもたらす——セラピーにおける関係性はセラピーにどのように貢献するのだろうか？　また，セラピストが関係性を媒体としながらセラピーの目的を達するには，どのようなトレーニングが必要なのだろうか？　これらの質問に答えるのは簡単なことではない。なぜならば私たちは，あらゆる臨床形式と臨床実践の構成要因をふまえて，セラピストとクライアントの関係性におけるプロセスに焦点を当てる必要があるからだ。

　POTTでは，前者の問いに対し，「セラピーにおける関係性は，ダイナミックで生き生きとした体験の場となり，私たちセラピストはその関係性を通してクライアントに積極的に関わり，アセスメントし，介入する存在なのである」と考えており，同時に後者の問いに対しては，「こうした専門性はトレーニングを通じて高めることができる」と考えている。セラピ

ストはまた，クライアントとの個人的なつながりや相互作用の力を通して，どのような形で，どの程度まで存在し，クライアントに働きかけたいかを決めることができる。例えば，課題となっていることを取り上げ，その場で家族間のやり取りを促す「実演化」の手法について取り上げてみよう。一般的なファミリーセラピストは，「家族の輪に参加する形で，焦点となっているやり取りを内側から促すこともできるし，家族のやり取りには直接関わらず，家族の外側からやり取りを促すこともできる」（Aponte & VanDeusen, 1981, p.325）。構造学派のセラピストであれば，実演化の手法を彼らのモデルの中心的な介入方法として使用するだろう（Minuchin & Fishman, 1981）。認知行動療法を用いる Dattilio も，自分のクライアント家族に対し，実演化の枠組みを使った手法を取り入れている。Wylie と Turner（2011）によれば，アタッチメントに焦点を置いたセラピーの場合，「そのほとんどが直感に基づいて，"実演化" されたものである」（p.27）。また，Sprenkle と共著者（2009）は「感情焦点化療法による介入の核心は，**関わりの再構築**にある（p.117）」とし，それは実演化を通して行われると述べている。実演化に限らず，セラピーのテクニックと言われるものが私たちの使用するアプローチの中に明確に位置づけられているか否かにかかわらず，私たちはセラピストとしてクライアントに介入するとき，意識的に，または無意識的に，自分自身とそのクライアントとの関係性にどう向き合うかを選択している。同じように，私たちは心からクライアントと共にいることも，形だけその場にいることもでき，心を開くことも閉じることも，またつながっていることもできる。関わらないでおくこともできるし，また，積極的であることも，受け身であることもできる。しかしながら，そのようなクライアントとのつながりが**目的を持った**ものであるためには，私たちは目的について意識的である必要がある。それが**専門家としての**目的であるならば，私たちは，臨床上の目的に明確に方向づけられる必要がある。

　POTT のアプローチは，セラピーにおける関係性の中で起こる人間的

なつながりを，どのようなセラピーにもみられる普遍的な要因であるとみなす。いかなる臨床アプローチを用いるかにかかわらず，気づいているにしろ気がついていないにしろ，私たちはクライアントとの間に起こるまぎれもない人間的な関係性についてどのように捉えるか，という課題に直面することになる。それらを，私たち自身の，またはクライアント自身の性格や背景から理解しようとしたり，その時扱われている問題から推察したり，私たちが持っているセラピーに関するイデオロギーや価値体系から捉えようとする。一方，POTTでは，セラピストの人間性が及ぼす影響は核心的なものであるという基本理念があり，このモデルにおいては，セラピストである私たちが，自分自身をクライアントとは違う人間であると差異化（differentiate）できること，そして同時に，自分はクライアントと同じ人間であると同一化（identify）できること，この2つが特に強調されている。つまり私たちは，臨床における重要な場面において，もっとも臨床実践に有効な関係性の距離を維持しながら，同時にもっとも適切にクライアントに寄り添うことを目指している。セラピーにおける関係性が目指す最終的なゴールは，私たちが専門職としてなすべきことを遂行できるよう，適切な関係性を持ちながら，決定的に重要な臨床場面でクライアントに十分働きかけることができるような関係性を構築することにあるといえよう。

同一化と差異化（Identification and Differentiation）

　セラピストがどんな時でも，両極にあるように見える2つの立場（人間的であることと，専門家であること）をセラピストという役割に統合できるようになるためには，セラピーの中で，どのような時と場面であっても，クライアントとは別の人格である自分を認識し（差異化：differentiation），同時にクライアントの体験の中に自分の体験を見ること（同一化：identification），この両方が必要となる。同一化とは，私たちが臨床において適切なときに，クライアントの課題の中に自分自身の姿を見ることが

できること，つまり，クライアントの葛藤に触れる中で，私たち自身の人間的失敗や弱さに意識的に結びつくようになり，クライアントの葛藤に共鳴できるようになる能力のことを指している。このような共感的共鳴は情緒的要素と認知的要素の両方を持っている（Gredes & Segal, 2011）。セラピストとして私たちはクライアントの感じていることを感じ，同時に，クライアントとのつながりがどういったものかを意識する必要がある。私たちが共鳴するとき，それはもしかしたらクライアントの**課題**にどこか私たち自身の個人的な課題の片りんを見ているからなのかもしれない。その共鳴はまた，あるいは結局，私たちとクライアントが，課題自体は全く異なるにしろ，共に**葛藤している**という事実から起こっているだけなのかもしれない。クライアントへの適切な臨床実践のために，私たちは，クライアントの葛藤体験はどのようなものなのか，少しでもクライアントの身になって，人間として感じてみようとするものだ。

　しかしながら，臨床の場面でこのような親密なつながりを築く一方，なおかつ専門家として情緒的な独立性を保ちながら働きかけるためには，私たちはクライアントとクライアントの経験から自分自身を差異化する必要がある。それは，ボーエン（Bowen）による（原家族からの）「分化（differentiation）」の概念とよく似ており，他人との感情的融合から比較的自由であること，そしてひとりの人間として自立していることを意味するが（Bowen, 1972; Kerr, 1981），POTTの見方からすれば，セラピーのプロセスにおいてその場でなすべきことを意識化できることを意味する。もっと一般的にいうならば，POTTの中で使われる差異化という概念は，自分というものを知り，自分らしくあることと関係している。私たちが人との関係性において，しっかりとした自他の境界線を持つとき，健やかな情緒的応答が生まれるものであり，この自他の境界線とは，私たちが人として持つ理想やその理想を目指して献身する人生の行程を通して形成されるものである。この差異化という概念は，私たちがセラピーにおけるその時，その瞬間に，セラピストとして機能する段階において，クライアントと同

第1章　セラピーのなかで自分を活かす「人としてのセラピスト（POTT）」モデル　7

一化できるところまでその人とつながりながら，同時に，クライアントの今ここでの臨床的ニーズによって関係構築，アセスメント，介入を行う際に自由を保つ能力のことを意味している。

　こういった目的を追求するために，セラピストは次のような姿勢を持つことが必要となる。

1. 自分を知る：セラピストはその時，その瞬間に存在する自分自身を捉えることができるよう，どのように自分の過去と現在が今日の自分に影響を与えているかを常に探索し，学ぶことによって，自己理解を深める。自己について振り返り，私たちの人生における心理的側面や，人との関わり方を見つめる。私たちが持つ世界観，価値観，道徳観，また，社会における自分の立ち位置などを省察する。こういったことはすべて，私たちがクライアント自身やクライアントの課題をどう捉えるか，また，セラピーにおけるクライアントの変化に関してどのような理論的枠組みを持っているかに関わっており，気づかないうちに私たちのセラピーに影響を与える可能性が高いからである。

2. 自分にアクセスする：セラピストはクライアントと関わる中で，セラピーのプロセスの**その時，その瞬間**に，自分の中にある記憶，感情，スピリチュアリティ，そして社会的な規範意識にアクセスする。これは単なる知的な作業にとどまらない。自分にアクセスするとは，自分の中にあるもの，自分を構成しているものとつながることを意味する。それによって，セラピーにおける関係づくりや，アセスメントや介入の場面において，私たちの人生経験や個人的な特徴，私たちが持つ哲学的，精神的支柱を含めた私という人間の全体が，クライアントとの生きた出会いの場に現れるのであり，私という人間を通して，セラピーにおける必要なタスクを遂行できるようになるのである。

3. 自分を調整する：必要とされるどんな場面においてもセラピストが意識的に自分を活かせるようになるために，私たちは，クライアントやクラ

イアントが持つ課題に対してどのように，どの程度，自分を開くのか，また，臨床実践においてその時必要とされていることを遂行するために，自分自身が持つどのような側面を活性化し，臨床に反映させるのかについて，**識別**や**修練**を行う。

　自分を知る，自分にアクセスする，そして自分を調整する，といったことは，そうしようと思っても簡単にできるものではない。私たちは皆，自分自身について直視したくないと思うことを持っている。直視すれば，自分は傷つくだろうし，不安になったりがっかりしたりするだろう。また恥ずかしい思いをしなければならないかもしれない。私たちの内面や人間関係の中には，触れられたくないと思う部分があり，それは，触れたがために生じる感情や記憶に私たちはとても耐えられないと感じているからなのである。また，私たちは自分が落胆したり，当惑を感じることに対して，ほとんどコントロールすることができない。しかしながら，こういった自身に関わる不快な部分が，他者とのつながりを築く宝物のような体験をもたらし，他者への心からの共感を育むことにつながることは，ほとんど知られていない。私たちの内面には，あまりに当然すぎて，それがどのように他者への見方や関わり方に色を付け，影響を及ぼしているかを意識していない部分がある。それらは私たちのもつ価値観や姿勢などと呼ばれるもので，自分の家族から受け継いだり，私たちが属している文化や社会の精神性の一部から来ているのかもしれない。こういったことを私たちが意識できるようになるまでは，自分自身をセラピーの関係性の中で積極的に活用することはできないし，クライアントについて私たちが見聞きしたことをどのように解釈したり評価しようとも，それらをそのまま鵜呑みにすることはできないのである。

　私たちはセラピストとして，セラピーのプロセスにおいて行うべきさまざまなことを，自分という存在のすべてを使って，臨床的に適切なタイミングで，遂行する必要がある。しかし，そのためには助けが必要である。

第1章　セラピーのなかで自分を活かす「人としてのセラピスト（POTT）」モデル　9

その助けとは，まさにここで論じていること，すなわち，必要な時，必要に応じて，私たち自身がもつさまざまな側面を見つめ，そこに触れ，能動的に活用することに焦点を当てた特別なトレーニングのことである。また，トレーニングの過程においては，セラピストとしてクライアントに関わりながら，自分について洞察し，アクセスし，調整する中で，私たちの人間的変化が引き起こされることがある。POTT モデルはこのような内的変容を直接の目的とはしていないが，自己の変化を通して私たちが良いセラピーを提供できるようになるのであれば，それは歓迎される。なぜなら，良いセラピーを提供することこそが POTT の目指すところだからである。私たちに人間的変化が起こるというのなら，POTT トレーニングはセラピーなのかという問いに対しては，「そうではない」というのが答えである。なぜなら，そのような人間的変化は，このトレーニングの主要な部分でも第一の目的でもないからである。POTT トレーニングモデルの主要な目的は，セラピストがセラピーを行う際，さらに良いセラピーを提供できるよう，もっと自由に，高いスキルをもって，自分自身を活かすことにある。POTT のトレーナーが責任を負っているのは，受講生が良いセラピーができるよう支援することであり，受講生が自分の個人的課題を解決することではない。しかし，トレーニングの過程において，もし受講生が人間的にも自分を変えようと努力し，トレーナーがたまたまその努力に寄与したとしたら，それは素晴らしいことだろう。ここで，もう少し，セラピーのスキルを高めるために自分自身に取り組むとはどういうことか，述べていきたい。

　まず，臨床実践において必要なタスクを遂行するために，セラピストがどのように自分自身を活かすのか，次の短い例で考えてみたいと思う。私たちは自己洞察力を持ち，自分自身にアクセスできる能力を持ち，自分という内的資源から必要な臨床上のタスクを遂行する能力が求められている。一方で，ある特定のクライアントや特定の場面においては，そのような臨床実践上必要なタスクを実行することが，知的にも感情においても簡

単ではないと感じることがあるかもしれない。例えば，防衛を特に強く表出しているクライアントがいて，そのクライアントの信頼を得ることが担当セラピストの主要な目的であるという実際の臨床場面を考えてみよう。セラピストは，ほとんど心を開こうとしない女性のクライアントに向き合い，関わり続けることを困難に感じていた。なぜならば，その男性のセラピスト自身が本質的な感情面の課題を抱えていたからである。つまり彼は，何とか目標を達成しなければいけない，明らかなセラピーの成果を生み出したい，といった衝動を抱えていたため，この女性のクライアントがそれを妨げていると感じていたのである。

　その女性のクライアントは自分の自信のなさや傷つきやすさを，知的な仮面の下にうまく隠しているようで，セラピストの探索的な質問はうまくかわされ，彼女が自己防衛の壁を構築しているようにセラピストは感じている。自分の傾向を知っているセラピストはここで，自分の中に湧きおこる，この壁を押し返してしまいたい衝動に気づき，これに抗い，意識的に自分自身に問いかけることにする（自分を調整する）。「なぜ壁を作るのだろう？」セラピストは自分自身の中へアクセスし（自分にアクセスする）自分の弱さを見せないように作ってしまう壁，自分にも覚えがある壁（自分を知る）について思い至る。「自分は大丈夫だから」とでもいうようなふるまいをすることが自身にもあることに気づいた時，ふと，「クライアントは自分を守らなければいけないと感じているのだろうか」と考えた。その気づきが生じた時，彼はクライアントの気持ちに寄り添えるように感じた。彼は自分自身の中にアクセスすることで，共感的に彼女を感じられるようになり，そして，彼女とともに壁について話したいと思うようになった。彼は，セラピーにおいて目に見える成果を出そうとする自分の中の衝動に替えて，思いやりと真摯な好奇心を持つことができた。クライアントの方でも，自分を守る必要があることをセラピストが感じ取り，尊重してくれたと受け止めているようだった。クライアントはセラピストの質問

第 1 章　セラピーのなかで自分を活かす「人としてのセラピスト（POTT）」モデル　11

に信頼して応えても大丈夫ではないかと感じられるようになり，これから
始まるセラピストとの関係において，もし自分が感情的な脆さを出してし
まったとしても大丈夫ではないか，と感じられているようだった。

　自分を知る，自分にアクセスする，そして自分を調整することがどのよ
うに使われるかというもう一つの例として，カップル・セラピーにおい
て，セラピストがカップルに共鳴することにより，さらに効果的なアセス
メントや介入を行うことがあげられる。アタッチメント・セラピーにおけ
る同調（attunement）について，Wylie と Turner（2011）は，セラピス
トとクライアントの間に起こるこのようなつながりとは，「セラピストの
全存在が，クライアントの存在から生じる揺れに，音叉のように共振する
ことである」（p.25）と描写している。例として次のようなカップル・セ
ラピーの事例を取り上げてみよう。クライアントであるカップルは，パー
トナーに拒絶されてしまうかもしれない，という恐れを持つことが多く，
その恐れがカップルの関係を引き裂いている，とセラピストは仮定してい
る。ここでセラピストは，戦略的に男性の方に同一化することを選び，セ
ラピーを行うことにする。なぜなら，その時，その瞬間に，この男性の方
が感情面の脆さを抱えているように見えるからである。

　クライアントである夫は，妻から情緒的な親密さを強く求められている
と感じるとき，感情的に自分を妻から切り離すことがある。そのような場
面でセラピストは，二人がお互いに向き合うようにと励ます。ここで，セ
ラピストは自分の心を開き（自分にアクセスする），夫の中に起きている
ことを体験しようとする。すると，妻の望んでいるように親密さを受け入
れ，自分自身を妻に対してさらけ出すことができるのだろうか，と夫が不
安を感じている状態に，セラピストが共鳴し始める。セラピストは，自分
自身の中で並行して起きている不安感と自分がつながれるようにし，この
男性が感じている何かを感じ取ろうとする。セラピストは自分自身にある

不安感の源から男性に話しかける（自分を調整する）。この男性が葛藤しているように感じた不安感について，男性に問いかけてみる。男性は理解してもらえたと感じたようで，警戒心を解き始める。セラピストのサポートと導きにより，男性はその場で妻に次のように気持ちを伝える――「自分が君と関わろうとしないように見えるのは，君のことを大事に思っていないからではない。そうではなく，自分をさらけ出したら，君を失ってしまうかもしれない，自分が何をやっても，君にとって十分でないかもしれない，と恐れているからだ」。このような言葉によって，妻は夫の愛をある程度再確認できたように感じる。彼女自身も，自分の感じていた，夫から拒絶されているかもしれない，という恐れを手放し始める。ぎこちなくではあっても，面接の場で夫へ心を開き始める。

　こういった描写は，セラピストとクライアントの間で通常，どのようなことが起こっているかを垣間見せてくれるものだが，実は多くの場合，セラピストはほとんど意識化することなく，自分自身の中にある何らかの部分に触れながら，こういった共感的なつながりを築いている。しかし上記の事例からは，セラピストが，**意識的に意図的な**方法を用いながら自分の感情や認知を調整し，専門家としての役割を果たすことに向けて，自分自身を方向づけている様子がうかがえる。セラピーにおいて効果的に自分を活用するのに何が必要だと考えるかは，実際，セラピストとクライアントの関係性に働きかけるすべてのセラピーに共通して備わっている要素である。明確に定義されていないとしても，セラピーにおける広義の目標として自分自身を活かすことが共有されている臨床的アプローチは多くあり，それらの間には，以下の３点が共通の要因として備わっていると考えられる。

1. 関係性：セラピストは，**今**，この瞬間にとどまり，人として，自分の目の前にいるクライアントとつながりを築き，その関わりの中でクライア

ントために必要なセラピーを提供するため，**積極的に目的をもって**，自分自身を活かす。

2. **アセスメント**：セラピストは，**人としての自分自身にアクセス**し，クライアントの体験に共感する力をそこから得ることによって，最もよくクライアント自身とクライアントの課題を臨床の場で**理解**できるようになる。

3. **介入**：セラピストはクライアントに対し，選択されたセラピーの枠組みの中で，その臨床の場面にふさわしい**技術的な介入**を意図的に行えるよう，自分自身の**内的方向性**を調整していく。

1. 関係性（The Relationship）
——セラピストは，自分自身を積極的に目的をもって活かすことにより，セラピーにおいて必要な目の前のクライアントとのつながりを構築する。——

　セラピストがクライアントとの関係にどう向き合うかは，そのセラピストが持つ臨床上の枠組みに応じて異なるが，そうした関係性を真に生かすのは，人としての関係性であり，それがあってこそ，セラピーにおける臨床関係は特別な力を持つことができる。

　クライアントとの関係性におけるセラピストの立ち位置について，あるものは他のモデルよりも極めて明確な見地を持っているが，それぞれのセラピーの流派が規定する専門家としての姿勢は，時としてセラピストに個人的な課題を突きつけることにもなる。例えば，ポストモダン的なセラピーへのアプローチは，民主的な，つまり，協働的な関係をセラピストとクライアントの目指すべき関係として標榜し，力関係において，二者は同等であると捉える。Harlene Anderson（1997）は，このようなポストモダン的なセラピストとクライアントの面接に関して，次のように言っている——「彼ら（クライアント）と私たちは，問題について共に探索し，可能性を共に育て，共にプロセスをたどりながら，パートナーとして関わるよ

うになる」(p.63)。ここでの目的は，関係性を構築するプロセスにおいて，クライアントもセラピストも同等な存在となることにある。POTTの見地から言うと，このようなポストモダン的文脈におけるセラピストにとってのチャレンジは，セラピストが持つコントロール力をある程度クライアントに引き渡し，自分とクライアントの間に誠実な人としての相互関係が自然に生まれてくるように，その場に応じて自分の弱さを意識的に認め，その時，その瞬間に必要とされる臨床的課題に取り組むことにあるといえよう。

　その対極に位置するともいえる構造主義的家族療法の見地を取り上げるならば，MinuchinとFishman（1981）はセラピストの果たす役割と，その結果としてのセラピスト―クライアント関係の在り方について次のように述べている：「セラピストと家族成員がセラピーのシステムにともに参加するとき，彼らはセラピストがそのシステムにおけるエキスパートであり，セラピーで起こる事柄をリードし，クライアントを導く役割を担っているのだ，と考えており，それはセラピスト―クライアント間の契約のように自明だと思っている」(p.161)。つまり，この場合，力関係の目盛りはセラピストのほうへ傾いているといえよう。こういった状況でのセラピストにとってのチャレンジは，セラピーのプロセスを導く責任を引き受ける際，関わりの中でクライアントから個人的な自由を奪わないこと，しかし同時に，その時の臨床上の必要性に適した関わり方をすることである。

　カール・ロジャーズ（Carl Rogers）（Baldwin, 2013）はクライアントに対するセラピストの役割とは「はっきりと，明らかに，そこに存在していること」(p.28) であると述べている。しかし，彼は続けて，セラピーの関係におけるパワーは，セラピストとクライアントの間にあるわけでも，セラピストの手にあるわけでもなく，クライアントの手の中にあるものだと位置づけている。この点について，ロジャーズは「私は，関係性における最終的な権威（authority）はそのクライアント個人にあり，それ以外に依拠すべき外的な権威は存在しないと確信している」(p.32) と述

第1章　セラピーのなかで自分を活かす「人としてのセラピスト（POTT）」モデル　15

べている。ここでも，セラピスト個人にとってのチャレンジは，セラピーのプロセスをクライアントのパワーと選択の自由に向けて開く一方，親しみを持ってクライアントに関わり，その場に留まり，その時，臨床実践で必要とされることを遂行していくことにある。

　このようなクライアントとの関係性における立ち位置は，あるセラピストにとっては自然で特段難しいものではないかもしれないが，別のセラピストにとっては，自分自身を深く掘り下げ，臨床モデルが要求する戦略的な姿勢と，自身が持つ生来の人間的傾向がうまく同調できるような方法を見つける必要があるかもしれない。

　POTT モデルでは，心理療法におけるアプローチの違いを横断して共通するセラピーの関係性という構成要素に注目しており，それを，クライアントとの同一化とクライアントからの差異化という観点からより詳細に捉えていく。**同一化**に関しては，セラピーの関係性において，次のような中心的な要素に対し，セラピストが注意を向けるよう求められる。

・自分自身の中に，どのような状況であれ，クライアントの課題やその背景にある力動と共鳴し合うような自分の課題や隠れた力動を見つけること。
・必要であれば，私たちの人生とクライアントのもつさまざまな背景に，類似したところや同じような状況を見つけ出すこと。それらには，クライアントの社会的経済的背景，人種や民族，文化的背景，個人的な価値観など，特にその時，セラピーの焦点となっている課題に関連していると思われるものが含まれる。
・クライアントの語る歴史や葛藤の中に，その時，その段階のセラピーが求める臨床上の目標に関連し，かつ自分自身と共鳴する点を探し出すことによって，私たち自身が人としてクライアントのことを気遣い，つながりを構築したいと感じられるように自身を方向づけていくこと。

また，**差異化**の観点からは，次のような共通の構成要素にセラピストが注意を向けることが求められる。

・セラピーのプロセスにおいて，私たちセラピスト主導のやり取りをどこで終え，どこからクライアントが自らやり取りを始めるかを見極めること。特に，支援するという私たち**専門家の責任**をどこまで果たし，どこからクライアント自身が自分の意思で自由に変化を選び取るのかを，そのプロセスのいかなるポイントにおいても，見極めることができること。
・私たちがクライアントと関わる際に求められる職業的倫理や臨床モデルの専門的な枠組みには境界線というものがあり，私たちセラピストとクライアントとの**人としてのつながり**は，どこまでが適切で，どこからは適切ではないのかを認識すること。
・セラピーにおけるプロセスのどの段階にあっても，私たちは自分と他者との差異化に注意深くとどまる必要がある。特に私たちは，関わりの中で働く個人的な力動を超えた専門家としての観察力や分析力を持ち，専門家として戦略的であるよう努める。

POTTのモデルにおいて，私たちは人としての私自身を活かし，セラピーのプロセスのなかで，特に，実存的体験的レベルにおいて，専門職としての可能性が最大限に生かされるよう養成を受ける。私たちがPOTTを通して目指すゴールは，セラピーにおける重要な局面において，クライアントの弱さや傷つき体験が，私たち自身の中にある弱さや傷つき体験と共振することで生まれる共感性や受容，そしてクライアントとのつながりが相互に深まっていくことにあるといえよう。

2. アセスメント（The Assessment）
――セラピストは自分の内側にアプローチし，クライアントとの間に人間的な

第1章　セラピーのなかで自分を活かす「人としてのセラピスト（POTT）」モデル　17

つながりを生むような共感的な鍵を見つける。このことは，セラピストがその時求められるセラピーのプロセスにふさわしい形でクライアントやクライアントの課題を理解し，アセスメントするための最善の準備となる。──

　クライアントとの関係性を媒介としてクライアントを知るようになるということを，すべてのセラピストは実際に認めている。ここでいう「その人について知る」とは，つまり，人々が個人的に話してくれた人生経験という生のデータをもとに，私たちセラピストが臨床に必要な診断の推測や仮説を構築したり，その人の思考や行動，人間関係を定式化することを指している。

　セラピストが人として関わることから生まれる親しみやすさを通して，クライアントが「このセラピストは他の誰とも違う形で自分を知ってくれているのだ」と認識するような関係づくりが可能となる。Satir（2000）が「親密な体験」（p.22）と表現するようなセラピーの中での出会いを通して，セラピストは専門的な観察を行い，クライアントの痛みや葛藤，そして強みを感じ取る。そのためには，クライアントと人としてのレベルで**共鳴できる**ことが必要となる。つまり，アタッチメント・セラピーでいうところの「感情同調能力」（Wylie & Turner, 2011, p.23）が，あらゆる臨床場面で必要とされるのである。

　その親密な体験についてさらに具体的に言うならば，私たちは，完全に意識的にそうしているかどうかにかかわらず，クライアントを理解するために，クライアントと自分を同一化しようとする。私たちは，クライアントと同じ人間なのだから，クライアントに起こっている状況が人として「分かる」のである。私たちは，クライアントがセッションで経験していることが何であれ，そこに共鳴するような感情，個人的な信念，あるいは人生経験を，反射的に自分の中に探すように意識的にトレーニングすることができる。その一方で，クライアントが個人的体験の中で得たことや感じたことに対し，私たちは感情の上でも認知的な意味でも，自分とは異な

るものであると差異化することにより，とらわれることなくそれらを受け入れることができる。このような体験は，クライアントの悩みに対する新しい洞察の光につながるかもしれない。同一化と差異化の両方により，セラピストはクライアントを深く理解することが可能となるのである。

　すでに述べたとおり，クライアントとの関係において，セラピストが率直であることは，時として弱さを隠そうとしないことも含んでいる。クライアントに対して，セラピストが人として心を開いていることは，セラピーの土台となる関係性の構築に欠かせないものであるだけでなく，クライアントの深層心理まで含むほど深いレベルにおいてクライアントを知り，感じ取るようなセラピストの内的資質に通じるものである。クライアントに対して心を開いているとき，セラピストは弱さのある自分のままでいるともいえる。そのような自分を通して私たちセラピストは，クライアントが彼らの言葉や行動，そして面接の場という共有された空間の中で伝えようとすることに，共振し，共鳴を覚えることができるのである。このようなセラピストの弱さを含む率直さは，臨床的状況に応じて調整されるべきものではあるが，これこそがクライアントのメッセージを捉え，感情を感じ取り，その感情がどこから来ているのかを理解するための共感的な鍵となる。弱さを持つ自分のままであることを通して，私という人間が鏡のような媒体となり，その鏡に映った相手の感情的，またスピリチュアルな陰影を通して，私たちはその人物を理解しようとする。また，私たちが直接関わることがなくても，私たちが意識的に見聞きするその人の家族について理解できるようになる。このように，私たちの感覚すべてを探知機のように用いながら，内的な読みによって，認知的に，また直観的に，クライアントを理解することができるようになるのである。

　最後に，セラピストがクライアントと近しく共鳴できるようになるためには，クライアントとの間に十分な心理的距離が必要であり，それにより私たちはクライアントを「見る」ことができるようになる。Kerr（1981）は，ボーエンの視点から，セラピストの差異化（訳注：原語 differentia-

第1章　セラピーのなかで自分を活かす「人としてのセラピスト（POTT）」モデル　19

tion は "分化" と訳されることもある）について次のように述べている。

> ［分化の］ものさしにおいて高い値に位置している人々とは，個として独立
> していることと，人と相互依存的でいられる力が最も望ましいバランスへ向
> かっている人々であり，ここでいうバランスの取れた人とは，その人自身が
> 自分は誰であるかを知っている自立した個人であると同時に，効果的なチー
> ムプレーヤーともなれるような人を指している。(pp. 246-247)

　すべてのセラピストは，クライアントを観察し判断するために，専門職
として一定の心理的距離を保つ必要性を認識している。POTT の観点か
ら見れば，セラピストは専門的な認識とスキルを身につけると同時に，自
分自身の人生の旅とスピリチュアリティに根差した存在であることが必要
である（Aponte, 1998）。POTT において，これはダイナミックな概念で
ある。セラピストは，クライアントに人として誠実に向き合い，つながり
を持ち，同時に専門家としての観察眼を保ちながら，それぞれの臨床的状
況に適した専門的判断と臨床実践を自由に行使していく者である。
　同一化と差異化という概念からみると，次のような項目が，セラピーに
おけるアセスメントの中核となっている。まず**同一化**に関しては，

・知的にも感情の上でもクライアントに対して自分自身を開き，その時の
　臨床場面に共鳴し，クライアントの思考，感情，苦痛がどのように表出
　しているかを観察すること。
・自分自身に対して心を開き，クライアントとの関係の中で，その場で経
　験していることに自分がどう反応しているか，どのような関連性が生じ
　ているかを識別し，同定すること。

　差異化に関しては，以下のようにして，心理的距離を取るようにする。

・クライアントが強調して伝えようとしていることと，自分自身の中でクライアントについて直接体験していることのつながりを，内的に追跡すること。
・臨床の場において直接的に得ている観察データと自分自身が内的に収集しているデータが，自分の持つ臨床上の仮説や戦略から見て，どの程度齟齬がないかを継続的にモニタリングすること。

　アセスメントのプロセスに関してPOTTが目標とするところは，クライアントが伝えようとしていることに対する人間的な感性を育み，クライアントと自分の間にある類似性やクライアントについて自分が経験していることを通し，クライアントに何が起こっているのかを**今，この瞬間**に感じ取ることができるようになることである。

3. 介　入（The Intervention）
――セラピストは何らかの臨床的アプローチを選択しながら専門的介入を行うが，その際にクライアントに対して自分のもつ個人的資質を，その時，その場面の必要に応じて調整する。――

　「変化を引き起こすために，どのようなシステミック・モデルにおいても，セラピーにおいて起こるやり取り中で少なくとも一人の参加者に焦点をあて，その感情，行動，認知を変えるために働きかけようとする」（Sprenkle et al., 2009, p.110）。私たちは，相互作用の中にいる参加者の心に触れ，その人が受け止められるような臨床的介入が行えるように，人としての関わりの中で，精神的にも情緒的にも自分を統制しなければならないといえよう。
　私たちは皆，臨床における戦略や専門的な介入を実践するために，意識的にせよ無意識的にせよ，関係性におけるある立ち位置を選択している。臨床的アプローチの中には，クライアントに対するセラピストの立ち位置

について明確にしているものもある。その最たる例として，古典的な精神分析家が挙げられる。彼らは治療過程の段階において，転移を促すために，ある程度匿名性を保って自分というものをはっきり出さず，内省と退行を促すように患者に関わるが，こういったセラピストの立ち位置は，ソファに横たわるクライアントから見えないように，治療者の椅子をその背後に置くことで物理的に示されているといえよう。これとは対照的に，MinuchinとFishman（1981）には，家族構造の「バランスを崩す」というアプローチの例がある——「セラピストは，セラピーというシステムに参加するメンバーの一員として，家族のパワー構造に挑戦して変化を引き起こすために，自分自身を明確に用いなければならないだろう」（p.161）。また，Jeffrey Koob（2009）によれば，解決志向ブリーフセラピー（SFBT）におけるセラピストは，クライアントに対して「非対立の立場をとり」（p.158），「問題についての話ではなく，そこから解決の話（つまり，人生での前向きなこと）へと焦点を変える」（p.151）という立ち位置にいる。私たちが，比較的匿名性を保って自分を出さない姿勢，積極的にクライアントに介入する姿勢，または前向きなアプローチのために直面化を避ける姿勢など，そのいずれを選ぶにせよ，人として，自分の態度，考え，感情を，介入の目標に合わせて適切なタイミングと方法で整える必要がある。

同一化は，セラピーの介入プロセスにおける次のような中核的要素と関連がある。

・クライアントが受け入れやすいと感じる感情や認識と調和するように，自らの個人的な感情や認知的な傾向を意図的に介入に取り入れる。
・私たち自身の社会文化的経験を通じて得たつながりを活かし，適切な状況で，私たちの介入をクライアントの社会文化的な枠組みに組み入れる。
・クライアントとの関係を効果的に調整することにより，どのような状況

においても，クライアントとの信頼感によって私たちは誠実な相互関係を育むことができる。

差異化については，以下のことにセラピストは目を向ける。

・セラピスト自身が人生経験から学んだ柔軟さや安心感をもとに，クライアントとのふさわしい関係性を見極めながら，自律的に介入を行う。
・クライアントとの複雑で多層的な関係の中で，必要に応じて，自らの専門家としての役割を明確にし，その役割に専念することを通して介入を行う。

介入プロセスに関して，POTTにおいて私たちセラピストが目指しているのは，クライアントがセラピストとの関係性においてどこに位置しているのか，また，セラピーのその時々で何を必要としているかを，細やかに感じ取れる人としての態度を育むことである。

POTTの観点からみて，上記のどれも容易にできることではない。トレーニングやスーパービジョンは，複雑で多岐にわたる人間的なつながりをクライアントとの間に築く力を育むとともに，セラピーにおけるクライアントとの関係において，必要に応じて専門家としての役割を果たせるよう自分自身を方向づけられるように修練することを目的としているのである。

結　論

POTTでは，セラピーにおいて自分自身を活用することは，トレーニングを通して身につけ，洗練され高められるものであり，このことが，効果的なセラピーを生み出すことにつながるのだと考えている。自己への洞

察を深め，意識的かつ意図的に自分にアクセスし，自分をどのように用いるかをトレーニングすることによって，セラピストはいかなる臨床モデルにおいても，その枠組みの中で，積極的かつ意図的にクライアントと関わり，アセスメントし，介入することができるようになる。このトレーニングとスーパービジョンが根拠としているのは，正当な臨床アプローチであればどれもその基礎として認識しているものと同じである。また，このトレーニングとスーパービジョンに，個々のセラピストが求める特定の臨床モデルや，複数のアプローチを体系的に統合したモデルを反映させることもできる。いかなる心理療法モデルにも通底しているのは，私たちセラピストが人間性を通して，どのように意識的かつ意図的にクライアントに関わり，アセスメントし，臨床的介入を行うかということなのである。

参考文献

Anderson, H. (1997). Conversation, language, and possibilities: A postmodern approach to therapy. New York: Basic Books.

Aponte, H.J. (1998). Intimacy in the therapist-client relationship. In W.J. Matthews & J.H. Edgette (Eds.), Current thinking and research in brief therapy: Solutions, strategies, narratives. (Vol. II) (pp. 3-27). Philadelphia: Taylor & Francis.

Aponte, H.J. & VanDeusen, J.M. (1981). Structural family therapy. In A.S. gurman & D.P. Kniskern (Eds.), Handbook of family therapy (pp. 310-360). New York: Brunner/Mazel.

Baldwin, M. (2013). Interview with Carl Rogers on the use of the self in therapy. In M. Baldwin (Ed.), The use of self in therapy (3rd ed., pp. 28-35). New York: Routledge.

Bochner, D.A. (2000). The therapist's use of self in family therapy. Northvale, NJ: Jason Aronson.

Bowen, M. (1972). Toward a differentiation of a self in one's family. In James L. Framo (Ed.), Family interaction (pp. 111-173). New York: Springer.

Dattilio, F.M. (2010). Cognitive-behavior therapy with couples and families: A comprehensive guide for clinicians. New York: Guilford.

Gerdes, K.E. & Segal, E.A. (2011). The importance of empathy for social work practice: Integrating new science. Social Work, 56(2), 141-148.

Kerr, M.E. (1981). Family systems theory and therapy. In A.S. Gurman, & D.P.

Kniskern (Eds.), Handbook of family therapy (pp. 226-264). New York: Brunner/ Mazel.

Koob, J.J. (2009). Solution-focused family interventions. In A.C. Kilpatrick & T.P. Holland (Eds.), Working with families (pp. 147-169). Boston: Allyn & Bacon.

Minuchin, S. & Fishman, H.C. (1981). Family therapy techniques. Cambridge, MA: Harvard University Press.

Muntigl, P. & Horvath, A.O. (2015). The therapeutic relationship in action: How therapists and clients co-manage relational disaffiliation. In H. Wiseman & O. Tishby (Eds.), The therapeutic relationship: Innovative investigations (pp. 41-59). London: Routledge.

Reik, T. (1948). Listening with the third ear. New York: Ferrar, Straus and Giroux.

Satir, V. (2000). The therapist story. In M. Baldwin (Ed.), The use of self in therapy (2nd ed., pp. 17-28). New York: Haworth.

Sprenkle, D.H., Davis, S.D. & Lebow, J.L. (2009). Common factors in couple and family therapy. New York: guilford.

Weiss, M., Kivity, Y. & Huppert, J.D. (2015). How does the therapeutic alliance develop throughout cognitive behavioral therapy for panic disorder? Sawtooth patterns, sudden gains, and stabilization. In H. Wiseman & O. Tishby (Eds.), The therapeutic relationship: Innovative investigations (pp. 29-40). London: Routledge.

West, J.D. & Bubenzer, D.L. (2000). Narrative family therapy. In J. Carlson & D. Kjos (Eds.), Theories and strategies of family therapy (pp. 353-381). Boston: Allyn and Bacon.

Wylie, M.S. & Turner, L. (2011). The attuned therapist. Psychotherapy Networker, 35, 18-27, 48-49.

第2章

POTT プログラム
ステップ−バイ−ステップ

セネム・ゼィティーノル
(*Senem Zeytinoglu*)

POTT モデルの始まりは，1970年代後半，ハリー・アポンテ（Harry Aponte）がフィラデルフィアで，家族療法において「人としての自分自身」を活用できるようになるための臨床家のグループを立ち上げた時にさかのぼる。このプログラムはリッチモンドのバージニア家族研究所（Family Institute of Virginia）においてその後も発展を続け，現在も人／実践モデル（Person/Practice Model）という名称で運営されている（Aponte & Winter, 2013）。

このトレーニングを大学に，特にドレクセル大学マリッジ・ファミリーセラピープログラム修士課程（the Marriage and Family Therapy master's program at Drexel University）に設置しようというアイデアを提案したのは，ドレクセル大学カップル・ファミリーセラピー学部（Couple and Family Therapy Department）の学部長，マーリーン・ワトソン（Marlene Watson）である。ワトソンは，家族療法を学ぶ学生に自分自身を活用するための体系的なトレーニングを行うには，POTT モデルこそが基盤になると考え，ハリー・アポンテを招いて，大学としては初めて，ドレクセル大学において POTT モデルを試行的に実施した（Aponte et al., 2009）。

POTT モデルがドレクセル大学カップル・ファミリーセラピープログ

ラム（Drexel's Couple and Family Therapy program）において初めて試行されたのは 2002 年のことで，6 名のボランティア参加の受講生を対象に，単位にならない試行的トレーニングとして実施された。ボランティアとして参加した学生たちの体験が肯定的なものであったこと（Lutz & Irizarry, 2009），また教員たちにもプログラムに参加した学生の臨床家としての成長が感じられたことから，このトレーニングは正式にカリキュラムに統合されることになった。現在 POTT は，修士課程 1 年目の学生全員が受講する 1 年間の必修コースとなっている（Aponte et al., 2009）。

　ドレクセル大学の POTT コースは，4 つの学期のうち，秋，冬，春の 3 つの学期において実施されている（シラバスは付録 A.1，B.1，C.1 を参照）。このコースでは学生を 2 つのグループに分けており，それぞれのグループの学生数はできるだけ 12 名以内となるように設定されている。各グループは 2 名のファシリテーターによって運営され，大学院生のアシスタント 2 名がサポートする。秋学期では，受講生が自分のサイン的テーマ，すなわち自分の人生において最も重要な個人的課題だと思うテーマを見つけ，発表することが中心となる。冬学期では，受講生は事例発表を行い（できればビデオ録画したものを用いて），クライアント家族や彼らの課題が，臨床面接においてどのように自分に影響を与えているのか，特にクライアント家族との関わりの中で自分のサイン的テーマがどのように賦活されるのかについて，気づきを深めていく。春学期には，模擬的なクライアント家族やカップルに対してセラピーを行う（「シミュレーション実習（simulated laboratory）」または「シムラボ（simlab）」と呼ばれている）。クライアント家族やカップルの役は，雇用された俳優が演じる。各受講生は，2 人のファシリテーターからライブ・スーパービジョンを受けながら，クライアントとのセッションを行う。このシムラボ体験は，受講生がクライアントとの関係構築，アセスメント，介入をする際に，自分のサイン的テーマや個人的な人生経験をどのように活用するかを練習できるようデザインされたものである。

第2章　POTTプログラム　27

　以上がPOTTコースの構成要素であるが，これらの構造や順序は柔軟であり，受講者の人数に応じて変更される。ひとつだけ決まっているのは，受講生がまず自分のサイン的テーマを見いだすことから始めること，次にそのテーマが臨床の場で自分自身の中にどのように現れるかを理解すること，最後に，学んだことを（模擬的な）クライアント家族に応用する体験を持つこと，である。この章では，それぞれの学生が発表することになるそれぞれの課題について詳しく説明し，トレーニングプロセスのさまざまな構成要素を概観する。

トレーニングの構造と構成要素

POTTの理念とトレーニングプログラムに関する2回の導入セッション

　初回のトレーニングでは，ファシリテーターがPOTTモデルを紹介し，その中核となる理念と主な目標を伝える。また，トレーニングプログラムに関するオリエンテーションを行い，各ステップとその必要要件について説明する。初回は，POTTモデルに関する文献を読んでもらい，自分にとって最も意味があると思う部分に印をつけてもらうことから始める。そして2回目のセッションでは，グループに分かれて，どこに印を付けたかを共有し，それについて話し合う。

　私たちはまず最初に，毎回の授業後に日誌を書くよう学生に伝える（日誌の書き方については付録A.1を参照。これはシラバスに示されている）。この日誌は通常1ページ以内の長さで，授業を通して自分がどのような影響を受けたか，特に，他の受講生が発表した個人的課題が自分の臨床実践にも影響しそうだと思った時に，自分の個人的課題についてはどんなことが思い浮かんだかを書く。これらの日誌は，そのクラスのファシリテーター2名と大学院生のアシスタント2名が読み，各受講生が他の受講生の発表を見聞きした時に生まれた気づきや内的反応をめぐるフィードバックを，大学院生のアシスタントが受講生たちに行う。また，大学院生のアシ

スタントは，彼らへのコメントや個別面談を通して，受講生に個別のサポートを継続的に行う。受講生がこのプログラムで経験するプロセスは，彼らに感情面で深い影響を与える可能性があることがわかっているので，教員は，内的な負担の大きいこのトレーニングのプロセスにおいて，各受講生にどんなニーズが生じうるかに注意を払う必要がある。トレーニングにおけるこうした構成要素については，次の章でもっと詳しく述べる。

「人としての自分自身」に関する発表：自分のサイン的テーマを見つける

POTT における最初のトレーニング課題は，受講生が自分のサイン的テーマを見つけること，そして，それがどのように形成され，どのように自分自身の生活や仕事に影響してきたかを記述することである。このプロセスの中で私たちは受講生に，自分の人生における内的な葛藤，対処のメカニズム，機能にまつわるパターンを探索するように伝える。受講生は，自分のサイン的テーマについてレポートを書き，その後，授業で発表するよう求められる。以下は，サイン的テーマのレポートを書く前に受講生に考えてみるように伝えているいくつかの問いである。これらの問いは，サイン的テーマの概念を明確にするのに役立つことが示されている。

・あなたの不安や怖れの一番の源は何ですか？（例：見捨てられること，拒絶されること，あまり良い状態ではないこと，懸命に努力しても失敗すること，など）
・自分のことで，人に知られたくないことはありますか？　それを人に知られないようにするために，あなたはどんなことをしていますか？
・あなたには，自分自身の機能や人間関係をどこか制限しているような特徴はありますか？（例：要求がましいと思いたくなくて，自分でできるふりをして必要な助けを求めず，結果として孤独を感じる，など）
・あなたは普段，ストレスにどのように対処していますか？　問題を引き起こしそうなストレス状況や人間関係において，どのように反応します

か？

・あなたの人生を振り返ってみてください。仕事や人間関係においてうまくいかないことが繰り返されているようなパターンはありますか？

　私たちは受講生に，サイン的テーマは特定の出来事や人間関係ではなく，そうした出来事や人間関係から形成された個人の感情，思考，関係性のパターンであると強調している。また，最初のうちはサイン的テーマが複数見つかることもあると伝えている。しかし通常，これら複数のテーマは，サイン的テーマの発表を通して1つか2つの包括的なテーマに集約される。

　受講生の最初の課題は，自分のサイン的テーマに関するレポートを提出することである（サイン的テーマのレポートの書き方については，付録A.3を参照）。このレポートは，発表の数日前に，ファシリテーターと大学院生アシスタントの両方に提出される。このレポートは，以下の5つのセクションから構成される。(1) セラピストのサイン的テーマの記述，(2) セラピストのジェノグラム，(3) サイン的テーマと関連があるセラピストの家族の歴史，(4) セラピストのサイン的テーマが現在どのように表れているか，また，そのサイン的テーマに関するセラピストの葛藤，(5) サイン的テーマがセラピストの臨床実践に与える実際の，あるいは潜在的な影響，である。

　サイン的テーマのレポートに関する具体的な指示を以下に示す。

1. サイン的テーマ

　あなたの人生において最も中心的な個人的課題だと思うものを記述してください。これは，あなたの人生の多くの，またはすべての領域に影響し，あなたを困らせ続けている悩みの種です。この問題について記述する際は，あなたの人生における感情的，スピリチュアル的，社会的な要素を考慮に入れてください。

2. ジェノグラム

あなたの家族の3世代にわたるジェノグラムを添付してください。どんな登場人物がいるか，相互の関係性はどうか，私たちが理解しやすいようコメントを添えてください。

3. 家族の歴史

あなたのサイン的テーマに関連すると思う家族の歴史を書いてください。これは，あなたの家族や家族との関係があなたのサイン的テーマの始まりと継続にどのように影響しているかについての仮説となるものです。

4. サイン的テーマをめぐる葛藤

自分のサイン的テーマにどのように対処しているかについて，記述してください。ここには，どんなときにうまく対処できないのか，どんなときに最も効果的に対処できるのかを書いてください。また，このテーマと格闘する上で，あなたの人生において最も助けにならない人は誰か，最も助けになる人は誰かについても書いてください。

5. あなたの臨床実践

あなたのサイン的テーマが，クライアントとの関係性や，クライアントの課題へのあなたの関わりにどのように影響しているか，または影響する可能性があるか，肯定的なものでも否定的なものでも，あなたの考えを述べてください。

　以下の例は，ある受講生が書いたサイン的テーマのレポートからの抜粋である。彼女は，自分のサイン的テーマ，家族の歴史，サイン的テーマをめぐる現在の葛藤，そしてそれが自分の臨床実践にどのように影響しているかについて述べている。この章では，読者がそれぞれの課題の内容を理解する参考になるよう，この受講生が書いた他のレポートからの抜粋も紹介する。また，第4章と第5章では2人の学生についてPOTTの全体像を紹介し，このトレーニングにおいて受講生が経験するプロセス全体につい

て描写する。

【サイン的テーマを見いだす】

　私の両親はどちらも私たちを捨てたわけではなく，いつでも私たちの人生の一部でした。それでもなお私は，父に見捨てられ，拒絶されたかのように感じていました。私のサイン的テーマは，拒絶される，見捨てられるという怖れだと思います。子どもの頃の私は，周りから私とは関わりたくないと思われてしまうような態度を取っていました。人とけんかしたりいじめたりすることはありませんでしたが，もしも私が思ったままをはっきりと口に出してしまったら，周りの人はきっと私を怖がったことでしょう。

【家族の歴史】

　両親には私のほかに３人の子どもがおり，私が覚えている限りでは楽しい時間を過ごしていました。私が６歳くらいの時，母は父が自分の親友と不倫していることを知りました。両親は離婚を決意し，父はすぐに継母と結婚しました。このことが母に与えた衝撃は，私たちの生活に大きな影響を及ぼしました。母が不倫を知った時，母は妊娠していたのです。父は母との間にこれ以上子どもを作りたくないと言っていたので，母は中絶すれば結婚生活を取り戻せると信じていました。しかし，そうはならなかったのです……。

【サイン的テーマをめぐる現在の葛藤】

　学校に入学したり新しい土地に引っ越したりしたとき，私は新たな出会いを求めて外向的で友好的になります。しかし，自分は愚かな人だと思われているのではないか，友だちになる価値がないと思われているのではないかと，常に心配しています。私の恋愛関係は，間違いなく私の欠点の影響を受けています。たとえすべてがうまくいっていても，相手が去ってし

まうのではないかと疑い，不安になってしまうのです。私は，自分が関わっている男性，そしてその周りにいる女性を信じることができません。私がこのように考えてしまうのは，結婚して4人の健康な子供を持っていた父が，なぜ他の誰でもなく，母の親友のために私たちを捨てたのか，理解できないからだと思います。

【臨床実践への影響】

　臨床実践に関しては，クライアントから良い仕事をしていないと思われてしまうのではないか，二度と戻ってきてもらえないのではないかと心配しています。私は洞察力に優れたセラピストになりたいですし，帰る時にはクライアントに「とても気分が良くなった」と言ってもらいたいのですが，そうはならないのではないかと怖れています。自分はきっと優れたセラピストでいられると信じていなければ，セッションにおいてクライアントが自分の物語を話しているときでも，私はそうした心配に気を取られてしまうでしょう。

　受講生には，発表の4日前までにサイン的テーマのレポートを提出してもらい，検討と分析の時間を十分に取るようにしている。私たちファシリテーターは，サイン的テーマのレポートを読み，発表の際にどんな領域に焦点を当てたらよいかを確認している。そして，受講生が何に悩んでいるのかをより深く理解しようとする。私たちのゴールは，どうしたら受講生が自分のサイン的テーマをより明確にできるか，また，彼らが人として，あるいは専門家として，そのテーマにより効果的に対処するにはどうしたらよいかについて，道筋を見いだすことである。サイン的テーマの発表では，私たちは受講生のそばに座り，サイン的テーマについて話してもらう。そうすることで私たちは，そのテーマが彼らにとってどのような意味を持つのか，より感じ取ることができる。私たちは，受講生が自分のサイン的テーマについて，それがどのように生じ，プライベートでも仕事でも

今どのような影響を与えているのかについて，一貫した物語を構築できるように質問する。とりわけ，自分のサイン的テーマが臨床実践にどのように影響しうるか，また，セラピーにおいてそれをリソースにしていくにはどうしたらよいかに，より深く気づき，触れられるようになってほしいと願っている。

受講生のサイン的テーマへの理解は，通常，発表が進むにつれて深まっていく。受講生は時折，自分のサイン的テーマそのものを中心的テーマとするのではなく，サイン的テーマがどのように働いているかの方に注目することがある。例えば，受講生の"メアリー"は，自分のサイン的テーマは「完璧でなければならない」というものだと述べるかもしれないが，その核心的な課題は「見捨てられることへの恐れ」である。彼女は，自分が完璧でなければ，大切な人に見捨てられると思っているのだろう。ファシリテーターの助けがあれば，メアリーはきっと，彼女自身の核心的課題について新たな洞察を得ることができるだろう。私たちが特に留意しているのは，受講生がどんな課題を提示しても，**正常な**葛藤の範囲内のこととして扱うことである。私たちは，受講生が臨床の場で自分自身を眺めたときに，落ち着いて自分の課題を認識し，触れられるようになってほしいと思っている。また，私たちファシリテーターが発表者の内的葛藤に寄り添う姿を見てもらうことで，それを見ている学生たちもまた，発表者を理解し，共感できるようになると考えている。たとえ学生たちが抱えている課題が将来出会うクライアントのものとは異なっていたとしても，同じようにクライアントに関わることができるよう準備するのである。

発表が終わると，クラスメートが発表した内容にどのように共感したかについて，聞き手のグループにフィードバックを求める。この時グループは，発表者である受講生に，共感，承認，サポートを届ける。つまり，発表者の話を聞く中で浮かんできた自分の人生経験，信念，感情などを，順番に話していくのである。グループによるフィードバックは，発表する受講生の孤立感や恥ずかしさを和らげるためでもある。また，ファシリテー

ターと発表者のやり取りを聞くことは，グループメンバーが自分自身の課題を心の中でより深く考える機会にもなる。オブザーバー側の受講生は，自分の発表よりも発表者の話を聞く方が，自分の課題をプレッシャーなく冷静な頭で考えることができるので，自分にとって得るものが多かったと述べることも多い。

事例発表

POTT トレーニングの2つ目の課題は，受講生が取り組んでいる事例について発表し，受講生のサイン的テーマや「人としてのセラピスト」にまつわる他の要素（家族の歴史，ジェンダー，人種，文化など）がどのように臨床に影響しているかを記述することである。この課題の主な目標は，人としての自分自身，特に自分のサイン的テーマが，クライアント家族や彼らの課題によってどのように刺激されたのか，また，セラピーのプロセスに持ち込む自分自身のすべてが，その家族との関係構築，アセスメント，介入にどのように影響するかについて，受講生が探索し，認識する経験をすることである。

この発表では，受講生に1回のセッションのビデオを提出することを強く推奨している。それは，受講生がセラピーを行うという技術的プロセスにおける人としての自分自身を認識するのに役立つからである。また，受講生は発表の準備として，事例発表のレポートを書き，提出することになっている。その際に焦点を当てるのは，自分のサイン的テーマ，この事例に関わる際に自分自身をどのように臨床的に活用したか，クライアントに関する情報やクライアントに関わる際の文脈に関する情報，クライアントの中心的課題，クライアントの課題の起源や力動に関する仮説などである。以下に示すのは，私たちが受講生に，発表の準備をする際に答えるよう伝えている具体的な問いである。

1. サイン的テーマについてのあなたの現在の理解を述べてください。

2. クライアント家族に関する情報（ニックネーム，年齢，ジェンダー，職業など）を書いてください。

3. クライアントのジェノグラムとあなた自身のジェノグラムを添付してください。

4. クライアントがセラピーに助けを求めた課題についてどのようにお互いが合意したかを述べ，その中であなたにとって個人的に意味のあることは何か，特にあなたのサイン的テーマに関連することについて，どのようなことでもよいので書いてください。

5. このクライアント家族に関わっている他の機関や専門家について，またそれらとあなたとの関係性について，書いてください。

6. クライアントに対するあなたの内的反応と，クライアントのあなたに対する反応について記述し，あなたがクライアントに関わり，アセスメントし，介入する際にサイン的テーマがどう関連するかを述べてください。

7. あなたの持っている文化的な，あるいはスピリチュアルな価値観のために，クライアントが示している課題への見方が色付けされ，クライアントの視点から離れてしまっている可能性があれば，それについて述べてください。

8. あなたとクライアントとの社会的立場の相違点や類似点が，クライアントとの関係や事例の理解にどのように関わっているでしょうか。

9. クライアントの課題の起源とその力動について，あなたの仮説を述べてください。

10. この事例に関するあなたのセラピーの方針を述べてください。

11. このクライアントとともにその人の中心的課題に取り組む際，あなたはどんなことを個人的に困難だと感じるか，見いだしてください。特に，あなたのサイン的テーマがその困難の性質に関わっているかどうかに留意してください。

12. この事例においてあなたが感じる困難にどのように取り組もうと思う

かを論じてください。特に，あなた自身の個人的な人生経験がこの課
題に対処するための潜在的なリソースになりうるかどうかに留意して
ください。

　ファシリテーターは，発表の前に事例発表のレポートを読み，受講生が
その家族と関わる際の自分の態度や行動について洞察を得るにはどうした
らいいか，また，このセラピーの目標を達成するために，受講生がどのよ
うに自分自身を意図的に活用できるかを確認する。事例発表の際は，受講
生が自分のビデオの一部を私たち2人のファシリテーターに見せるので，
私たちは受講生がクライアントに関わるときの内的思考，態度，非言語的
メッセージを確認することができる。主に焦点を当てるのは，受講生がク
ライアントとこれまでになしとげてきたことは何か，そして，セラピーの
目標を達成しようとするときに直面する，人としての困難と専門家として
の困難との相互関係についてである。授業終了後，受講生は事例発表のレ
ポートを書き直すが，そこには発表から得た洞察とともに，受講生が直面
しているクライアントに関する困難と自分自身に関する困難の両方につい
て，どのように取り組もうと思うかについて書く。

ロールプレイ

　受講生には，臨床における自分自身の活用の仕方を探索する練習とし
て，もう一つの選択肢がある。それはロールプレイである。受講生が事例
に基づいた発表をすでに1回終えている場合には，これは特に選択肢にな
る（付録B.3を参照）。仲間の学生がボランティアでクライアント役を演
じるが，そのクライアントは，友人，兄弟，カップル，家族など，どのよ
うな組み合わせでも構わない。教員はそのプロセスをスーパーバイズし，
重要な場面でセラピスト役の学生を止め，今，この瞬間にクライアントに
ついて何を考え，何を感じているのか，そしてそれをどうしたいのかを考
えるように伝える。

このロールプレイには2つのバージョンがあり、学生はそこから選ぶことができる。1つめのシナリオは、受講生がクリニックに来院したクライアントを担当することになった場面で、そのクライアントの課題を見いだし、背景の力動に関する仮説を立て、この課題にどのように取り組み始めるかについて準備ができているかを検討するというものである。クライアント役の人は、あらかじめジェンダー、年齢、クライアントとしてのお互いの関係性を決めておくように指示される。どんな課題を語るかについては話し合わず、お互いがそれぞれ心に浮かぶことについて考え、どんなことが思い浮かんだとしても、それについて即興で両者の関係を発展させていく。ここでは、「クライアント」がお互いに対する実際の内的反応に基づいて役割上の関係を作り上げながら、焦点となる課題やその背後にある力動について話し合うようにするので、「セラピスト」はそれをリアルに体験することができる。

2つめのシナリオは、学生が現在実習で取り組んでいる事例について、クライアントの課題へのアプローチを考えようとするものである。この場合、臨床面接を始める前に、学生からクライアント役にカップルまたは家族としての課題や関係性の力動を伝えて、役作りをしてもらう。ロールプレイの後のディスカッションでは、学生のサイン的テーマや、そのサイン的テーマが、クライアントと関係を作り、アセスメントし、介入するといったあらゆるプロセスにどのように現れたかに焦点をあてる。これは、学生セラピストがセラピスト役としてどんなことを内的に経験したのか、そしてその気づきをどのように生かして、セラピストとして自分自身をどのように積極的に活用していけるかについて認識し、触れていくトレーニング体験になるように意図したものである。

模擬セラピー

POTTトレーニングの次のステップはシムラボ（模擬セラピー）の体験で、受講生が自分のサイン的テーマの影響を実際に体験することを目的

としている。シムラボのセッションでは，受講生はクライアント家族とセラピーを行い，ファシリテーターは近くの部屋で観察用の鏡や遠隔カメラを使ってライブでスーパーバイズを行う。クラスメートはそのセッションの様子を別の違う部屋から遠隔カメラを通して見る。クライアント家族は，家族役を演じる訓練を受けた俳優から構成される。

　各受講生は，自分の前のセラピスト役の学生がセラピーを終えた場面を取り上げ，その続きとなる1回のセッションをその家族と行う。セッションからセッションへ，家族はあたかも同じセラピストからセラピーを受けているかのようにふるまう。ファシリテーターはセッションを始める前に，学生セラピストに対して，クライアント家族と取り組む上での心配ごとについて確認する。そして，自分のサイン的テーマを振り返り，起こりうる困難について予想するように伝える。セッションにおいて自分のサイン的テーマをどのように扱うか，私たちから何らかのフィードバックをすることもある。しかし普段，私たちがしているのは，学生がセッションに入る前に，人として家族とともにいることを心がけ，何かしなければと心配する前に，家族とのつながりを大切にするように伝えることである。私たちは受講生に，リラックスして，自分の力を最大限に発揮して家族と関わってもらいたいと考えている。シムラボでの体験は，受講生がサイン的テーマにまつわる自分のすべてを使う機会を提供する。そして受講生は，クライアント家族の全員とつながり，各メンバーの感情的なニーズとその関係をアセスメントし，セラピーの目標を立て，家族がセッションにおいて新たな肯定的体験ができるように介入する。私たちは，受講生が人としての自分自身と専門家としての自分自身が統合されるような成功体験を提供することを目指している。

　シムラボでの体験は，学生セラピストにとって，怖れを抱くものになりうる。そのため，私たちはセッションの前に，私たちはサポートするためにここにいるのであって，批判するためにいるのではないこと，そして，受講生がこの体験を乗り越えて，そこから何ができるかを学べるようにサ

ポートするのだと，強調して伝えている。スーパーバイズをする際は，セラピーのプロセスの中で自分自身に気づけるように促し，どうしたら家族とうまくつながり，理解し，役に立ったと思ってもらえるような体験を家族に提供できるのか，受講生が気づけるようにファシリテートする。私たちは，ライブでスーパーバイズを受けるという初めての努力が，受講生にとって肯定的な経験であってほしいと思っている。

　セッション中，私たちはイヤホンを使って受講生とコミュニケーションを取る。また，セッション中には通常3回，受講生を呼ぶ。はじめにセッション開始から数分後に受講生を呼び，部屋の中で何が起こっているかについての第一印象を話し合い，セッションの計画を立てられるようにする。次に，セッションの半ばで受講生を呼び，セッションの進行状況を確認し，計画を修正する必要がある場合には一連の行動を提案する。最後に，セッション終了の数分前に受講生を呼び，どのようにセッションを終えれば，クライアントにとって今日何が達成されたか，これからどうすればいいかがはっきり感じられるかについて話し合う。

　セッションが終わったら，すぐに受講生はクライアント役の俳優と会い，彼らそれぞれから，受講生の関わり方をどのように感じたか，セッションにおいて最も役に立ったこと，最も役に立たなかったことは何かについて，フィードバックを受ける（「付録C.2　シムラボのフィードバック：セラピストのための質問」を参照）。俳優に対しても，これは受講生にとって初めての経験であること，受講生には彼らからの励ましが必要であることを忘れないでほしいと，あらかじめ伝えておく。

　このライブ体験を終えた受講生は，クラスに戻ってフィードバックを受ける。クラスメートはファシリテーターから，受講生に対して支持的であるように，また，セッションを観察する経験を通して，自分自身の臨床における家族との取り組みについてどんなことが思い浮かんだかを述べるように伝えられる。すべてのセッションはビデオ撮影される。

　受講生は，シムラボセッションを終えた後，自分の経験についてレポー

トを書く（シムラボのレポートの書き方は付録C.3を参照）。私たちは受講生に，自分のサイン的テーマについての現在の理解，クライアント家族についての情報，自分自身をセラピーにおいて活用することへの印象といった質問に答えるように伝える。そして，今回の体験において，受講生が自分自身をどのように臨床的に活用したかについて尋ねる。

1. 今回のセッションにおけるクライアントとの関わりにおいて，あなたは人として（感情の面で，かつ／あるいは，価値観の面で）どんなことが刺激されましたか？　クライアントの課題に対処する際はどうでしたか？（ここでは，クライアントとの関わりにおいてあなたが人として経験したこと，特にあなたのサイン的テーマに関連したことを書いてください）

2. このセッションにおけるクライアントとの関わりの中で，あなたの人としてのどのような人生経験や世界観が引き出されましたか？　クライアントの課題に対処する際はどうでしたか？（ここでは，あなた自身やあなたの内的プロセスをどのように**活用**して，クライアントに共感し，つながったか，クライアントと同一視するとともに差異を見いだしたか，積極的かつ目的を持ってアセスメントし，介入したかを書いてください）

3. 今回の事例においてクライアントと関わり，アセスメントし，介入する上で，あなたにはどのような困難がありましたか？　また，その困難にどのように対処しましたか？

　以下に，ある受講生のシムラボのレポートからの抜粋を掲載し，シムラボのレポートの書き方の例を示す。

【サイン的テーマについての現在の理解】
　　現在，私の主なサイン的テーマは「見捨てられることへの怖れ」だと思

っています。しかしその大部分は，他の人を喜ばせなければならないという気持ちです。他の人が自分のことを悪く思っているのではないかと考えると，とても落ち着かない気持ちになります。

【シムラボにおけるクライアント家族に関する情報】

　私がシムラボでお会いした家族の構成は，夫であり父親でもあるアレックス，妻のマーガレット，そして娘のアレキサンドリアでした。彼らは白人の中〜上流階級の家族で，ペンシルバニア州のビラノバに住んでいます。彼らがこの地域に引っ越してきたのはここ1年以内のことで，断るには惜しいほどの仕事のオファーがアレックスに来たからです。アレックスはある医薬品の販売促進を担当しており，世界中を飛び回ってその商品を販売しています。彼は，この仕事は1年か2年しか続かないだろうと言っていました。しかし，彼は仕事のためにまったく家におらず，そのことは家族にとってストレスになっています。マーガレットはかつて歌手だったのですが，現在は専業主婦として18歳の娘アレキサンドリアの世話をしています。アレキサンドリアは高校3年生で，ビラノバの女子校に通っています。アレキサンドリアは，ペンシルバニアでの新しい生活に慣れるのに一番苦労しているように見えます。

　この家族がセラピーを紹介されたのは，アレキサンドリアが学校で葛藤を抱えていることからでした。アレキサンドリアの学校生活は友だちが少ないまま始まり，学校を休みがちになっていました。家族がセラピーを受け始めた当初は，家族はこれが主な課題だと考えていました。彼らはアレキサンドリアが元に戻るための手助けを求めていました。しかし何週間か経つと，彼らは，家族が非常にバラバラで，それぞれが葛藤を抱えていて，孤独を感じていることを理解し始めました。私はセラピストとして，家族一人ひとりに孤独感，そしてつながりを求める気持ちがあることに気づきました。

【臨床において自分自身を活用すること】

　アレキサンドリアにとって，自分の知っている場所から引っ越すことがどれほど大変なことだったか，私には理解できました。最悪なことに，彼女は高校最後の年に引っ越さなければなりませんでした。それが彼女にとってどれほど辛いことだったか，彼女と心から話し合ってくれる人は誰もいなかったと感じました。私は，彼女と心から話し合うことで，彼女が私に理解してもらえていると感じて，もっと心を開いてくれるのではないかと期待していました。アレックスには，たとえ計画通りにうまくいっていなくても，彼がしていることはすべて家族のためなのだと私が理解していることに気づいてほしいと思っていました。家族が快適に生活できるように一生懸命働いているのに，家に帰っても自分が家族の一員であると感じられないなんてどれほど辛いことか，私にはよくわかりました。マーガレットには，彼女がほとんどの時間をたった一人で過ごしてきたこと，そして，彼女が慣れ親しんできたものすべてを置いて引っ越してきたことを私が理解していると，彼女に伝えようとしました。私はセッションの間，ある家族が何かを話したら，他のメンバーはどのように感じたかをそれぞれの人に尋ねるようにしました。私は，彼らがお互いをより理解し，実は同じもの，つまり愛し合い，つながりあうことを求めていることに気づいてほしいと願っていました。

　彼らの社会的階級や人種について，私が心地よくない思いをすることはありませんでした。ただ，18歳の娘ははっきりものを言う人だったので，一緒に面接することに居心地の悪さを感じました。私は，彼女が怒って私を怒鳴りつけるのではないかとひやひやしていました。そのため，私はセッションのほとんどの時間，彼女とつながることに最善を尽くしました。私は，男性とセッションを始める場合，特にその人が父親である場合に，いつも落ち着かない気持ちになることに気づきました。セッションが始まってすぐ，アレックスが「もっとましな日々があったはずだったのに」と言ったので，私はこのセッションはそこからすべて悪くなっていく

と思いました。私がどうして父親と関わり始めるときにこんなに落ち着かない気持ちになるのか，今でもわかろうとしていますが，おそらく，自分自身の父親との関係と結びつけて考える必要があるのだと思います。

最終課題：最後の振り返り

　1年間のPOTTトレーニングを終えた受講生は，最後に「振り返りレポート」を書くことを求められる。これは，自分がたどってきたプロセスが自分にどのような影響を与えたかについて考えることを目的としたもので，自分の人としての成長や専門家としての成長に焦点を当て，トレーニングについてのフィードバックも書く。以下は，このレポートを書くための問いである（最終の振り返りレポートの書き方は，付録C.4を参照）。

・人としての自分自身の変化：この1年間に歩んできたプロセスを振り返って，あなたのサイン的テーマに対する見方はどのように変わりましたか？　この授業における経験から，あなた自身やあなたの人間関係にどのような変化がありましたか？
・専門家としての成長：この1年間歩んできたプロセスを振り返って，この授業における経験によって，あなたの臨床実践やセラピストとしての自分自身に対する認識はどのように変わりましたか？　クライアントとの関係構築，アセスメント，介入に関して，自分の臨床の力はどのように向上していると思いますか？
・トレーニングについてのフィードバック：トレーニングのどのような点が，あなたの変化へのプロセスに役立ちましたか？　トレーニングにおいて，こうだったらよかったのに，と思うことはどんなことですか？

　最後の振り返りレポートは，受講生が自分の成長を明確に認識し，現在どこに行き詰まりを感じているかを理解し，臨床において自分自身を活用する力を高めるための将来に向けた目標を設定する機会となる。最後に，

44

先ほどと同じ受講生のレポートを，例として以下に示す。

【自分自身の変化】

　私はこのプロセスを通して，自分が体験したことは嘘偽りのないもので，すべて大切なものだと気づきました。私はもう，何かを克服しなければいけないとか，他の人はもっと大きな問題を抱えているのに私は何をしているのだ，と自分を責めたりする必要はないのだと気づきました。私の経験は私の一部であり，私はそれをクライアントや私自身の役に立つように活用できるのだと学びました。私はまだ道半ばであるとわかっていますが，それでいいのです。前に進み続けていれば，それでいいのです。私はこれまで，問題を解決していない自分を批判することに時間を費やしてきたため，自分がすでに成し遂げた進歩を認識することを忘れていました。小さな変化かもしれませんが，それでも変化なのです。私は実習先のスーパーバイザーと話をして，彼女について自分がどのように感じているかを正直に話しました。ボーイフレンドに対しても言いにくいことが言えるようになりました（まだ少しだけで，今も取り組み中です）。父とはまだ難しいです。しかし，私は父との関係を改善しており，12月に父が私を傷つけた時も，私は踏ん張って，父が間違っていたことに気づかせました。

【専門家としての成長】

　この1年，以前の自分と比べて，専門性という面で大きく成長できたと感じています。最初のセッションでは，怖さのあまり，同意書にサインした家族を家に帰してしまったことを覚えています。でも今では，13人のクライアントを持ち，彼らの家族すべてと関わっています。POTTのおかげで自分への批判が減り，そのおかげで他人を批判してしまうことも減りました。私のクライアントは，私自身と同じようにさまざまな経験から苦しんできた人であり，そのためにもっと良い人間になろうとしている人たちであると考えるようにしています。シムラボでは，初めて会う家族

第2章 POTT プログラム　45

にセラピーをしなければならなかったからというよりも，仲間から失敗したと思われるのではないかと怖れたために，不安になりました。しかしシムラボでは，先生方の助けを借りながら，自分に何ができるかを実感することができました。私はしばしば，自分の怖れや思い込みに邪魔されて，自分が何を達成できるかを見失ってしまいます。自分の発表や他の人の発表を通して，自分がまだ取り組む必要のあることだけでなく，クライアントとつながるために私が何を活用できるかを，より深く理解することができました。私は，クライアントとつながり，私を信頼できる人だと思ってもらう能力があると信じています。私は，クライアントがセラピーをやめてしまうのではないか，私に腹を立てるのではないかと怖れることなく，どうやって一歩踏み出してリスクを引き受け，クライアントがみずから自分の体験に対応できるよう，サポートを提供するのか，今後も取り組んでいきたいと思っています。正直なところ，私の直感はほとんどの場合，当たっていると思います。ただ，それを無視したり，後回しにしてしまうことが多いのです。自分の声にもっと耳を傾けることができれば，自分自身や他の人を素晴らしい方法で助けられると思います。

【トレーニングへのフィードバック】

　この授業は私にとって，これまでの学びのプロセスの重要な部分を占めています。ここでのプロセス全体が，私を人としても，専門家としても，より成長させてくれました。私は自分自身について，また自分の経験に対処するのに役立つ方法について，より多くのことを学んだと感じています。他の学生を理解し，より深いレベルで彼らとつながることができたことも助けになったと思います。それ以上に有益だったのは，自分の状況だけが特別なのではなく，誰もが葛藤を持っており，乗り越える必要のある痛みを抱えていると気づいたことです。仲間だってそうなのだと知ったことで，私もクライアントともっとつながることができるようになりました。

私は，クラスメートの発表を聞いた後，クラスの中で振り返りをするというプロセスに葛藤を感じたことに気づきました。これは一つには，自分には発言するのに充分な自信がなかったということ，そしてもう一つは，私には自分の中に何が起こっているかを整理する時間が必要だということだと思います。発表の後に，発言するかしないかの選択肢が与えられていれば，より安心できたと思います。しかし私は，不快なことにもっと慣れなければならないと思っています。一つだけ思うのは，このクラスがプログラムの１年次だけのクラスではなく，２年間のクラスだったらよかったのに，ということです。私たちのプログラムは自分自身を活用することをとても重視していると思いますが，自分自身の人生経験を整理し，それをクライアントとのセッションにどのように取り入れるかを考えるには，３学期以上の時間が必要だと感じています。

ま と め

　この章では，私たちがPOTTのトレーニングにおいてどのようなことを行うのかについて，詳しく説明した。それぞれの課題の主な構成要素と構造を記述し，一人の受講生のレポートを使って，トレーニングのプロセスを説明し，明確化した。次の章では，受講生が経験する日誌を書くというプロセスと，それが彼らの臨床家としての成長をいかに促すかについて説明し，このトレーニングの経験をより深く掘り下げていく。

参考文献

Aponte, H.J., Powell, F.D., Brooks, S., Watson, M.F., Litzke, C., Lawless, J. & Johnson, E. (2009). Training the person of the therapist in an academic setting. Journal of Marital and Family Therapy, 35, 381-394.

Aponte, H.J. & Winter, J.E. (2013). The person and practice of the therapist: Treatment and training. In M. Baldwin (Ed.), The use of self in therapy (3rd ed., pp. 141-165). New York: Routledge.

Lutz, L. & Irizarry, S.S. (2009). Reflections of two trainees: Person-of-the-therapist training for marriage and family therapists. Journal of Marital and Family Therapy, 35, 370-380.

第3章

POTT において日誌を書くこと

クリスチャン・ジョーダル，レナータ・カルネーロ，ジョディ・ルッソン
(Christian Jordal, Renata Carneiro and Jody Russon)

はじめに

　日誌を付けることは，POTT モデルのすべての側面を結びつける糸のようなものである。本書の第2章で述べたように，ドレクセル大学では，修士課程のカリキュラムにおいて，修士1年の秋学期，冬学期，春学期の連続したコースとして，POTT モデルを組み込んでいる。3つのコースを通して一貫して課されるのが，毎週日誌を付けることである。学生は日誌を付けることによって，"人としての自分自身"について授業を通して何を学んでいるのかを，セラピストとしての自己形成という観点から考察し続けることができる。POTT モデルでは，学生自身がどのような内的課題を抱えているとしても，自分自身への気づきを，臨床における道具としていかにして積極的に，肯定的に，目的を持って活用するかに焦点を当てて日誌を書くように求めている。

　日誌を付けるという課題は，学生が授業にどのように参加し，関与しているかをモニタリングする手段になるだけではなく，コース全体を通して彼らを情緒的に「ホールドする（hold）」手段となる。学生はその支えの中で，人としての自分自身と向き合い，葛藤しながらサイン的テーマを見いだし，受け入れ，自分自身についての新たな気づきを臨床実践に活か

す，という困難な課題に取り組むのである。私たちは，できるだけ心を開いて，弱さのある自分のままで考察するように，学生を励ましている。さらに，学生は日誌を書くことを通して，2人の担当教員が口頭で伝えるフィードバックを，より確かなものにすることができる。学生には，POTTの課題は，意識的に考えるだけでよかった従来の振り返り記録とは異なることを，繰り返し伝えることが重要である。学生たちは，日誌へのフィードバックを通じて，自分自身について広がった理解をいかにして臨床家としての成長につなげるかという方向へ導かれるのである。

日誌の形式

　基本的に，学生は日誌の中で以下の2つのことを考察する。すなわち，1）クライアントが心の内を話したときと同じように，他の学生が話したサイン的テーマについて，どのように自分自身との同一化と差異化を行うか，2）自分自身のサイン的テーマをめぐる授業での体験を，今関わっているクライアントとの臨床にどのようにつなげていくか，である。学生は，クライアントと関係を築き，アセスメントし，介入するという実践に向けて，自分自身についての新しい気づきを活用しながら，準備性を高めていく。どうやって成績を付けるかは3つの学期ごとに異なるが，日誌を提出するプロセスは同じである。最初の学期では，事前に定められた締め切りまでに日誌を提出するように指示される（通常は授業終了から3日後）。私たちは，学生の日誌を毎週読み，日誌をどう理解したらよいか集まって検討し，どのようにフィードバックをするかを話し合って決める。このフィードバックは，次の授業の前に，各学生に個別に伝えられる。

　秋学期の日誌では，基本的なコンセプトに焦点を当てる。学生は，自分自身のサイン的テーマを1つまたは複数見つけ，授業で発表する。これらのサイン的テーマは，学生自身にとっての中心的葛藤や個人的課題を反映したもので，彼らが自分の臨床ではこうしたテーマがさまざまな形で現れ

てくるだろうと予測したものである。学生は，日誌という構造があること
によって，授業での発表の際に心に浮かんできたことをもとに，授業後に
さらに深く自分の個人的な課題について考察することができる。私たち
は，授業の内容に対して生じた自分の内的反応は，臨床実践の場でもクラ
イアントに対して起こりうると思って考察するように導いている。

　冬学期には，ビデオに撮った自分の臨床の一部を発表したり，自分がセ
ラピスト役，クラスメートがクライアント役になって，心に浮かぶままに
即興ロールプレイを行ったりすることを通して，サイン的テーマについて
学んだことを臨床と直接結びつけるための学びを開始する。

　春学期には，シムラボにおいて，雇用された俳優が演じるクライアント
に対して，関係づくり，アセスメント，介入を行う。その際の日誌には，
自分やクラスメートがどのように自分自身を積極的にかつ目的をもって活
用しようとしたか，自分の体験を詳細に記録する。本書の第2章で説明し
たように，シムラボとは，医療ヘルスケア分野においてさまざまな専門職
養成のために歴史的に使用されてきたトレーニング環境であり，マネキン
人形や模擬クライアントを演じる俳優を活用して，学生のスキルがどの程
度向上したかを確かめながらトレーニングをするものである。学生にライ
ブ・スーパービジョンを行う際は，彼らがセラピーのプロセスの中で自分
自身をどう活用しているかに特に焦点を当てる。ライブ・スーパービジョ
ンが終わった後のフィードバックでは，この経験で学んだことを実際の臨
床現場での実践に関連づけて考えるように伝えている。注：修士課程の学
生は，全日制プログラムの最初の学期にあたる秋学期から，臨床実習を開
始している。クライアントと関わる際に人としての自分自身を活用する大
切さを学生にしっかりと伝えるため，春学期には毎週，臨床において自分
自身を活用した具体例を日誌に記録することを課している。

日誌の成績評価

　POTT プログラムに日誌をどう取り入れるかには，さまざまな方法がある。ここでは，ドレクセル大学のカップル・ファミリーセラピープログラムのカリキュラムに日誌をどのように組み込んでいるかを説明する（プログラム全体については，第２章のステップ−バイ−ステップ方式で説明している）。ドレクセル大学のプログラムでは，日誌の提出が，POTT の成績評価の25％を占めている。学生は毎週，授業が終わってからできるだけ早く，授業での発表に対する反応や記憶がまだ新鮮なうちに，日誌を書くことを求められる。日誌の提出期限は，授業終了からの約３日後としている。つまり学生は，３つの学期を通して，POTT の毎回の授業で日誌を書く必要がある（合計30回）。

成績評価基準の展開

　日誌の内容への成績評価は，POTT モデルが学生に浸透するにつれて深まっていく。これは，学生に伝えるフィードバックの量と深さにも反映される。秋学期のガイドラインでは，授業内容と自分の内的反応とを織り合わせるよう，学生に伝えている。それは，学生がPOTT モデルの二重のプロセスを体験できるようにするためである。つまり学生は，クラスメートの人生経験をどのように自分自身の内的経験を通して理解するかを学びながら，同時に，自分の内的反応を振り返って対応する力を身につけていく。それによって学生は，自分の洞察力と感情の両面を用いながら，有益で豊かな臨床活動ができるようになるのである。学生は，この二重のプロセスを通じて，自分自身のサイン的テーマを臨床の中でどのように活用するかについて，探索し，発展させることができる。

　冬学期の日誌のガイドラインでは，学生に，自分のサイン的テーマを臨床実践に結びつけて考えるように示している。学生は授業に向けて順番に

事例についてまとめるが，その際は，自分自身の個人的課題に関わること
が臨床上の困難として現れているような，特定の課題やクライアントとの
面接場面に焦点を当てる。そして学生は，焦点となっているポイントがわ
かるような 10 〜 15 分程度のビデオクリップを示すように求められる。こ
の時，私たちは，学生がクライアントに最も効果的に関われるようになる
ために，クライアントの体験を理解したりつながりを深めたりする助けと
なるような，自分自身の体験や感情を探索するように促している。また学
生には，スーパービジョンを受けながら臨床ロールプレイをするという選
択肢もある。この場合，街角のクリニックに予約なしで相談に訪れたカッ
プルや家族の役を，2 〜 3 人の他の学生がボランティアで担う。発表を予
定している学生はインテーカーの役割を担い，彼らと関わりながら，何が
問題になっているのかを見きわめ，その問題を扱うかどうか，扱うとした
らどのように対応するかを判断するよう努める。私たちは一定の間隔でロ
ールプレイを止め，クライアントについてどんなことを観察したか，それ
についてどう考えるか，クライアントや彼らの問題について自分の中にど
んな内的反応が起こっているか，そしてこうした情報についてどのように
対応しようと思うかを，その「セラピスト」に考えてもらう。このとき重
要なのは，セラピストが自己内省と臨床的思考とを統合することである。
ロールプレイ（40 分）の最後には，「クライアント」から，その「セラピ
スト」との体験がどのようなものであったかをフィードバックし，聴衆と
して参加した他の学生も同じようにフィードバックを行う（15 分）。私た
ちは，学生の「セラピスト」が肯定的な体験をできるよう，自己内省や臨
床的関わりを導き，臨床面接において自己内省を活用することについて，
何らかの学びができるように努めている。授業終了後には，発表者も他の
学生も，この体験からどのような内的反応が自分自身に生じたか，また，
それをどのように臨床の場における自己内省へとつなげていけるかに焦点
を当てて，日誌を書く。学生にとって自分について振り返ることは，どの
ようにして自分の内的反応を積極的に目的を持って活用し，臨床実践の向

上へとつなげていけるかを考える土台となる。

　最後に春学期には，スーパーバイズを受けながら模擬クライアントと関わることで，これまでに学んだことすべてを応用する機会がある。学生は，人としての自分自身をセラピーのトレーニングに意図的に取り入れるPOTTモデルを活用しながら，クライアント家族とつながり，アセスメントし，介入するよう努める。その後，スーパーバイズを受けた学生も，遠隔テレビで観察していた学生も，その臨床面接について日誌を書くよう求められる。臨床プロセスを論じる上で重点を置くのは，スーパーバイズを受けた学生にとっては，その過程でどのように自分自身を活用したかであり，観察者だった学生にとっては，自分が目にした臨床面接に自分を映し出してみたら，そこにはどのような意味があったかである。

　日誌の内容についての成績評価は，学生が日誌において内面的なことと臨床的なことの両方に取り組んだかどうかという観点でなされる。日誌に臨床的な具体例を盛り込む目的は，学生がPOTTモデルを臨床現場に積極的に適用する能力を高めることである。日誌について成績評価の枠組みを設ける目的は，自分がセラピーのプロセスに人として何を持ち込むのか，そしてそれを，セラピーにおける関係構築，アセスメント，介入のためにどのように直観的に活用するかについて，学生が少しずつ認識し，アクセスできるようにするためである。

日誌のテーマ

　POTTのトレーニングで体験したことについて，学生がよく報告するテーマがいくつかある。また，3つのコースを通して受講生が進歩するにつれて，こうしたテーマが発展していくこともよくある。次のセクションでは，私たちがこれまで見てきたテーマを学期ごとに分け，各段階において典型的に現れるものを提示したいと思う。

第3章　POTTにおいて日誌を書くこと　55

秋学期の日誌のテーマ

　POTTのプロセスがどのようなものであるかは，秋学期を通して少しずつ姿を現してくる。学生はまず，このコースでは自分自身の内的課題を探求すると聞いて，不安を覚える。日誌を書き始める最初の数週間で，学生は自分の内的課題を見つけ始めるが，同時に，クラスメートの前で自分の不安や弱さを発表することへの恐れを語る。POTTのプロセスを経てセラピストになろうとする学生の多くは，もともと人々の葛藤に自然に注意を向けることができる力を持っている。しかしそれでも，そのような葛藤や苦悩にまつわる自分の感情体験を認識して言語化することは，初めて日誌を書く学生にとっては大きな課題である。また学生は，自分自身の葛藤や弱さがセラピーにおける資源になりうるという考え方にも戸惑いを覚える。それは彼らが，最初の段階では，自分の弱さや「課題」に関する経験を恥だと思っているからである。POTTの授業に数年間取り組んできた経験では，秋学期の日誌のテーマは，次のようなものが多い。(1) POTTのプロセスがわかってくる，(2) つながる，(3) 不安や弱さを探求する，(4) 感情体験の言語化を始める。

〈秋学期の日誌のテーマの具体例〉

(1) POTTのプロセスがわかってくる

　学生は，さまざまな感情を抱えながら，とりわけ興奮，不安，混乱が入り混じった状態で，POTTを開始する。彼らは，個人的な課題について語らなければならないと思いながら参加するが，自分のことをどれだけさらけ出していいのかわからず，アンビバレントな思いも抱く。秋学期の最初の数週間では，何が起こるのだろうというさまざまな思いに対応することが大きなテーマとなる。以下は，POTTの学生であるマンディが初めて書いた日誌の例である（学生の匿名性を保つために，名前や個人を特定できる情報はすべて変更されている）。

このコースで何が期待され，何が起こるのかを知ることは，私の不安を和らげるのに役立ちました。アポンテ先生とジョーダル先生が，なぜこのコースが私たちのプログラムにとって大切だと思うのかを話してくださってよかったです。私は弱さのある自分のままで心を開くという経験をこれまでにしたことがないので緊張していますが，アポンテ先生とジョーダル先生は，そのような隠れた領域を探索する上で，クラスは安全な空間であることを保証してくれました。また，クラスメートが授業にどのような思いを抱いているかを聞いたことも，安心につながりました。不安を抱えているのは自分だけではないとわかって，よかったです。

このコースでは，これまで以上に透明性が求められます。普段，私は自分の不安を誰かと共有することはなく，まして，よく知らない人たちがたくさんいる部屋で共有することはありません。自分にとって重要なテーマを他の人に伝えるということは，その人たちが私の中の一部を共有することになるので，不安です。彼らは私の弱さにアクセスすることになるのだろうと思います。でも裏を返せば，他の人が自分の体験を語るときは，私がその人の一部を共有することになります。クラスの中で，私たちがお互いに全員の一部を共有するような感じで発表が行われるのだと考えると，すこし不安が和らぎ，励まされます。

マンディが感じ取ったように，私たちは学生に，これから何が起こるのだろうという期待や不安を探索するように促している。学生にとって，こうした探索は，授業における体験と自分の内的体験とを結びつける練習になるからである。さらに，日誌を書くことで，学生の不安が目に見えるようになるので，教員が学生の不安に個別に対応したり，授業において彼らの心配ごとに対応する機会が得られる。

第3章　POTTにおいて日誌を書くこと　57

(2)つながる

　秋学期の日誌に共通するのは，学生がPOTTの教員やクラスメートと
つながりあう体験を求めているということである。学生はよく，クラスの
中の支持的な雰囲気について述べるが，ここには，お互いの絆を深めて学
び合いたいという願いが含まれている。このように，つながりに関心を向
けることは，多くの学生にとって個人的なことを開示する不安を乗り越え
る助けになる。学生は，毎回の日誌において，自分の心配ごとに対する教
員からの返事を読み，その都度，教員との支持的なつながりを経験する。

(3)不安と弱さを探求する

　秋学期が進むにつれて，学生は自分のサイン的テーマの発表に入ってい
く。このプロセスの中で，学生は自分について開示することや自分の中の
弱さを認めることについて，ためらいながらも取り組んでいく。発表につ
いてよくみられる日誌のテーマは，原家族における体験を理解する難しさ
である。学生は授業の中で他の学生が発表した内容に，さまざまな反応を
示す。そして日誌には，その学生の原家族での体験の歩みがあらわれる。
ジャクリーンは日誌において，原家族の問題にまつわる自分の弱さについ
て語っている。

　　私は授業の中で，溺れるまいと精一杯頑張っても，溺れかけているよう
　な気がします。ジョーダル先生に，私のサイン的テーマが何かがわからな
　いと言われて，とても恥ずかしい思いをしたのですが，正直なところ，私
　もそれが何なのか，どうやって見つければよいのかがわかりません。自分
　が何に苦しんでいるのかはわかるのですが，それをどうやって一つの文や
　フレーズにまとめればよいかに苦労しています。ジョーダル先生が「両親
　への怒りが積み重なっているのかもしれない」とおっしゃった時，最初は
　不意を突かれて，反論したかったのですが，言われたことについて考えて
　みると，自分が親に対して不満を持っている点がたくさんあることがわか

ってきました。しかし，両親が私にしてくれたたくさんのことを思うと，そうした問題について言葉にできるとは思えませんでした。私が両親を「台座」から降ろすように，彼らの人間的欠点を認めることができれば，両親と私の関係はより良くなると思いますが，私が両親から完全に自立して生活できるようになるまでは，どうすればいいのかわかりません。

ジャクリーンはその後の日誌において，以下のように，両親を失望させることへの恐れを深く探索し，それを臨床の仕事に関連づけることができるようになっている。

自分のサイン的テーマが何であるかが明確になったことで，そのことが私自身のこれまでの個人的な人間関係，特に両親との関係にどのように影響してきたか，結びつけて考えることができるようになりました。両親に非難されることを恐れるあまり，両親の望みに縛られ，自分自身のためではなく両親のために意思決定をするようになっていました。今はもう私は，自分自身への気づきが臨床の仕事にどれほどプラスに影響しうるかを理解しています。表面的なレベルだけでクライアントに共感しようとするのではなく，クライアントの中に私自身を積極的に見いだそうとしたからこそ，私は初めて，そのクライアントとの純粋なつながりを感じることができたのだと思います。

教員は，学生がうまくいった体験をしたときは，常に肯定的なフィードバックを返すようにしている。また，学生の多くは自分の怖れや弱さをどのように認識して伝えるかをちょうど学んでいるところであるため，怖れや弱さは恥ずかしいものではなく，人間として普遍的なものなのだというメッセージを，常に強調している。日誌を書くことで，自分の中の暗い部分，明るい部分，ぼんやりした部分など，どんな側面に気づくようになっても，それを安心して言葉にできる機会を得ることができる。日誌は担当

第3章 POTTにおいて日誌を書くこと 59

教員としか共有しないので，学生は日誌を自分の中で何が生じているかを
伝える場として活用することができる。

(4)感情体験を言葉にし始める

　秋学期の間に，学生は同一化と差異化の概念に慣れてくる。彼らは，他
者の人生における葛藤を理解する大切さについては理解しているが，感情
の差異化という概念にはあまりなじみがない。クラスメートの体験に共感
しながら，自分自身の自己感覚や感情体験にとどまり続けるということへ
の理解は，ゆっくりと進んでいく。自分にとって弱いところにアクセスす
るようになると，日誌は，内容に焦点を当てたものから，クラスメートと
の関わりにおける自分自身についての気づきに焦点を当てたものへと移行
していくことが多い。ここには，クライアントと関わる際に自分自身に気
づけるようにトレーニングするという意図がある。私たちは，学生をこう
したプロセスに導くために，フィードバックのプロセスを活用する。

冬学期の日誌のテーマ

　冬学期には，学生がセラピストとしての役割を担う中で，自分自身に気
づいていくというテーマが展開する。ここでは，学生に自分自身のサイン
的テーマを臨床実践と関連づけて考えてみるように働きかけることが中心
となる。学生によくみられるのは，個人的な課題があるとセラピーが妨げ
られてしまうと考えてしまうことである。トレーニングのこの段階におけ
る私たちの主な役割は，学生が自分のサイン的テーマを，怖れや失敗もす
べて含めて，クライアントの痛み，失望，落胆の物語に人として共鳴する
ためのリソースとしてとらえられるようにすることである。学生が授業で
の発表や日誌へのフィードバックを自分の中に取り入れることは，簡単で
はないことが多い。特に，今学んでいるセラピストとして**なすべきこと**を
すべて実践しようと努めながら問題解決をしなければならないというプレ
ッシャーをしのいで，自分自身の中に何が起こっているのかを感じ続ける

ことは難しい。私たちは，学生がセラピーにおける関係性の中で，自分自身のサイン的テーマ，臨床的役割，そして自分の内的プロセスとを結びつけて考えられるよう，具体的なフィードバックをし続ける。冬学期の学生の日誌によくみられるテーマは，次のようなものである。(1) 共通の葛藤に気づく，(2) サイン的テーマをリソースととらえる，(3)「すること (doing)」から「居ること (being)」に移行する。

〈冬学期の日誌のテーマの具体例〉

(1)共通の葛藤に気づく

　冬学期には，他の学生の事例発表やロールプレイを通して臨床面接を観察し，また，自分自身の臨床に対するフィードバックを受ける。私たちは，誰もが傷や痛みを抱えていることに焦点を当てながら，人間には共通する葛藤や経験があるということへの学生の気づきを育んでいく。この気づきは，学生が他の人の中に自分の一部を見いだすことに役立ち，その結果，自分のサイン的テーマに関する理解や，サイン的テーマがセラピーにどのように現れるかという理解が深まる。例えば，ステファニーは日誌の中で，クラスメートが発表した「感情を避けている」というサイン的テーマが，自分とどのようにつながっているかを述べている。彼女の日誌には，他の学生の発表を見たことが，臨床家としての経験や，また人としての自分自身の経験とどのように共鳴したかが綴られている。

　感情を避けているということについて，私はクリスティに共感しました。私は，感情を表すことと感情を感じることの間に，常に葛藤を感じる傾向があります。クリスティが彼女の人生全体にわたる体験を語った時……私は自分自身のことを考えずにはいられませんでした。彼女が辛い感情について語っている間，私たちは同じような気持ちや感情を共有しているような気がして，とても悲しくなりました。特に私は，批判を恐れて，

自分を表現したり他の人と打ち解けたりはしない傾向があります。そして
このことは，確かに私が家族の中で直接影響を受けてきたことだと気づき
ました。私は，家族に喜んでもらおうとしたり，完璧だと思ってもらおう
とするあまり，自分が不完全だと思ったときに，その感情を感じないよう
に避けてきました。自分が家族や友人からの期待に応えられなかったら，
皆がどんな反応をするかが怖くて，どうしたらよいかわからないのです。
そのため私は，起こりうる結果に対して不安を感じやすいところがありま
す。これは，エイミーが自分の臨床実践について語ったことと似ていま
す。私は，心を閉ざさずにクライアントと関わり，つながることは難しい
と感じていました。状況や経験が自分と似ていても，同じ感情を抱きたく
ないので，心を閉ざしてしまうのです。私は，感情を表にあらわした瞬間
に，自分が弱くなるような気がします。特に職場では，他の人から弱いと
思われたくありません。どうすればクライアントを同じような考え方から
脱却させられるか，今はまだわかりません。しかし，私が自分自身にもっ
と心地よさと安心を感じることができれば，クライアントも私のふるまい
に反応し，それを取り入れてくれると信じています。そうすれば私も，感
情を表に出すことを怖れて心を閉ざすことなく，クライアントとより良い
関係を築くことができると思います。

　この日誌の中で，ステファニーは自分とクリスティとの間の「感情体験
を避ける傾向がある」という共通点に気づくことができた。そしてステ
ファニーは，ここにどのような点で自分のサイン的テーマである「批判さ
れることへの怖れ」が現れているかについて述べた。さらに彼女は日誌に，
自分の感情に安心できないことが，原家族の中で感じていたことに似てい
ること，そしてそれがどのように臨床のセッションにおいて問題になって
いるかについて述べた。ステファニーは日誌全体を通して，自分自身の人
生の葛藤が他の人の葛藤とどのようにつながっているか，積極的に考察し
たといえる。

(2)サイン的テーマをリソースととらえる

　冬学期の事例発表では，サイン的テーマへのフィードバックを発表の中に取り入れることを学生に推奨している。POTT のトレーニングの初期の頃は，学生は主に，自分のサイン的テーマがいかに臨床実践の「妨げになるか」を考えていた。例えば学生が共通して語ったのは，クライアントと情緒的につながる力やクライアントを中心にする力を妨げるものは，抑えこまなければならないということであった。学生たちはまた，自分自身が親との間に葛藤を抱えているため，家族の中の子どもの方に味方してしまう傾向があるとも語っていた。

　しかし学期末に向けて，多くの学生は，自分の両親も人間誰しもが持っている弱さに苦しんでいたのだと考えられるようになり，それによって，自分がカウンセリングをしている家族の中の両親もまた同じなのだと気づくようになる。学生が，自分自身の内的葛藤や家族にまつわる葛藤にアクセスすることが，セラピーのプロセスにおいて自分のリソースになりうることを理解し始めるのは，まさにこの時である。この気づきは，事例発表をしたり他者の発表を観察したりすることで培われ，日誌を書くことは，この気づきをさらに深める場となる。以下の例における学生，メリッサは，POTT のプロセスを始めたころは，なかなか自分の弱さに気づけずにいた。この日誌では，自分の感情にアクセスする力が臨床に役立ったあるクライアントとの経験について，記述している。

　アセスメントの概念を理解しようとしている時，最近受け入れた新規のクライアントのことを思い出しました。それは，衝動性のコントロール困難を扱う外来サービスに，新しいクライアントがやってきた時でした。IP（訳注：identified patient）は10歳の男児で，祖母と一緒に来談しました。祖母もまた，彼のケアを担っていたのです。到着するやいなや，クライアント男児の祖母は私に……家族内に生じている今の問題について話してくれました。この時，祖母はすぐにつらい気持ちでいっぱいになり，感

情があふれて泣き出してしまいました。その瞬間，私は椅子に沈み込みたくなり，目が潤んできました。しかし同時に私は，泣いたら頼りないと思われてしまうのではないかと怖れ，クライアントのためにも自分自身のためにも，強くありたいと思いました……私は，祖母の打ちのめされた気持ちや，自分の子どもだけではなく孫までも育てなければならなかった痛みを感じ取ることができました。クライアントである男児が今のストレスとその理由を話してくれた時，私はこの状況に対する自分自身の感情に気づき，この家族に共感することができました。特に，私はこのクライアントに出会ったことで，私自身の祖母が8人の子どもの母親でありながら，孫やひ孫を何とか養わなければならなかったことを思い出しました。クライアントとつながり，共感することで，背景にある課題をより良く理解することができました。また，自分の経験とクライアントの経験を区別し，感情的な距離をとることができました。

(3)「すること（doing）」から「居ること（being）」に移行する

多くの学生は，自分が有能であると感じたいがために，最初はクライアントの問題を解決しようとし，クライアントの感情体験や彼らの生きた物語とつながろうとしない。私たちは，学生とクライアントとのつながりを育むため，学生の日誌へのフィードバックを活用して，学生がプロセスをゆっくりと進めることができるようにしている。次に示すサラの日誌は，セラピーにおいて「すること」から「居ること」への移行がみられた一例である。

エレインは，クライアントの感情的側面を見ることがどれほど苦手かについて述べ，クライアントと感情的につながるのは難しいと言っていました。私も同じように感じています。なぜなら，自分の感情が物事を明晰に考えるのを邪魔するのではないかと恐れているからです。最近，叔父を亡くしたクライアントと会いましたが，彼女が悲しんでいることは感じてい

ても，自分も一緒に悲しむことはできませんでした。もし私が同じように悲しんでしまったら，彼女を助けることができないと思ったからです。気を緩めてしまったら，自分の弱さを感じてしまうかもしれない……。アポンテ先生は，困難と向き合うことによってクライアントとよりつながれるようになるのだから，そのことと向き合う必要があるとおっしゃいました。これからはクライアントをもっとよく理解するために，自分の感情についてもっと意識しようと思います。今回の発表において，私は本当に多くのことを学びました。私は自分のペースが速すぎることに気づきました。私は最終的なゴールに到達するために頑張りすぎていました……。アポンテ先生は，私たちがクライアントと一緒に歩む道はまっすぐな道とは限らないとおっしゃいました。ジョーダル先生も，最終的なゴールにたどり着くには，とんでもない方向に曲がらなければならないかもしれないと言われました。今の私は，遠回りしてもよいのだと感じています。近道をしたとしても，得られる結果は一時的なものにすぎません。遠回りしながらクライアントを理解することで，新しいことを学び，本当にクライアントの役に立つことができるのかもしれません。私が望むようには速く進んでいなくても，今ここでは，クライアントの役に立っているのだと気づきました。これからは，クライアントについて新たに学ぼうとすることをセッションの目標にして，セラピーの新しい可能性を広げていきたいと思います。私はもっと忍耐強く，ゆっくりと物事を進めて，クライアントとの旅を楽しみたいと思います。

　サラは日誌の中で，自分自身の感情をこれまで弱点だと思っていたことを認めた。彼女は自分の感情を，クライアントが前に進むプロセスを阻害するものだと考えていた。他者の感情体験とつながる力こそが相手への理解を深める手立てとなることに気づいたサラは，自分が案内役となってクライアントを導くのではなく，スピードを落として，クライアントとともに旅をすることに集中するという積極的な目標を立てた。以前の彼女は，

セッションのペースを落とす難しさや,「十分良い」セラピストではないことへの不安について語っていた。彼女はこの日誌を書き,振り返ってみて初めて,そこに居ることの大切さや,自分の経験を道具として活用することの利点について,しっかりと理解することができた。これらは,クライアントの経験に心を向けていなければ見逃してしまうようなものであった。

春学期の日誌のテーマ

春学期の日誌では,実際の臨床への適用が重視される。この時期になると,学生にとって自分自身を意図的に活用することは,あたりまえの目標となっている。しかし,成長の仕方にはいくつかのタイプがあり,実際には各学生はそれぞれのペースで成長している。学生はそれまでの学期における取り組みによって,自分自身によりアクセスするようになっており,そのことがPOTTを臨床に適用する際の基盤となる。本書の第1章で述べたように,自分自身に気づくことと,自分自身にアクセスすることは,POTTのトレーニングの2つの重要な目標である。自分自身に気づく段階から自分自身にアクセスする段階へと移行する力は,自分が弱さを抱えた人間であることを受け入れることによって促進される。POTTモデルが目指しているのは,あらゆるセラピーのプロセスにおいて,自分自身の葛藤にアクセスできる力が不可欠であることを,学生が理解することである。学生は,自分の欠点,限界,そして困難な歴史をより受け入れられるようになることで,自分自身に気づく段階から自分自身にアクセスする段階へと移行しやすくなる。自分をこのように受容することで,自分の中の弱さのある人間性にアクセスできるようになり,クライアントとともに居る感覚が生まれ,クライアントの体験とのつながりを感じられるようになる。そしてクライアントもまた,よりつながりを感じ,より耳を傾けてもらえていると感じられるようになると思われる。

〈春学期の日誌のテーマの具体例〉

　春学期に入るまでに，学生はサイン的テーマの発表や事例発表を終え，POTT のプロセスに関する経験を積む。事例をめぐるコンサルテーションにおいて，どのように積極的に，目的を持って自分自身を活用するか，私たちからライブでフィードバックを受けることを通して，学生は POTT の探求を深める準備ができていく。学生はたいていの場合，教員からその場で評価されることや，クラスメートから観察されることに不安を感じる。この不安は，しばしば日誌にもあらわれる。学生の感情体験をノーマライズし，彼らが臨床において自分自身を活用することについて探求を続けられるようにすることが大切である。春学期の学生の日誌によくみられるテーマは，(1) 自分自身へのアクセスが増える，(2) 自分自身を活用することを体感する，(3) 原家族の問題を受け入れる，である。

(1)自分自身へのアクセスが増える

　先に述べたように，学生は一般的に，春学期までに，臨床実践において自分自身にアクセスすることが増えたと述べるようになる。クライアントとの関係を築き，アセスメントし，介入するという臨床実践の全体を通して，自分自身の一部分を使い始めるのである。春学期には，これまでに学んだことを模擬クライアント家族との関わりの中で実践することに重点が置かれるため，日誌には，セラピーのプロセスを構成するさまざまな局面において自分自身を活用することについての学生の考えや反応が綴られる。私たちは日誌があることにより，学生やクラスメートがクライアントに行うさまざまな関わりをめぐって，学生自身の中に起こった反応に応答する機会を得ることができる。私たちは，学生がこれらの臨床実践に自分自身のどの部分を持ち込んでいるか，気づけるように支援する。次の日誌は，学生が自分のサイン的テーマというレンズを通して，どのように積極的に自分自身にアクセスしているかという例を示したものである。ここに

示す学生，デビーは，この枠組みがあることにより，自分の臨床実践における次のステップの可能性を理解することができた。彼女は，危険な状態にある子どもに出会うと，自分が「コントロールし，助けようとする」傾向があることをよく理解していた。臨床のスーパーバイザーからサポートを受けながら，彼女はクライアント家族に巻き込まれやすい自分の傾向に負けることなく，積極的に関わることができた。彼女はスーパービジョンに導かれて，差異化されたスタンスを維持し続けることができたのである。

今週の実習では，「救おうとして飛びつく」という私のサイン的テーマに挑戦しました。私は今，私自身の心理的トリガーを特に刺激するケースに取り組んでいます。というのも，私たちは……IPが性的に虐待されているのではないかと疑っているのです。養育者はその可能性をかたくなに否定しています。このことは私自身の経験と似ているため，今もこの先も養育者に力があるとは信じられず，私がコントロールしてクライアントを救い出そうとする私自身の傾向が刺激されてしまいます。私たちは，ライブ・スーパービジョンを受けながら，この家族に用いる支援の枠組みを創り出すことに取り組んでいます。先週は，養育者と（IP以外の）子どもたち全員がピアノだったらという枠組みを用いて（彼らは素晴らしいピアノ奏者なのです），音楽の才能のあるこの家族の舞台を設定しました。しかし今，この子（私たちのIP）だけはギターなので，養育者は新しい楽器の演奏を学ばなければなりません。でも，彼らは楽譜の読み方やテンポを保つことなど，基礎はすでに全部知っています……など。今週は，この枠組みを土台にして，家族には隣の部屋に座ってもらい，私は部屋の入り口からセッションを進めて，彼らのネガティブなパターンを実演してもらいながら，彼らをコーチしました。このコミュニケーションパターンと同じものが，週末の間ずっとネガティブに展開されていたのですが，コーチすることによって，彼らはお互いに話を聞けるようになり，新たな理解が

できるようになりました。この枠組みを用いることによって，私は（心理的トリガーを刺激されずにすんだので）身体的にも感情的にも距離を取ることができ，この家族はつながりあい，新たな交流の仕方を学ぶことができました。

(2)自分自身を活用することを体感する

　自分へのアクセスが増えるのと同様に，学生はセラピーにおいて自分自身をどう活用するかと自分の内的体験とを結びつけて考え始める。例えば学生は，クライアントの感情体験に触れ，つながるために，自分自身の生の感情を引き出すことがよくある。私たちからのフィードバックを継続的に受けることにより，学生は自分自身の感情を通してクライアントの感情を理解することは，必ずしも自己開示を意味するわけではないと理解し始める。学生は，クライアントとの関係を築く手立てとして，自分自身の経験を引き出すことができるが，そのときに自分自身の類似した内的経験を開示するわけではない。次に示す日誌は，ショーナが他の学生のシムラボ発表を振り返って書いたものである。彼女は，このケースを支えるには，自分の中のどの部分にアクセスすればよいかをつかんだ。

　クライアントに卵巣がんが見つかるという危機に，私なら何とか対処できたのではないかと思います。何とか対処するとは，つまりそこに居続けること，修正しようとしないことです。私は，直面化や質問ではなく，安らぎや傾聴が必要な危機的状況に，うまく対応できます。私のサイン的テーマは，直面化や葛藤を背負うのを避けることですが，悲しみや心配の中にある人を支えるときは，それはあまり表に出てきません。メイシー（学生セラピスト）は，ボディランゲージ，声のトーン，共感的な発言を通して，素晴らしい関わりをしたと思います。このような危機に対処する場合，私なら父の病気とがんによる死という経験を活用するかもしれません。私たちはソファに座ってただ泣いていたわけではありません。父は私

第3章　POTTにおいて日誌を書くこと　69

に死が迫っていることをはっきりとは告げませんでした。しかし，父と一緒にソファに座り，それがいつしかベッドの上になる中で，私にはわかっていたのです。その親密な時間こそが，病気のさなかにおける唯一の希望の光なのだと。私なら，セッションにおいてクライアントが見せる親密さの中に，癒しの力が現れていることに焦点を当てると思います。

　私のクライアントとのセッションは，死や死にゆくことに関することではなく，誕生に関するものでした。クライアントと一緒に住んでいる友人が出産することになり，クライアントは健康上の理由でこれ以上子どもを産めないことを悲しんでいました。私はもう少しで（再び）親になる方法は他にもある，と元気づけるところでしたが，思いとどまり，子どもがいない自分の経験を活かして共感を生むことができました。また私は，セラピストとしての自己開示も少しして，理解していることを伝えようとしました。そういう対応を選んだのは，私が当時，自分とは社会経済的背景が全く異なる３人の女性とセッションをしていて，彼女らの人生についてちょうど立ち入った質問をしてしまったところだったからです。そのうちの一人は，私がその人の進歩を称えた時に不機嫌そうな顔をしていました。だからその人は，私のことを恩着せがましい偽善者だと思っているのではないかと感じたのです。私は，自分のことを少し開示したあと，もうこのくらいにしよう，クライアントの人生についての話題に戻ろうと思うことができました。

　ショーナはここで，自分自身を活用することと，自己開示による介入の違いをよく理解している。自分自身を実際に活用しながら，クライアントと関係を作り，アセスメントし，介入するという臨床実践を練習することによって，学生は，自分自身をどのように活用するかということが，いかにセラピーを行う特定の人物に特有のものであるかを理解する。実践のプロセスにおいてそれぞれの人がどのように臨床を行うかは，セラピストという人間の独自性によって彩られ，形作られていく。学生は日誌の中で，

スーパーバイズセッションにおいて自分が行ったこと，あるいは自分が観察した他の学生が行ったことが，個々の学生の人生経験によってどれほど異なる形で体験されたかを考察する。

(3)原家族の問題を受け入れる

　学生は，原家族の物語とそれに伴う情緒的な痛みを受け入れることで，自分自身の弱さを受け入れることを学ぶ。自分の弱さを受け入れることによって，学生は新たな方法でクライアントとつながることができる。例えば，学生の一人であるメロディーは，自分の原家族の経験が，クライアントの悩みを理解する上でどのように役立つかを考察した。彼女の考察は，別の学生のシムラボ発表に関するものである。

　　自分のキャリアやスケジュールのことばかり考えているリンに苛立っているボブの気持ちが，私にはわかりました。私のクライアントにも，何度も同じような懸念を口にして，他のもっと差し迫った問題を回避しようとしていると感じる人がいました。私はそのクライアントがわざとそうしているのではないかと，苛立ちを覚えました。わざとではないことは自分でもよくわかっているのに。ボブのリンへの関わり方を見ていて，またその後のリンからのフィードバックを聞いて，私なら今後のセッションにおいてどのように彼女にアプローチするかを考えました。一つの方法は，彼女にとってキャリアとは何を意味するのかをよく考えてみることだと思います。

　　リンの話に耳を傾けると，彼女にとってキャリアとは，長い間満たされなかったものを満たすものであるように感じました。また彼女は，いつも他の人にばかり目を向けていることに疲れ，もっと自分のことに集中したいと思っているのではないかと感じました。でも彼女はそうすることに罪悪感を感じるので，他の人をケアする仕事を選ぶことで，自分を正当化しなければならなかったのではないかと思います。これまでのセッションで

は，リンはわがままで自分のことしか考えていない人だと思われたくない
あまり，自分に何が起こっているかをうまく表現できていないように思い
ました。私も人に尽くすことを強いられてきた一人の女性として，リンに
とても共感できます。私の親戚は，私が子どもを産まない，結婚しないと
いう選択をしたことで，私のことをわがままだとよく言います。彼らから
見れば，私は男性から妻を奪い，私の両親から孫を奪っていることになる
のでしょう。私の両親はそのようには考えていませんが，親戚から何年に
もわたって受けたプレッシャーはひどいものでした。私は，リンは家族か
ら同じような圧力を感じていて，今その反動が生じているのではないかと
考えています。娘ともっと一緒にいられる方法を探そうというボブの提案
に抵抗したのは，親としてやるべきことはもうやったと感じているからか
もしれません。でも，このような考え方を伝えることに罪悪感を感じてい
るのかもしれません。もし私が来週このカップルに関わるとしたら，私は
リンの原家族との関係を検討し，彼女が女性であること，女性らしさ，結
婚やキャリアについてどんなメッセージを受け取ってきたかを検討したい
と思います。

　私たちは，日誌を通した受講生との対話によって，彼らの自己受容の深
まりが，スーパーバイズセッションを受けたり観察したりした時の臨床体
験にどのように反映されているか，彼らが理解するのをサポートすること
ができる。学生はトレーニングのこの段階になると，自分自身に課題があ
っても落ち着いていられること，そして，落ち着きがあれば，臨床経験の
あらゆる面で自分を活用しやすくなることを，当然のことだと考えるよう
になっている。私たちは日誌を通して，彼らがどのように変化したのか，
そしてその変化によって，彼らが家族の歴史や，あらゆる経験や価値観と
ともに，自分が個人としてどんな人間であるかをどのようにして仕事に活
かすことができるようになったのか，意識化させることができるのであ
る。

ま と め

　日誌を書くことは，学生が臨床家としての自分自身を育成するための足場となる。支持的なフィードバックを一貫して受けることで，学生はPOTTのプロセスを信頼し，自分の傷つき体験を臨床の場でより効果的に使う方法を探ることができるようになる。私たちは，自分自身について検討し，それを実践に応用することは新しいスキルであると伝え，すべての学生に，自分自身の特有の長所，短所，課題を臨床経験に持ち込むよう伝えている。学生は日誌を書くことで，1週間ごとに自分の取り組みを整理し，フィードバックや励ましを受けることができる。さらに日誌は，学生が臨床現場において自分自身を活用することを目指し，身につけるための練習の場にもなっている。日誌の課題は，全体として，POTTに取り組むとは，一日一日，セッションごとに成長していくプロセスであるという事実を裏づけている。POTTモデルの文脈の中で，学生セラピストは常に変化し，進化している。日誌はこのプロセスの証人として機能しており，学生はこの日誌があることで，1年間のトレーニングを通した自分の成長をたどり，さらに積み重ねていくことができるのである。

第4章

POTT のプロセス

ライニーの事例

カーニ・キシル
(*Karni Kissil*)

　本章では，POTT のトレーニングを受けている一人の受講生の体験を
たどり，トレーニングを通した成長のプロセスを明らかにする。それは，
受講生が最初のレポートを提出し，自分のサイン的テーマについて論じ，
それが自身の臨床にどう生かされているかを考え，日誌を書き，最終的に
はライブ・スーパービジョンの場で，俳優が演じる模擬家族とのセッショ
ンの中でそれまで学んだこと全てを実践するプロセスである。

　ライニーは黒人のアフリカ系ヨーロッパ人の女性で，マリッジ・ファミ
リーセラピーの認定修士プログラムの1年目の学生である。年齢は40代
で，離婚して2人の子どもを持ち，経営管理の仕事からマリッジ・ファミ
リーセラピストに職業を変えようとしている。ここでは，個人が特定され
るような情報には修正を加えている。第2章で論じたように，トレーニン
グの最初の課題は，サイン的テーマのレポートを書いて提出し，発表を行
うことである。ライニーは，プログラムの最初の段階で次のようなサイン
的テーマのレポートを提出している。

私のサイン的テーマ

　　私はしっかりと「自立していて，人に頼らなくて大丈夫」な方です。そ
　　れは，私が人を簡単に信頼しないということから来ています。私は社交的

で，他の人々とのつながりも難なく築けますが，ある程度控えめに一定の距離を保つようにしています。人が私にあまり近づきすぎないようにしているのです。私は，ほぼすべての人に対して，正直で誠実であってほしいと強く思っています。親しい友達だと思っている人に対しては，その思いはもっと強くなります。これまでの経験から，人との関係は表面的なものになりやすく，本質的な関係は持ちにくいと感じています。私には"信頼できる仲間"はいるのですが，そこに誰を招き入れるかについては，私はとても慎重に考えて選ぶのです。

私の家族の歴史

私には４人の弟がいます。私は６歳の時に，すぐ下の２人の弟と，（当時イギリスにいた）あるカップルのところに行って暮らすことになりました。これは私の（中流上層階級の）両親が，二人で決めて手配したことでした。私たち姉弟が暮らすことになったのは，郊外の小さな村でした。その村と周辺２マイルの地域の中で，白人でないのは私と２人の弟だけでした。私の記憶にある限り，私は事前に何も両親から聞かされていませんでした。両親も一緒にいると思っていたのに，次の瞬間にはいなくなっていたのです。

私が高校に入る前（11歳半）の夏，私とすぐ下の２人の弟は，［アフリカにある私たちが生まれた国］に休暇に出かけると言われました。私たち３人は，家族が離ればなれになって以来，母には２度会っていましたが，３番目と４番目の弟たちにはまったく会えていませんでした。ですから，私たちはそれを聞いて大喜びしたことを覚えています。そして私は，休暇の後に，友達と新しい学校に進学することも楽しみにしていました。学校を見学するために連れていってもらったことを覚えています。高校に進学するなら新しい制服を買うなどの準備も必要だったので，イギリスにいつ戻るのかが気がかりで，何度も尋ねていましたが，戻ってくる返答はいつも「もうすぐ」というものでした。その後の記憶にあるのは，家族か

ら何百マイルも離れたところにある英国国教会派の厳しい寮制の学校に自分がいたことです。

　最初の年は悲惨でした。衝撃以外の何物でもなかったように思います。私は本当にみじめでした。私の叔母が，いとこの通っているインターナショナルスクールに転校することを勧めてくれました。叔母はその学校が駐在員や外交関係の家族の子どもが通うところで，私に向いているだろうと思ったのです。私の両親の様子からも，私は次の学年への進級時には転校させてもらえると思っていました。その期待があったからこそ，私はその試練の1年の学校生活を終えられたのです。夏休みがきて，そして終わりました。次の学年が始まっても，私はまた英国国教会派の学校に戻ったのです。

それらの出来事の重要性についての私の仮説

　私の両親は（二人が一緒の時も，それぞれでも），私の人生の重要な時に，私に対して正直ではありませんでした。私に直接影響するような決め事や計画について，誤解を与えたり，私には隠すようにしていたのです。一貫して正直な人でなければ，信頼できるわけがありません。私が自立して人に頼らずいるのは，これらの経験の結果からです。私は弟たちを守り，母親のような役割を担っていました。寮制の学校は温かく守られた場所とは限りません。子どもたちは残酷で，信頼を裏切ることを何とも思わず，仲間はずれにすることもあります。一日が終わって家に帰り，両親と話すことはできないのです。私は自分の問題は自分でなんとかしなければならなかったのです。

これまでどのように自分の課題に取り組んできたか

　私はこれまでいつもセルフヘルプに興味を持っていました。また，人としての成長や発達に関心があり，それらに関する本や論文を読んで調べたり，瞑想や内省をしています。絶えず自分の経験から学ぼうとしているの

です。両親に対して恨みを持ち続けないよう，二人の視点から物事を見ようと努力してきました。私は自分の子どもたちに対して，本人たちに影響するような決断については，情報を与えて一緒に考えるようにしてきました。最終的な判断は親としての私が下していましたが。私にはいつも自分の意見がありました。そして，それを「聞いてもらう」必要があったのです。そのため私には遠慮なくストレートにものを言う傾向があって，それをどう和らげるかを学んできました。私は，信頼をめぐる課題に取り組んでいるのです。

セラピストとしての自己

　私は自分のこれまでの経験から，他の人々に共感する能力は高いと思いますが，今までこれは諸刃の剣でもありました。時にそれが私にとっては害になることもあったのです。どこで境界線を引くべきかがわからず，情緒的にも身体的にも消耗しきってしまうからです。自分でこのことはよくわかっていて，燃え尽きないように対処していかなければと思っています。共感性が高いことで，私は「同情を優先してしまう」状況に置かれることもよくあります。人に対して，これは何か危ないなと感じるような状況であっても，それを無視して大目にみてしまうのです。それは私の逆転移なのだと思います。けれど私は良い面も持っています。それは変化を恐れずリスクがあっても進むということです。私にはまた，（2つの異なる文化の影響を受けて育ったことで）豊かな「二重の」文化的遺産があると思います。

　先週あるクライアントとのセッションの中で，私は自分の「信頼」の問題に直面したと感じました。そのクライアントは，いかに自分が誰も信頼していないかを語り，「私が人とオープンに話をしているように見えたとしても，私がその人たちを信頼しているということではないのです」と言いました。私は，「自分のPOTTの課題が目の前にせまっている」と思いました。そのクライアントの話に私は共鳴し，その共鳴した感覚をどう用

いて前に進めばよいかも（頭では）わかりました。（でも）私は，繰り返しパートナーを裏切るようなクライアントを前にすると，信頼に関する私自身の課題にどう対処したらよいのかと心配になります。そのような裏切りに対して私が専門家としてどう反応するかは，自分の私生活での反応とは異なっていなければならないと思うからです。

発表前に行う私たちの準備

　ライニーは，クラスでの発表の数日前にこのレポートを私たちに提出した。私たちスーパーバイザーは細心の注意を払ってその記述を読み，ライニーのサイン的テーマについて自分たちの考えを話し合った。そのレポートを読み返す中で，いくつかの考えが浮かんだ。ライニーは，自分を守り世話をしてくれるはずの最も親しい人々からひどく裏切られた経験をしてきていた。そして子どもでいられる間もなく，自分自身と弟たちを情緒的にも物理的にも世話しなければならなかった。幼い子どもであったのに情緒的に見捨てられ，信頼できる大人に温かく守ってもらうこともなく，ライニーは自分の感情を心の奥深くに埋めて「強く」なることを身につけた。助けが必要なときでさえ，人を頼りにすることがなく，自分だけでなんとかしてきたのだった。ライニーは，学校生活での大変な経験について記述する際にも，自分自身を切り離し，「私は」という一人称によって自分自身が感じたこととして語るのではなく（訳注：p.75の18〜21行参照），あたかも他人の経験を語るように自分の感情を切り離して苦痛な経験を語っていた。情緒的に壁を作って自分を守り，他の人々に対して強い警戒心を持ち，人が自分の世界に入ってくることに慎重であった。

　私たちはライニーの臨床に関して，ライニーがこれまでの経験や傷つきと自分自身をつなげるならば，自分自身を用いてより深くクライアントと関わることができるだろうと考えた。私たちは，ライニーが自身の成育歴からどのような影響を受けたか，また，子どもの頃に耐えられなかった情

緒的な痛みを感じないように自分をどのように守ってきたかについて，ライニー自身が気づけるように援助する計画を立てた。

ライニーのサイン的テーマの発表

　プログラムの次のステップは，ライニーが自身のサイン的テーマについて発表することだった。発表は教室で行われた。ライニーは皆の前で，私たち，ハリー・アポンテ（HJA）とカーニ・キシル（KK）に面して座った。発表は，クラスメートの前で行われ，クラスメートたちは発表を静かに聞いて，最後にフィードバックをすることになっている。ライニーのサイン的テーマに関する発表を抜粋したのが以下である。私たちのリフレクションと，どのようにライニーを援助したかを私たちのやり取りを描写した後に記述している。

　　HJA：では，始めましょう。
　　ライニー：はい，どのようにしたらよいでしょう？　私から話したらよいですか？
　　HJA：あなたが私たちに注目してほしいと思うことはなんでしょう。そこから話してください。
　　ライニー：ああ，そうですか，わかりました。私のサイン的テーマは，私が自立しているというか，自分に必要なことは自分でなんとかするというようなところと，よそよそしいというか，気持ちの面を控えがちともいえるところだと思います。それは人をあまり信頼しないという形で表れていると思います。私はすべての人を信頼するけれども，信頼にはレベルがあると考えていて，それでよいと思っています。その考えは，時間とともに変化はしているのですが……例えば，信頼の度合いが 1 から 100 パーセントであると

しましょう。過去に私はすべての人を100パーセント信頼していて，自分たちに対して信頼を失うようなことをする人がいると，その人への信頼のポイントが減るというふうに考えていました。そのようにしか表現できないのですが。けれども実際にはすべての人を100パーセント信頼することはできないとわかってきて，今では，信頼できないと疑いながら信頼するようになっています。ですから今私は，すべての人に対して，100の信頼のうちたぶん10くらいから始めて，そこからどのくらい信頼に足る人かを想定していきます。人を信頼できると自動的には思わないのです。わかってもらえますか？

　私たちは通常，まず受講生に，自分のサイン的テーマがどのようなものかを話してもらう。受講生らが自分のテーマと自身の経験をめぐって，筋の通ったストーリーを最初から作れるよう援助する。自身のサイン的テーマを受講生がどのように話すかは，どれだけ自身の影の部分に入っていって，無防備でいられるかを判断する指標にもなる。ライニーは上記の例で，頭で考えるにとどまり，自分自身の情緒面を守るために，考え抜いて見いだした方法について表現している。私たちは，ライニーが傷つきやすい気持ちや苦痛な経験と向き合うよりも，自分の強みやレジリエンスの方に目を向けやすいという印象を持った。

　　Ｋ　　Ｋ：その説明はすばらしいですね。
　　ＨＪＡ：それは，自分を他の人の手にゆだねないということ？
　　ライニー：そう，そうです。その通り。
　　ＨＪＡ：良い人たちかもしれないけれど，もっとその人たちのことを知ってからでないと，自分をその人たちの手にはゆだねることはしないと。
　　ライニー：はい，そうです。自分を守ろうとするほうです。

Ｋ　Ｋ：あなたは自分を守る完璧なモデルと理論を築き上げていますね。

ライニー：おそらく，私は物事を理性化する傾向が多分にあると思います。物事について考え抜くことが多いのです。子どもの頃は本をよく読んでいました。たくさんの本を，本当に素早く読むことができるのです。昔からずっとそうで，本には現実逃避という側面があるので本がいつも好きでした。だからよく考える傾向があって，自分が何を考えているかがよくわかっていて，どう感じているかなどもわかっています。物事を考えて処理するのです。必ずしも理性化して終わるのではなくて，理解しようとするのです。私の物事の学び方は，まず自分の奥底で考えていることを掘り起こして，そこを土台に積み上げていくというやり方なのです。

　ライニーは知的なレベルにとどまっており，私たちはライニーが自身の経験のより深いレベルに降り，情緒的な領域への気づきとつながってほしいと思った。

　Ｋ　Ｋ：「現実逃避」と言いましたが，何から逃避していたのですか？

ライニー：誰にも頼れずひとりだったり，自由がない上に自分ひとりでなんとかしなければならなかったので，そこからの逃避だったと思います。子どもとして従うことを求められていたのに，どうすべきかは言ってもらえませんでした。その状況から逃避しようとしていたのだと思います。私にどうして欲しいか，それとなく示唆はするけれど，こうすべきだとは言わないから，そういう状況からの逃げ道には……。私が読んでいた本は，子どもたちが自分たちの小さな社会を創って好きなことをするというような本で……それについて考えると……いままで考えたことはなかったんですが，そういうことだったんだと。子どもたちが冒険するという本だったのです。

K　K：その本では子どもたちが力と選択権を持っている？

ライニー：はい，そうです。子どもの頃の私にそれは決してなかったから。

K　K：あなたのレポートを読むと，突然大陸間を移動しているかのようで，それがどれくらいの時間がかかって，どのくらいそこにいるのかも全くわからないままだったようです。両親がそろって一緒にいたかと思うと，その翌日はなぜかわからないまま別の場所に移動させられていて，自分の人生に何が起こっているかを完全にコントロールできない無力な状態だった。

（中略）

ライニー：……それで，私たち子どもは５人いて，一番下は双子でした。双子は６カ月とかそれくらいだったかとは思うのですが，母が，私のすぐ下の弟２人と私に，お父さんに会いに故郷に行くという話をして，私は休暇だから行くんだなと思いました。その時私はただただ嬉しかったことを覚えています。その次に記憶にあるのは，飛行機に乗っていて，次の瞬間には叔父の家に数日いたことです。母がどれくらいそこにいたのかは覚えていないのですが……すぐに母はいなくなって，その後私と弟たちは車に乗っていたのです……そして私たちは別の場所の見知らぬ家にいて，父がそこに立っていたかと思うと，もうその次の瞬間にはいなくなっていて，私と２人の弟だけが残されていたのです。

K　K：あなたたちは誰かの家に置いていかれた？

ライニー：そうです。

　　ライニーは自分の話をし始め，サイン的テーマとのつながりが展開し始めていた。ライニーの出来事の描写の仕方から，子どもの頃に経験した混沌とした状況や混乱，コントロール感の欠如を私たちは感じとっていた。

K　K：小さな女の子だったあなたは，その時自分にどう言い聞かせてい

たのだろうと思ったのですが。どのように……どんなストーリー
をあなたは自分に言い聞かせて，自分たちが見捨てられたことを
納得しようとしたのですか？

　ライニーは，「見捨てられた」という言葉を使わなかったが，その話を
聞きながら，私がそう感じたのだった。私は，ライニーが何も説明を受け
ずに叔父さんの家に置いていかれた日に，ある意味で両親を失ったのだと
感じた。私自身が片親を失い，見捨てられてしまったと強く感じたことが
あり，その個人的な経験に私は立ち返っていた。私は意図的にこの言葉を
使って，ライニーがそれに共鳴するかを確かめようとした。

　ライニー：そうですね，ええと，覚えているのは，私は弟２人と床に輪に
　　なって座っていて……たぶん両親がいなくなったようだというの
　　がわかってすぐ後だったと思います。私は弟たちに部族語を使っ
　　て話していました。私たちは２つの言語を話せたので。私は弟
　　たちに大丈夫だよとか，３人一緒だからとか，そんなことを言っ
　　て安心させようとしていたと思います。ある時，私たちの世話を
　　してくれていた夫婦が父に電話をして，私が弟たちに部族の言葉
　　で話しているから何を言っているかわからないと伝えたのです。
　　夫婦は私たちの会話に入れなかったので，全部をコントロールす
　　ることができなかったわけです。その夫婦は私に何かするように
　　指示して，それを私が弟たちに教えていたのはわかっていたので
　　すが，二度と部族語では話してはいけないと言ったのです。だか
　　らその後は，私たちだけが理解できる言葉で話をすることもでき
　　なかったのです。［涙］すみません。

　ライニーは自分の経験に深く入っていた。私たちはライニーのテーマが
どのようにできあがってきたか，理解を少し深めることができた。弟たち

第4章　POTT のプロセス　83

の世話をして，3人で仲間意識を持つことは，養育者である夫婦をかやの外に置くことにはなったが，そうすることで，ライニーは自分の人生にいくらかのコントロールを感じていた。弟たちが安心して満足できる生活を送れるようにしようと責任感を持つことは，置き去りにされた無力感に対処する手助けになっていたようだった。その方法が取り上げられ，部族の言葉で二度と話してはならないとなった時，ライニーは見捨てられたことの衝撃を全面的に感じることになった。こうした経験について語ることはライニーにとって非常に困難であり，もはや理性にとどまっていることはできなくなっていた。ライニーは子どもの頃の辛い経験から来る傷ついた気持ちとつながっていた。

K　　K：謝らなくても大丈夫ですよ。

ライニー：今まで誰にも話したことがなくて，私のことをよく知っている人たちでさえ，このことは知らなくて。泣いてしまったのは，私の名前は［本名］で，それがいつも私が呼ばれていた名前だったからです。私たちがそこに行った時に，その夫婦は私の名前を発音できなかったので，私がそれまで呼ばれたことがなかったミドルネームで呼ばれるようになったんです。だから，私のアイデンティティも取り去られたのです［泣く］。私は自分の名前でない名前で呼ばれて，それは私の出生証明書上にしかないものでした。私が自分で書類に名前を書くことができる年齢になると，私はファーストネームだけを書いていました。そのことに，このレポートを書いている時に初めて気づきました。ミドルネームはないのかと誰かに尋ねられると，私にはミドルネームはないと答えていました。実際はあるのですが，自分にとってそれはないものなのです。なぜなら私がその思い出を切り離そうとしているから。それに，私たちが最初その家に住み始めた時に，別の女の子が世話されていて，1週間だけ重なってそこにいたのです。私が呼ばれ

るようになった名前は，実は私のミドルネームの短縮したもの
で，その女の子が呼ばれていたのと同じだったのです。私は今ま
で呼ばれたことがない名前で呼ばれ続けて，同じ名前の誰かと比
較されていたのです。ですから，まるで私のアイデンティティが
消されてしまったかのようで，私が私ではなかったように感じて
いました。そういうわけで，私は自分のアイデンティティに関し
て大きな問題を抱えていると思います。だから私がどこの出身か
を聞かれると，私は［出生国］の出身だと答え，私の元々の文化
背景はと聞かれると，その国の名前を答えます。でも私の出身国
はわかっても，誰も私が何者なのかはわからないでしょう。それ
が私のアイデンティティの問題からきていることに，私は初めて
気がついたのです。

　ライニーは自分の喪失がいかに重大なことであったかを語っていた。両
親がいなくなってしまっただけでなく，アイデンティティの重要な部分が
はぎ取られてしまっていた。自分の母語で話すことを許されず，自分の名
前とは思っていない名前を与えられた。これらの喪失のすべてが，自分の
世話をしてくれるはずの人々からもたらされたものだった。ライニーは，
自分の母語と出身地という，自分が選んだアイデンティティを力強く主張
することで，それまで経験してきたことに立ち向かっていた。

　　Ｋ　Ｋ：あなたが今話してくれたことを書いたレポートを読んだ時，私に
　　　　　浮かんできた言葉を，あなたのレポートの一番上に書きました
　　　　　が，それは「裏切り」という言葉でした。
　　ライニー：はい。だから私は……ええ。
　　Ｋ　Ｋ：あなたは学校での経験や両親との関係をとても多くのレベルで説
　　　　　明されましたね。それだけ多くの裏切りを経験したのならば，
　　　　　「一体私はどうやって人を信じることができるだろう，どこから

やり直せばいいだろうか」という内面の声に対応するためのモデルや理論をあなたが築かなければならなかったことにも納得がいきます。あなたにとって，そういうことを抱えながら世界を歩くというのはどんな感じなのですか？

ライニー：そうですね，私はどこかの段階で，それがいつかはわからないのですが，できる限り良い人になろうと決めたのです。だから，私は人を判断したり，批判しないと言っているのです。はい，私はそういうことはしません。人に会うと，名前以外に個人的なことを聞いたりしません。もし人が私に個人的な質問をしたら，ある程度は答えるでしょうが，私は相手の個人的なことについての質問をしないのです。結婚してますか？とか，子どもはいますか？とか，聞かないのです。誰にもそういうことは一切聞かないのです。なぜなら私は目の前にいるその人自身とだけ関わることにしたいからです。もしも話し始めて，いろんな話が出てきたら，その時の会話の一部として質問することはあるでしょう。でも，「あなたはどういう人で，お国はどこですか？」という質問はしません。私はただ，文字通り，目の前にいる人と関わるのです。そう，私はある時点で，自分が怒りを持っていたり傷ついている人間ではないと考えるように決めたのです。そうだと認めてしまったら，それは私の人生の質に影響してしまうからです。だから私は，まずは人とそんな感じで関わり，そのあと，お互いの関係の質によって，その人との関わり方を変えるのです。つまり，私の関わり方は，その人との間で何が起きているか，失礼なことが起きていないかによって変わるのです。

　ライニーは，いかにして意識的に自分の感情にふたをし，過去の歴史に影響されず，今ここでの自分でいようとしてきたかを上手に語った。

ＫＫ：それであなたの傷つき体験や怒りはどこに行ったのですか？　それに対してあなたはどのように対処したのですか？　それらが自分の人生に影響しないようにあなたは決めたようですが？

ライニー：その決断を全寮制の学校に行っている時にしたのだと思います。一般的にですが，特に子どもであれば，例えば学校で何かあった一日の終わりに，家に帰って家族といられるのはいいことですよね。どれだけ機能不全の家族であったとしても，やはりその子にとっては家族なのだから。そう，子どもにとって家に帰って，自分とつながりがある人といられるのはいいものです。血がつながっている人とか，世話をしてくれることになっている人とか，自分になんらかの責任を持っている人ということですね。でも……。

　ライニーが「私は」という一人称で話をしているときと比べ，一般的な人を主語として使うときは，話の切迫感が変わることに気づいてほしい。ここでは，ライニーは自分の個人的な経験についてはもはや語っていない。自分自身から距離を取り，非常に辛い感情から距離を取っているのだろう。

ＨＪＡ：ごめんなさい，今あなたが最後に言おうとしたことが聞き取れませんでした。

ライニー：血のつながりがあったり，責任をもって自分を世話してくれる人がいる家のような場所に帰るというのは良いことだと言いました。そういう人たちは親のような存在で……その人にとって家族のような存在になるのです。でも子どもが全寮制の学校にいると，寮にいる人たちがその子の家族になるのです。誰か，「蠅の王」という本を読んだり映画を見た人はいますか。全寮制の学校は「蠅の王」のようになりうるのです。

ライニーは「蠅の王」という，親のない子ども集団の混沌を描き，最後には一人の子どもが殺されるという本の内容について話し，自分の経験した年月がいかに困難で辛いものであったかを示す例をさらに語った。私たちはライニーがその経験にアクセスし，話せるようにサポートしたいと考えた。

K　　K：私が気づいたのは，今ここであなたが同じことを繰り返しているということです。それはあなたが，自分とはかけ離れた，自分の私的なことではない一般的なことを語っているということです。今あなたは，信頼を裏切ったり仲間を追放することを何とも思わない残酷な子どもたちについて話しています。他の人のことではなく，あなた自身に起こったことを話してくれますか？

ライニー：ええと……だから家族といえば寮にいる人のことであって……それは女子高で，女子のみの学校だったのです。そこで，私たちにはスクール・マザーというのが割り当てられていました。例えばもしも寮の1年目の子が，11歳か12歳だとすると，その子のスクール・マザーは寮の4年生で15歳くらいで……私のスクール・マザーはすでに別の生徒のスクール・マザーでした。そう，私とその別の生徒は寮の1年生でした。思えば，寮は家族単位のような構造を作ろうとしていて，寮にはすべての女の子たちの世話をするような寮母が1人いました。それで私のスクール・マザーは……すでに1人1年生を持っていたので，明らかに2人目を持ちたくないようでした。だから私はあぶれていて……私にとって親のような存在になるはずだった人は，完全に私を拒絶していて……ですから私は，相談する人がいるべきだった1年目と2年目を，基本的には誰もいなくて過ごしたのです。スクール・マザーはいなかった。私にはそれがなかったのです。です

からそれは少し大変でした。今の私には理解できます。あれは一体なんだったのか？　あなたは私のこと何も知らないでしょ。私の何が悪かったの？　なぜこうなるの？とか……私には，スクール・マザーの代役みたいな人はいましたが，本当は……なんというか……それに加えてまた何があったかというと……そう，そういう状況で友達というのは……実際，誰かをまず信頼しなければ，友達はできないものです。でもすでにいろんな仲間のつながりができあがっているというのがあるのです。そんな中でできることはなくて……学校で生徒に何かがあって，その生徒が家に帰って誰かに話せないとすると……結局一人残されて，自分でなんとかしなければならないわけです。そして次に何が起こるかというと，その状況をどうにかするために戦えばいいじゃない，戦いなよ，と周囲の子たちがよってたかって言ってきて，でもそう言われたその子が実際戦ったとしたら，停学処分になるでしょう。そんなことになれば，その子や家族の恥になる。そしてまた気づくと，周囲の子たちが突然，皆で寄り集まって敵側にいるのです。

　ライニーは自分が全寮制の学校にいた時の話をしていた。その話は，「私は」という第一人称から，「生徒は」という一般的な人を主語にするものへと行ったり来たりして，明らかにライニーにとってそれが非常に大変なことだったとわかる。ライニーの話から，サイン的テーマがどのようにできあがってきたかを理解する上で，もう一つ別の層が重なっていることがわかった。それは，度重なる裏切り，見捨てられ，そして人を信じることに関するさらに否定的な経験があったということだ。それによってライニーは，誰も信じないという決断をしたのだった。

　　K　　K：……今私が考えていたのは，あなたのジェノグラムのことです。あなたは離婚しているのですね。

ライニー：はい。

K　　K：そうすると，そこにあなたのテーマがあるようですね。あなたは
それでも誰かを信じて，愛して，そして結婚をする関係を築いた
のですね。そのことに私は少し驚いてさえいたのですが。あなた
はそれについては何も書いていないので，私はなんというか……
それがどうつながっているのかと……。（ライニーが笑う）

　ライニーは子どもの頃の話をしていたが，その経験がライニーのサイン
的テーマとどのようにつながっているかに私たちは注目し，ライニーがそ
の理解を深められるようサポートした。その後私は現在に話題を移した。
私はライニーのサイン的テーマがどのように恋愛関係に影響を与えている
かを知りたいと考えていた。ライニーの結婚に関する私の質問は，私自身
の経験からきていた。私が経験した過去の見捨てられ体験や他人への不信
感に立ち戻り，結婚するに至るまで誰かを信頼するのに何年もかかったこ
とを思い出し，私はライニーにとってのプロセスがどういうものだったの
だろうと思ったのだった。

ライニー：結婚について質問されてなぜ笑ったのかというと，私自身，結婚
にこぎつけたことがちょっと驚きだったからです。私が結婚した
時……私にとって結婚は，「花嫁登場！」というときに皆がイメー
ジするようなものではありませんでした。それは私にとって
「ミッション・インポッシブル（不可能な任務）」だったのです
（笑う）。だから笑ったのです。私にはまさか！という冗談のよう
なものでした。彼女が結婚するなんて！　そして興味深いこと
に，私はリスクのある相手を選んでいました。……経済的に対等
ではなかったのです。私は，相手の性格も，おそらく望ましいも
のではないとわかっていました。でもその相手は，大丈夫，自分
だって結婚したい，自分は変わりたいんだ，と言いました。その

経験から学んだことは，人が変わりたいということと，実際に変わるということは全く異なる別物だということでした。だから，そう，それは興味深い経験でした。

（中略）

ライニー：私にはとても親しい友達のグループがあり，たくさん友達や知り合いもいますけれど，そういう人たちはなんというか……私は人に対してとてもオープンで，私にはすごくたくさん友達がいるのですが……その人たちは私のことを友達だと思っているのですが，私はその人たちをそれほどの友達だとみなしていないのです。

Ｋ　Ｋ：それはあなたのテーマに沿っているのですね。

ＨＪＡ：そうですね。あなたには今会っているクライアントがいますか？

ライニー：ええ。

　発表の最後に，私たちはいつも焦点を臨床に移す。まず受講生が，自分のサイン的テーマをめぐる個人的な経験や，それが自身と他者との間にどのような関係を形成しているかに目を向けられるよう援助する。そしてそのサイン的テーマが受講生の臨床にどう表れているかに注目していく。この発表の間に受講生は，個人としての自分と専門家としての自分との間にあるつながりについて考える。それは受講生にとって，人としての自分自身の何をセラピーの場に持ち込んでいるかを振り返り始める最初の機会となる。

　　ＨＪＡ：今私が興味深いと思ったのは，あなたのお話と［ライニーの前に発表をしたクラスメートの名前］のお話は全く異なるのですが，なにか共通の要素があって，それは他の人を信頼できないということと，自分自身への信頼を必要としているということです。あなたのお話の一つは，少なくとも読む限りにおいて，自分自身を

信頼することには成功しているお話です。なぜなら，私がこれを読む限りでは，あなたはとても自制心のある人です。自分自身のことをとてもよく制御している。そうであれば，あなたがクライアントといて，クライアントの傷つきやすさや弱さとつながる必要があるときにどうなるのでしょう。あなたは自分自身の傷つきやすさを携えて，またそれを通してクライアントの傷つきやすさとつながることができますか？

　ここで，別の学生の発表に触れていることに気づいてほしい。私たちがグループ形式で実践するときに，受講生が仲間であるクラスメートと人間性を共有する経験ができるよう，可能な機会をすべて用いるようにしている。経験や感情の共通点に触れることで，学生が自分自身の傷つきやすさや弱さ，否定的な人生経験について恥じる気持ちを和らげる援助となる。

ライニー：私が思うに……ええと，私は人にすごくよく共感するほうで，これまでの私の問題の一つは共感しすぎることでした。全くもって過剰なほどで……人が大変な経験をしていたり，誰かに何かが起きていると聞くと，「私に何ができるでしょう？」というのが私の本能的にとる姿勢なのです。

K　K：その人たちを助けようと。

ライニー：そうです。助けよう，と本能的に動くのです。助けるために何が私にできるだろうかと。今までは，私は助けるために何かしなければならないと思っていました。今私は，もしも私が何か行動を起こすなら，その前に落ち着いてゆっくり考えます。でも過去の私は，本能的にその人をこの状況から助け出そうとしたのです。だから特に過去の私の危険な部分と言えるのは，過剰に共感してその人を助け出そうとする中で，その人を息苦しくさせてきたかもしれないことです。けれど今は，まあ，私が学んだと思うの

は，その人を心配に思って助けたいと考えるけれど，相手のペースで進むというか，自分のペースではなくてその人たちのペースでのサポートをするよう心がけることです。なぜなら，そうですね，私は自分を制して「気持ちをパッと切り替えましょう」と言っているけれど，自分が実際にどうしているかを振り返ってみると……相手に対してそんなことは言えないのです。自分だって，嫌な気分にしばらくひたったり，「ああ可哀そうな私，これは神様からの贈り物だから」とアイスクリームを思う存分食べていいことにするとかして，それからやっと切り替えて抜け出すわけです。先に進み続けなければならないから，そうするんです。

K　K：あなたにとって，何とかして解決しないではいられない，という思いに駆り立てるものは何でしょうか。誰かとても困っている人や，危機にある人や，無力な人を見ると，あなたには非常に強い感情が湧き起こるようですね。

ライニー：人の苦しみです。人の苦しみだと私は思います。人が苦しんでいるのを見るのはいやなのです。

K　K：あなたがすぐに何かをしなければならない気持ちにかられて，即行動を起こすと，どういう気持ちになるのですか？

ライニー：本当のところ，よくわかりません。多分……わかりません。わからないです。

K　K：どこからか来ているのですね。

　この部分では，ライニーが自分の無力感や，コントロールがきかない感覚につながれるように援助している。ライニーは，自分の強さや自分に厳しくあるという感覚にはつながりを持っているが，水面下の無力感につながることに対しては葛藤し，必死に回避しようとしている。ライニーはそこに達することができず苦しんでいる。

ＨＪＡ：あなたは自分が困ったり，何か困難に直面しているとき……すぐ
に行動に移して対処できますね。そして誰かが困っているのを見
たら，あなたは自分が困っているときと同じようにその人たちを
助けるでしょう。それが容易に想像できます。あなたは自分自身
でとてもうまく対処できるので……その人たちのことも当然うま
く助けることができると思うのでしょう。

ライニー：私がこれまでに個人的に接した人たちとの経験からすると，私の
友達に対しては，確かにその通りだと思います。だから今も何か
が起きると，「私に何かできるだろうか？」と思いますが，その
思いをただ持っておくだけで，行動に移すことはありません。

ＨＪＡ：それに関する私の質問は，［ライニーの前に発表したクラスメー
ト］に問いかけたものと同じです。あなたは全く異なる経験をし
てきているのですが，私の質問は同じものになっています。それ
は，あなたが他の人たちの痛みや，傷つき，弱さを，自分自身が
持っている痛みや，傷つき，弱さを通して感じることができるか
どうかという質問です。あなたが自分自身の弱さに触れること
を，自分に許容できるかどうか。あなたは孤独な子どもでした
ね。自分の世話をしてくれて，自分のためにそばにいてくれる人
を欲しいと思っている子どもでした。あなたは自分の中のその部
分にいつまでもこだわってはいません。あなたは自分で成し遂げ
たことにこだわることで，その部分を解決してきたのです。子ど
もの頃のあなたと同じような気持ちを経験しているクライアント
といるときに，あなたがその気持ちの根源に行きつくことができ
るかどうかということなのです。あなたがそれをここ（頭を指さ
して）だけで思い出すのではなく，ここ（胸を指さして）で思い
出すことができるか……そうすれば，そのクライアントがその瞬
間に感じている孤独がどんなものなのか，私は愛されるべき存在
なのだろうか？と思うことがどんな気持ちなのかを，感じ取るこ

とができるでしょう。あなたが自分自身の経験を通してそれがで
きれば，クライアントがどんな場所にいるのかを実感でき，どの
ような壁にぶつかっているのかについて，より深く理解できるよ
うになるでしょう。あなたがクライアントのことをそのように理
解しようとするとき，あなたには，クライアントにとって本当の
意味での助けになるようなアプローチが浮かんでくるのです。

ライニー：おもしろいと思ったのは，この椅子に座る前なら，はい，クライ
アントが情緒的にいる場所にまで私は行きつくことができると言
ったでしょう。しかし実際，お話を聞いて思ったのは，私は頭で
論理的にクライアントを理解して，その論理的な面から，クライ
アントがどのような経験をしているかを完全に理解できると思っ
ていたけれど，情緒的には私はそこにたどり着けず，私の心には
壁があって，基本的には何もそこには届かないのです。

ライニーはつながりを見いだし，情緒的につながることがいかに難しい
かを認めることができている。

ＨＪＡ：私たちが頭で理解できることは，ほんの少しなのです。一人の人
の経験にはそれ以外の大きな部分があって，それは言葉で説明で
きず，私たちが目で見たり耳で聞いたりもできないのですが，そ
れは私たちが自分自身で傷つきを経験することで直観的に理解で
きるものなのです……クライアントが傷つきやすさや弱さを私た
ちと分かち合うときに，私たちは自分自身の傷つきやすさや弱さ
によってそこにつながることができます。私たち自身の経験を通
してその人の経験につながりを見いだし，それによって私たちは
その人にとってその経験がどのようなものだったかを感じ始める
ことができるのです。それを言葉にできないことはよくあること
ですが，その時こそ私たちセラピストが直観を用いて，言葉では

行き着かないところまで深めることができるのです。これまであなたが受けてきたトレーニングでは，そこまでに到達できなかったのです。

　私たちは，学生の発表という機会を用いて，その発表をしている学生個人の課題について検討するだけでなく，その学生を含めたクラス全体に，私たちのアプローチの根底にある概念を伝えている。

ライニー：ええ，ええ。わかります。それが私の課題で……私は頭で考えることが多いのです。感情とかそういうことに敏感ではありますが，確かに私にはそこに守りがあると思います。ですから，私は誰かが大変な状況にあるととても心配するでしょうし，なんとか助けたいと思うのですが，私の情緒的な面が動いているかはわかりません。情緒的な面が動いていると以前は言っていたかもしれませんが，それはそういう人たちを心配していたからであり，その人がどういう経験をしたのかを理解してわかっていたつもりだったのかもしれません。私も同じ経験をしたから，ああ，だからわかりますと言えても，気持ちという点では本当にわかっていたかどうか……。

ＨＪＡ：その時，その瞬間において，あなたの気持ちは（どうでしたか）？

ライニー：ああ，そのことですね。私は何も感じていないんです。共感はできるんですよ。理解したりもできるし，通常はその人たちが困っていることを何とか解決することもできるんです。私が理屈に合うことを直観的に拾い上げているのかどうかはわかりませんが，クライアントの感情を読むことについては，私はできているようには思えないです……。

ＨＪＡ：あなたが持っているスキルを使えるケースはたくさんあります

が，少し不可解なケースに出会うこともあるでしょう。その不可
解さを直観で理解する唯一の方法は，あなたが自分の中の暗い場
所に行って，自身のその暗闇を通して見ることなのです。あなた
にそのスキルがないというようなことではないのです。あなた自
身の中にある暗い場所へ入っていき，確かに自分の中にそういっ
た場所があるのだと気づいて，クライアントの理解に活かすこと
を，あなたは良しとするでしょうか。そこが大事な点なのです。

ライニー：そうですね，言われてみれば，私のこれまでの対処方法は，その
感情の中核のようなものにふたをするものだったと思うのです。
そうしなければ，辛すぎて前に進むことができなかったからで
す。ですから，起こっていることがなんであれ，それに対処する
唯一の方法が，感情にふたをして……。

　　（中略）

Ｋ　Ｋ：私もお話ししたいことがあります。あなたが成長していくために
は，感情にふたをすることは必要なことで，とても役立っていた
のです。それはあなたが乗り越えなければならない状況を乗り越
えるために，自分で見いだした最上の対処スキルであって，それ
ほど苦しみが深かったということです。あなたはもう小さな女の
子ではないですね。だからあなたはその方法はもう必要としてい
ないかもしれないですね。それを必要なときには使って，必要な
いときには手放すことで，いくらかコントロールすることができ
るかもしれないですね。ずいぶん長い間，感情にふたをする方法
を使ってきましたよね。

　発表の最後に，私たちはライニーの経験の価値を認めたいと思ってい
る。ライニーのレジリエンスと強さはとてもすばらしいものであり，これ
までの長い年月を通して目的を果たしてきていた。しかし，セラピストと
して効果的なセラピーを行うためには，ふたを開けて感じられる自分の豊

かな感情を用いることも学ばなければならない。

発表後のフォロー

　発表の後，私たちはクラス全体に目を向け，トレーニングを受けている
他のすべての学生に対して，発表を観察している間の個人的な経験や考え
を共有するよう促すようにしている。学生には，発表が自分自身とどう共
鳴したかに焦点を当てるように伝える。その理由は，トレーニングを受け
ている学生の共感的なフィードバックが，すべての学生にとって私たちは
皆同じ人間なのだという感覚を養うことにつながるからであり，結果とし
てそれが自分たちのクライアントともっと人間的に同一化できる能力につ
ながることを私たちは望んでいる。同時に，自分自身のリフレクションに
よって，自分は発表者や他のクラスメートとは違う経験をもっているのだ
という差異化が促されるようにと私たちは望んでいる。この経験は，同一
化の能力を持ってクライアントと深く関わりながら，同時に差異化を通し
てクライアントとのプロセスを観察することができるセラピストとしての
成長を助けるものである。

　以下は，ライニーの発表後に共有された，他の学生からのフィードバッ
クの例である。

クラスメート＃１：

　「あなたはよくやり遂げましたね」ということを伝えたいと思いまし
た。あなたが今まで誰にも打ち明けなかったことを話してくれたのは素晴
らしいと思いました。本当にすごいと思います。私たちの生い立ちはまっ
たく異なるものですが，共通する部分がたくさんあって，あなたのお話に
は惹きつけられました。本当に魅力的でした。私の両親は，いつも私に本
当に何でも話してきたので，私はいつも「お願いだから一人にしてくれな
い？　そんなこと知りたくないのよ」という態度でいました。でもあなた

の話を聞いて，起こっていることに対してあなたが全くコントロールできない状況で，親があなたに何も言ってくれなかったということを聞いて，私が経験してきたことに対して，全く違う見方をすることができるようになりました。友達にとってあなたはこの上なく頼りになる人なのに，あなたにとってその人たちはあまり頼りにならない人たちだとあなたは話していましたね。私の友達はすべてそんな感じで，同じでした。私も人に与えるばかりで，それがテーマでした。私は友達にノートパソコンを買ってあげることまでしたのです。その人はノートパソコンを必要としていて，私は，いいよっていう感じで買ってあげて，気にしなくていいよって言って。でも誰も私にはそんなことをしてくれないのです。本当にそういう風で，興味深い共通点がいくつかあると思いました。

クラスメート＃２：

　今の［クラスメート＃１の名前］の話の繰り返しのようになりますが，私はあなたと似ていると思うことがたくさんあります。今まで誰かとこれほど似ていると思ったことはあまりありませんでした。特に理性化したり感情を処理するという点で。私はいつもそうしています。私はいろんな意味でとても分析的なので，自分が何を感じているかも正確に理解しています。自分は今こう感じているなと分析して，それに納得するというふうにしているのです。人への信頼のレベルについては特に，あなたと全く同じだと思いました。だから，あなただけではないよということを伝えたいと思いました。

クラスメート＃３：

　私もあなたに共感できると思いました。あなたは見捨てられる経験を何度もしてきて，そして今あるあなたという人になったのですね。あなたはものすごく温かくて思いやりのある人だと思います。私にも信頼に関する課題があって，あまり自分からは，自分の心の内をみせないのです。けれ

第4章 POTTのプロセス　99

どあなたはうまく適応して，とても上手に対処してきているので，私はより良いセラピストになるためには，自分が取り組まなければいけないことがたくさんあると気づきました。

クラスメート＃4：

　皆さんの話を聞いているだけで，実際に私が自分自身のPOTTのセッションを受けていたように感じて，だから，来週欠席してもいいですか？（笑）いえ，冗談です。今回のこのお話にとても強く関連していることなのですが，ライニーは，私がオリエンテーションで最初に話をした人で，その後もいろんなところでずっと話をしている人です。あなたはお話の中で，誰か辛い思いをしている人を見たら，まず最初に，自分に何かできることがあるだろうかと思う，と言っていましたね。私が最近苦しいことがあって，それをあなたに話した時に，あなたは自分に何かできることがあるかと聞きましたよね。あなたに何かできることがあるかと。私はそれにすごく心を打たれたのですけど，でも，それと同時に，大丈夫，心配しないでと……私が自分と似ていると思ったのは，私たちはすぐに人に何かを差し出そうとするけれど，自分が受け取るのは難しいということです。でも，それでも私たちは受け取りたいと願っていることにも気づきました。ありがとうございました。

クラスメート＃5：

　アイデンティティの感覚についての話で，あなたの名前を人が発音できないということについて，私にはそれがとてもよく理解できます。これが自分なのだと言えるあなたの強さはすばらしいと思います。これが自分だと言うのは私には難しいからです。というのは，他の人々が自分に対して，あなたはこういう人だろうと思っていることを，私は自分の中に取り込んでしまうのです。私は皆が思っているような人ではないと言える強さや姿勢を持てたらいいなと思います。これが自分であると。あなたの話を

聞いて，私もそういう姿勢を取ってみようかという刺激になりましたし，自分が誰であるか，自分自身のアイデンティティを見つけ，それを活用しようと考えました。

クラスメート＃６：

　あなたの話の多くの部分に共鳴しました。例えば親友がいないこととか。あなたが言わんとしていることが，私にはすごくよく理解できます。あなたには親しい友達がいて，その人たちにあなたは話をしたりするのでしょう。でもそれはちょうど私が，誰に対しても一定の距離を保っているというか，自分の生活に関わる人すべてを，自分の手が届く範囲に寄せていないことに似ています。私は多くの人々からわずかなものしか受け取らずに，自分の社交的な欲求を満たしています。私はすごく，本当にすごく分析的なのです。私は自分の感情をすべて分析するので，あなたがしているのと同じことをするだろうと思います。情緒的な場所に行けるかどうかの課題は，私にもあるだろうと思っています。あなた方二人が話していたように，どんな感情も頭で考えると安全です。私もまったく同じ課題に直面するだろうと思います。

毎週の日誌を通して進捗を確認する

　トレーニングが始まってから最後まで，学生は毎週日誌を提出することになっている。毎回の授業後に提出する日誌では，他の学生の発表を聞き，観察している時の自分の経験について記述する。発表の間に思い浮かんだことであれば何についても自由に書いてよいことになっている。私たちにとってこの日誌を読むことは，学生が情緒面でどのような状態にあるかを感じ取り，それぞれに役立つフィードバックを提供し，葛藤を抱えてサポートを必要としている学生がいるかを把握する絶好の機会となる。日誌を書くことは，学生が自分の経験からある程度の距離を取り，他の学生

の経験を目の前で見ながら自身のプロセスをさらに深く振り返るもう一つの機会にもなる。

　ライニーが発表後に書いた日誌の一部の抜粋を次に挙げるが，ここから，ライニーの内的なプロセスが続いていることがわかる（ライニーの発表は 10 月 14 日に行われた）。

　10/21 ──シャウナの発表は本当に私の心に触れるものだった……どうして親が子どもたちをあれほど残酷な目にあわせられるのかが理解し難い……だから私は，たとえその人たちが一見どんなに「あなたのことを愛している，大切に思っている」というように見えたとしても，「人を自分に近づけすぎないようにしよう。人に対してそういう権力やコントロールを用いて良い人などいないのだから」と思うのです。

　10/28 ──……過去 15 年間にあった私の 2 つの恋愛関係は，両方とも長距離の関係だったことに気づいた。それが私には合っていてよかった……今私は同じ街に住む人との付き合いがあればと望んでいる。

　11/18 ──……ダーンが自分の弱さをさらけ出せるほど人を信頼できず，また，人からケアされることを受け入れられずに苦しんでいることは，私にとっても解決しなければならない課題であると思う。私は，情緒的に誰からもケアされる必要がないと以前は思っていたが，自分のパートナーから情緒的に支えられる必要があるし，支えられたいと思うまでになった……私の課題はその支えを受け入れられるようになることである……それはまた，無防備で傷つきやすい自分でいられるほど誰かを信頼することでもある。

ライニーのシムラボの経験

第2章で論じたように，私たちは模擬セラピー（シムラボと呼ぶ）をトレーニングの中に組み込んでいる。このシムラボのセッションで，受講生はクライアント家族とのセラピーを行い，それをファシリテーターが近くの部屋にある観察用のミラーか遠隔カメラのモニターを通して見ながら，ライブでスーパービジョンを行う。他の受講生たちは，別の部屋で遠隔カメラを通してセッションを観察する。

クライアント家族は謝金を払って雇っている俳優たちで，家族として演技をする。各受講生は，前回他の受講生が担当したセッションの続きとして，その家族と1回のセッションを行うことになっている。セッションからセッションへ，その家族メンバーは，同じ一人のセラピストからセラピーを受けているという設定である。セッションの前に，私たちは受講生のセラピストたちに，そのクライアント家族とのセラピーに関して気になることがあるかを確認する。また，受講生たちに自分のサイン的テーマを内省するように伝え，そのクライアント家族とのセラピーで困難となる可能性のあることについて考えてもらう。

以下は，ライニーのシムラボでのクライアントとの経験を描写したもので，ライニーによるセッションの記述とセッションの文字起こしの抜粋である。

ここではライニーが，クライアントについての情報と，そのクライアントがセラピーを求めている理由を記述している。

ビル（44歳）とメレディス（45歳）は夫婦であり，IP（identified patient）であるマックス（17歳）とその姉であるサラ（24歳）の親である。ビルはスポーツアナウンサーで，メレディスは高校の校長，マックスが11年生，サラが大学院生である。サラは，ビルが10代後半か20

代の初めの頃にあった，以前の恋愛関係で生まれた娘である。ビルとメレディスが結婚したのは，メレディスが二人の初めての子どもであるロビーを妊娠中のことだった。しかしロビーには心疾患があり，4歳で亡くなっている。マックスはその直後に生まれた。

　ビルとメレディスの関係には距離があり，二人はカップルとしてうまくいっていない。メレディスは二人の関係を「夜の海に漂う2つの船のよう」と表現している。メレディスとマックスはとても近い関係であり，メレディスはマックスに対してとても保護的である。ビルとマックスの間には葛藤があり，距離もある。マックスとサラは近い関係で，ある程度の信頼関係がある。ビルとサラは近い関係を保っているが，サラはほとんど家にはいない。サラとメレディスは，サラが子どもの頃は近い関係であったが，今は少し情緒的な距離があり，二人の間にはやや葛藤があるようである。

　問題として表れているのは，マックスの学校での行動である。マックスは先生とトラブルを起こしたり，本の入ったカバンに火をつけたり，他の生徒とトラブルを起こすなどの破壊行為をしている。マックスは自分が学校で浮いていると感じており，転校したいと思っている。ビルとメレディスはこの問題に対してどうしてよいかわからず，助けを得て何とかマックス自身と彼の問題を「治してほしい」と言っている。メレディスはマックスに規律を守らせようとしてもうまくいかないでいるが，ビルがマックスには厳しすぎると感じているので，自分とマックスの間にビルを入らせないようにしている。マックスは父親に対する尊敬の気持ちがほとんどない。メレディスとマックスの間には同盟関係，そしてビルをよそ者とする明らかな三角化関係あるいは連合があった。

ライニーはこの家族が苦しんでいる問題の元には，ビルとメレディスの息子であるロビーの死をめぐる未解決のグリーフがあると仮説を立ててセッションを行った。

私はロビーを亡くしたことへの未解決の情緒的問題が，この状況の根底にあると考えている。ビル，メレディス，サラは，それぞれ個人としても一つの家族としても，喪失に対して十分に悲しんでこなかった。ロビーはそれぞれの心に存在し続けている。それを3人が明確に意識していないとしても。私はビルとメレディスの情緒的な距離は，この問題から端を発していると考える。二人は共にお互いを慰めることができず，それぞれ引きこもって自分の喪失に対処しようとしている。情緒的な衝撃が強く，深く傷ついた時に，二人は互いに向き合うのではなく，互いに背を向けた。これはまた相手に対する鬱積した恨みにつながっている。喪失について話し合うことができず，二人が対処方法としてとった「いつも通りの生活」という態度が，「相手はどうでもいいと思っている，自分が感じているほどこのことを大事だと思っていない」という間違った印象を互いに与えてきたようだ。

　セッションを始める前に，私たちはライニーと，セッションの計画について話し合った。ライニーはビルとメレディスがカップルとして共にマックスの親役割を果たせるようにし，前回のセッションを踏まえてさらに成果を積み上げたいと思っていた。ライニーはまた，マックスの学校での問題について言及し，マックスが何に苦しんでいるのか，その問題の根幹に両親が行き着けるかを探りたいと思っていた。ライニーの計画には，ロビーの死についてセッションの中で話題にすることはあげられていなかったが，もしもそれが出てきたら扱うつもりであると語った。セッションの前に私たちはライニーとサイン的テーマについても話をし，ライニーにとって課題となりうるのは，両親と共にあり続けることができるのか，特に自分自身の感情や経験を用いながら，二人とつながることができるかだろうと助言した。
　ライニーがセラピーの部屋に歩いて入ると，マックスがセッションに来

ていないことがわかった。マックスはその前夜に家を抜け出し，どこにいるのか家族もわからないという状況であった。マックスは電話にも出なかった。ライニーは両親とマックスの姉であるサラとのセッションを始めた。最初，家族はマックスがいなくなったことについて少し話をし，ビルとメレディスは，少なくともマックスを育てることに関しては親として意見を合わせる努力をしていると語った。サラは弟を心配し，また弟を失うことは嫌だと言った。

　　サ　ラ：正直言って，いい加減に腹が立つというか，だって両親はすでに
　　　　　　一人，息子を失っているから……私はきょうだいをまた失うのは
　　　　　　嫌です。そうでしょう？　だから腹が立つというか……ティーン
　　　　　　の子が反抗するのはよくあるけど，でも家出をするのは全然違う
　　　　　　ことだし，イライラします。

　私たちはこれがロビーの死の問題が持ち上がる始まりだとみて，ライニーがそこを扱うことを願っていた。

　ライニー：あなたはまた弟を失いたくないと言っているのですね，あなたは
　　　　　　……あなたとマックスの関係は……マックスはあなたの言うこと
　　　　　　を聞きますか，あなたは今まで……？
　　サ　ラ：時々は，でもいつも必ずということはないです。私は，マックス
　　　　　　を助けようとはしています。私の電話はいつも電源が入っている
　　　　　　から，いつでも電話してと伝えていて。わかるでしょう？　それ
　　　　　　で……例えば迎えに来て欲しいときとか，しゃべりたいときと
　　　　　　か，なんであっても電話は受けられるようになっていて。だから
　　　　　　私たちは携帯電話を買ってもらったんです。そうだったよね？
　　　　　　（両親にむかって）
　ライニー：あなた方，ビルとメレディスは二人で……一緒にその，サラが子

どもの頃にはサラのしつけをしたのですか？　その頃にうまくい
ったことで，マックスとはまた違っているかもしれないことは何
だと思いますか？

　サラが出してくれた機会をライニーは取り上げず，現在の問題について
聞き続けることを選んだことに，私たちは気づいていた。私たちはライニ
ーがまたロビーのことに戻って扱うかを待っていた。

ビ　ル：私は……私が感じるのは，そうですね，何なのかはわからないけ
　　　　れど，でも，私は，サラに対してはもっと過保護な気がしていま
　　　　した。それが性別によるものなのか何なのか，何故なのかはわか
　　　　らないけれど。ただ一人の女の子として，私の小さな女の子とし
　　　　て，私はサラのことをもっと気にかけていますけど，それは女の
　　　　子や女性には，普通，男の子よりももっと悪いことが起こること
　　　　があるからです。それが男の子に起こらないということではなく
　　　　て，でもマックスに対しては，小さい頃から，強い子にさせよう
　　　　としていましたが……世界に出ていく準備をさせようとしてい
　　　　て。子どもは残酷でしょう？　そういったことがあるから，自分
　　　　で向かっていけるようにと。でもサラは違いますから。それにサ
　　　　ラは私がすごく若いころに生まれて……私は若くて，学生だった
　　　　りして，その頃にサラはよちよち歩きだったから，私は大きいお
　　　　兄ちゃんのような感じでしばらくいて，自分は年上の守り役のお
　　　　兄さんのように感じていたのです。だから全く違っていて，それ
　　　　は年齢の差です。マックスはサラよりも７歳年下で，マックス
　　　　が生まれた時にはすでに，私たちはロビーを失っていて，私は全
　　　　く違う状況にいたのです。

　ここでもう一度ロビーの死と，それが家族に与えた影響について話し合

第4章　POTT のプロセス　107

う機会があることに私たちは気づいていた。

> ライニー：そうですね，そして，あなたが自分の子どもの頃を振り返って，
> あなた自身の家族のことを考えたときに，あなたの親としての関
> わり方はそこから来ていますか？　あなたの親はどんなふうに子
> 育てをしていましたか？

　ライニーは，再度，その機会を追うことをせずに，ビルの幼少時の思い
出について尋ねている。ビルは，自分の親の子育てについて，成長の過程
で経験したことを数分話している。そしてライニーは今度メレディスの方
に移り，マックスのことをメレディスが「ベイビー（baby）」と呼ぶのを
聞いて，マックスとの関係について尋ねた。

> ライニー：メレディス，あなたはマックスのことをあなたの赤ちゃんと呼ん
> でいましたね。
> メレディス：ええ。
> ライニー：どんな感じだったか，それがどのように影響したか……マックス
> を育てる上で？
> メレディス：そうですね，ロビーを失ってから私は本当に極端に保護的で溺愛
> するようになって，ある意味，恐怖の感覚だったのです。子ども
> を一人失うと，それが影響して。そうですよね。それがずっと影
> 響していて。この先の人生もずっと影響し続けるように感じてい
> て。
> ライニー：ええ。
> メレディス：そのことについては，今までそんなに多くは話してきませんでし
> た。今，本当にそのことを自分が話したいのかもわかりません。
> すごく気持ちがあふれてくる気がするし，私たちが注目すべきな
> のはマックスですし。本当にそれは……今まで私は……私はたぶ

ん過保護だったとはわかっていますし，すごく溺愛していて，た
ぶん大目に見るべきでないことも大目に見てきて，明らかに悪い
ことをしていたのに……認めたくはありませんが，今，私の育て
方が全くうまくいっていなくて。だから私はビルに，「ここはあ
なたが先頭に立ってもらわないと，だって今は私の出番ではない
から」と言っているのです。

　この時点で，部屋には静けさが漂い，気まずい雰囲気になった。しばら
く沈黙が続いた後，ライニーは，二人の親が両方ともサラに過保護である
とコメントした。ここで私たちはライニーがロビーの喪失という情緒的で
難しい問題を避けているとわかり，ライニーを呼んでセッションで起こっ
ていたことを話し合い，その問題を扱うように援助した。私たちはライニ
ーが部屋の中でどのように感じ，クライアントとの間で何が起こっていた
と感じていたかを尋ねた。ライニーは極度の重苦しさ，大きな悲しみと孤
独感があったと表現し，家族のメンバーが深い悲しみの中，とても孤独に
感じていたようだと言った。私たちはライニーに，セッションに戻ったら
その感情を用いることで家族とつながり，理解された，聞いてもらえたと
家族が感じられるよう手助けをしてみるように伝えた。ライニーは部屋に
戻り家族とのセッションを再開した。

ライニー：いくつか私が気づいたことがあります。サラ，あなたは弟を失
　　　　　い，また失いたくないと話しましたね。メレディス，これはあな
　　　　　たにとって決して話し易いことではなかったと思いますが，マッ
　　　　　クスがご自身にとって赤ちゃんのように感じること，そして幼い
　　　　　時に亡くなったロビーのことも話してくれました。ビルに伺いた
　　　　　いのですが，あなたはどう感じていますか，ロビーについて？
ビ　ル：私は，ええと，私はロビーが亡くなった時は打ちのめされまし
　　　　　た。本当に，ただ押しつぶされました。メレディスはもっと目に

第4章　POTTのプロセス　109

見えて動揺していました。でもメレディスのほうが私よりも動揺していたのかどうかはわかりません。私がその時に感じたのは，私にはまだかわいい女の子がいましたからね，その子が弟を失ったばかりで，でもどういうことなのかは十分わかる年で，だから私はサラが大丈夫になるようにと，自分のエネルギーをサラにすべて注ぎ込んだのです。それで私は自分の辛さを，そのすべてを，小さいポケットにしまいこんだのです。

　ライニーがセッションでの自分自身の気持ちとつながることができ，そして情緒的なところから家族と関わりを持ち始めると，セッションのトーンは変わり，家族は辛い気持ちについて話せるようになった。以下はライニーが，セッションで起こったことと，クライアントへの援助のためにどのように**自分自身**を用いたかを記述したものである。

　このセッションで私のサイン的テーマが引き出されました。私はこのセッションが感情に溢れるものだったと思います。私は「知的には」ロビーがカギとなる要因であるとわかっていて，その問題を取り上げて扱う準備ができていたと思います。しかし，サラが「もう一人の弟を失いたくない」というコメントをして，私がフォローをした後すぐに，まるで湖の表面の氷が割れて底を流れる感情が溢れ出たかのようになりました。ロビーの話に戻る度に，そのひび割れが大きくなりました。

　私は家族全員の感情的な反応と，特に自分自身の反応に全く準備ができていませんでした。メレディスが「私はそこには触れたくない」といった時に，私はほっとして言われた通りにその話題を避けました。なぜなら私は気持ちの上では，全くそこには行きたくなかったからです。感情的にそこにいるということは，知的なこととは全く違います。私はそれをしたくなかったのです。クライアントを援助するという私の仕事を果たすためには，私たちはロビーの死について話さなければならず，それをしたくない

という自分の気持ちに負けて回避することは，クライアントを真に援助することにはならず，セラピストの自分としても失敗となります。私は，車のヘッドライトに照らされて固まっているウサギのように，そこから身動きできなくなっていました。私はクライアントに，自分の感情に触れてもらい，情緒的に無防備な状態になってもらうことを望んでいたのですが，私がセラピストとしてその同じところに行く準備ができていなかったのです。

　私は湖の端に立って，クライアントに氷の上を歩いて渡って大丈夫だと保証することができるのだろうか？　自分自身がそれをやってみせたり，先に歩いて進む準備がないのに。私の言葉と行動が一致していないのに，クライアントがどうして私を信頼することができるだろうか？　後になってわかったことですが，あれほど感情に溢れる場面において，知的な方法で対処できると私が思ったこと自体が，非常に甘い考えでした。それが私の私的な生活ではうまくいくとしても，ここでは私の人生の話をしているのではないのです。しかしそこで私が気づいたのは，私がいつもしているのと同じことを，クライアントがしてきたということでした。"感情に背を向けず感じていく"ことを避け，問題にふたをし，機能はしているものの辛さは依然としてそこにあります。問題を回避していては，長期的にはうまくいきません。ある時点で，もしもできるだけ良い人生を送りたいと思ったとしたら，私たちは問題に正面から取り組まなければなりません。セラピーの部屋にいる私たち全員が，クライアントであれセラピストであれ，信頼して情緒的に無防備な状態になるというリスクを思い切って負わなければならず，そうすることではじめて私たちは問題を取り上げて前進することができるのです。

　これは私にとって恐ろしい場でした。「知的な」場所に退きたいという思いが本能的にはあったと思います。しかし私は思い切ってアポンテ博士とカーニの助言に従い，私自身が感じている感情を用いるようにしました。逃げてしまったり，閉じてしまうことなく，私は自分の感情をそのま

ま感じるに任せました。ビルが子どもの頃の経験を話し，辛い気持ちを思い出している時，私はいつものように自然に知的になるのではなく，真に情緒的に，ビルに共感することができました。私は自分自身の内に入っていくことができ，過去の辛い思い出や，自分の持つ文化的な信念や価値観に触れても，自分自身の弱さや辛さに圧倒されずにいることができました。セッションのビデオを見直した時，私は頭からではなく，感情の奥底から共感している時は違うということを，実際に目の当たりにすることができました。私の声やトーンはより柔らかく，私の身体はよりリラックスした姿勢をとっていました。セッション中に違いを感じてはいましたが，実際にビデオでそれを見ることができたのは興味深いものでした。もう一つ学んだことは，私が自分の安全圏から出られた理由が，アポンテ博士とカーニが，私に対して精神的に辛くなるような，また悪影響を及ぼすようなことを助言するはずがないと信頼していたことです。同じような信頼と安心できる場を，私がクライアントに持ってもらえるよう成長していく必要があると思いました。

　私たちはシムラボとライブ・スーパービジョンを用いることで，受講生がクライアントとその瞬間につながり，自分自身の傷や弱さを用いることで，セラピーでの関係が向上し，セラピーが前に進む手助けになるということを直に経験できるよう援助している。ライニーは自分の壁に果敢に挑戦することができ，クライアントとつながるために，自分の暗い場所に降りていくことができた。ライニーは自分自身を全て用いることによって，セラピールームの中の感情の流れに変化がおき，クライアント家族とその苦しみに共感することができ，家族が自分たちの問題に真正面に向き合うことができるよう助けることができたのだった。

第**5**章

POTTのプロセス
「助け人」の事例

アルバ・ニーニョ
(*Alba Niño*)

　本章では，マリッジ・ファミリーセラピー修士プログラムの一環として9カ月のPOTTの授業に参加したある学生の経験を詳細にたどる。ダリア[注1]という学生は，30代前半で結婚しており，10代の頃にアメリカ合衆国に移住している。ハリー・アポンテ（HJA）とアルバ・ニーニョ（AN）が，この学生の指導にあたった教員である。前章で述べたように，POTTのコースはPOTTの前提となる考え方や原理についての概念を紹介することから始まる。その後ダリアとクラスメートは自分の個人的な核となる課題をサイン的テーマのレポートを通して紹介し，その課題への認識について，教員の前で順番に発表した。

サイン的テーマの最初の定義：サイン的テーマのレポート

　ダリアは，最初のサイン的テーマのレポートで，自分が二人姉妹の姉であると述べた。ダリアは両親と妹とともに暮らしていたが，彼女が11歳の時に両親は離婚した。その後，ダリアと妹は母方の祖父母と2〜3年ほど暮らし，その後は母親とその二人目の夫と暮らし始めた。その夫は移民だった。彼女は家族の歴史を記述する中で，家族が経験したいくつかのストレス要因を挙げ，それには薬物乱用，父方と母方の家族の気分障害，悲

劇的な死が含まれていた。家族が経験したこれらの苦労に，戦争や独裁政治，母国の不況が重なり，彼女は非常にストレスの多い子ども時代を送っていた。

ダリアは初回のレポートで，自分のサイン的テーマの最初の段階として，3つのことを挙げていた。それは，人に助けを求められないこと，問題を抱えて困っている人としかつながりを持てないこと，自分自身の問題を避けていることであった。最初のサイン的テーマ（助けを求められないこと）が築かれてきた経緯をどう理解しているかについて，ダリアは以下のように記述している。

　　私は両親の結婚がうまくいっていないとわかっていました。二人とも苦悩しているにもかかわらず，家では穏やかで親しみのある雰囲気を保っていました。ですから，私もその両親に迷惑をかけないようにしなければならないといつも感じていました。両親が苦しんでいたので，私はさらに苦しみを上乗せしたくないと思い，自分の感情を隠し，できるだけ良い子でいようとしていました。私は子どもでありながらも，両親にお金や玩具など，何も欲しがった記憶がありません。助けを求めたことも決してなく，私はとても自立していました。私は自分でできないことがあったり，両親の援助が必要になりそうな場合にも，最初から手助けなど必要ないように振る舞い，両親を困らせないようにしました。

ダリアはまた，2つめのサイン的テーマ（問題を抱えている人としかつながれない）と，自身の家族の歴史とのつながりを見いだしていた。

　　私は自分の家族の問題である離婚や自死，移民，孤独，抑うつ，依存などの問題に対し，多くの対処方法を身につけてきました。そうすることで，それらの問題に対して動揺することなく落ち着いていられます。その一方で，私は正常で何の問題も持たない人々に対しては極度な居心地の悪

さを感じるのです。その結果，私が陥る恋愛関係は，情緒的に消耗するようなものが多いのです。私の友人は，いつも何かの問題を抱えて私に援助を求めていますが，私は自分の問題について誰かと話す機会がこれまで一度もなく，結局は自分ですべて解決してきました。

　最後にダリアは，3番目のサイン的テーマ（自分自身の問題を避けていること）と家族の歴史との間の関係について説明した。

　　私の両親の結婚はうまくいっておらず，家族には病んでいるところがたくさんありました。私たち家族は互いに近い関係で，お互いのことをよく知っていて，すべての問題をオープンに話し合っていました。私はこうした家族の問題から自分自身を守るために，防衛機制として，すべてのことが大丈夫だというふりをしていました。私は，叔父や叔母の死や，両親の離婚の詳細など，大きな出来事を忘れようとさえしていました。大人となった今，私は自分の幼少時の詳細をほとんど忘れてしまっています。これは私の記憶力の問題ではなく，防衛機制です。私は何も覚えていたくないのです。問題に取り組まず，それを避けてすべてのことが大丈夫だというふりをするという私の3番目のサイン的テーマは，そこに由来していると思います。

　ダリアのサイン的テーマの発表の準備のために，私たち教員はミーティングを持った。ダリアのレポートからは，彼女が家族の困難に対処するために築いてきた**対処のメカニズム**についてどのように理解しているかが伝わってきた。私たちはまた，ダリアが，「これまで続いてきた人としての感情的な傷つきやすさの核心となっている，心の傷，失望，喪失」（Aponte et al., 2009, p.384）に情緒的に触れていないことにも注意を向けた。つまり，彼女は自分のサイン的テーマに情緒的につながっていなかった。そのため，ダリアのサイン的テーマの発表の主要な目標の一つは，彼

女が自分の経験のより傷つきやすい側面に情緒的につながれるよう援助することであった。

核心とつながること：ダリアのサイン的テーマの発表

サイン的テーマの発表は，私たちの一人（HJA）のコメントで始められたが，そのコメントは，ダリアがレポートに記述した3つのサイン的テーマの間のつながりに注意を向けられるよう意図したものだった。このコメントはまた，これらの対処のメカニズムがダリアにとって矛盾や内的な困難を呈しているようであることに対しても，彼女が注意を向けられることを目的としていた。

ＨＪＡ：最後のページの最初の行に，「私は自分の問題について話す機会が全くありません」とあります。また，そのページの最後の文章には，「問題に取り組まず，それを避けて，すべてのことが大丈夫だというふりをするという私の3番目のサイン的テーマは，そこに由来していると思います」とあります。あなたは一方では「問題について話す機会が全くない」と言っているのに，もう一方では，「自分の問題を話したいと思わず，それをただ避けたい」と言っています。少なくとも私には，ここが，すべての段落をまとめたもののように見えます。

ダリア：（クスクスっと笑い）すごく面白いですね。（中略）私はたぶんそういうふうに考えたことがなかったと思います。私は何も話す必要はないといつも思っていました。（中略）たぶん，年を重ねるにつれ，許容範囲が狭まってきたんですね。レポートの中に書いたように，私の友人は皆，私に頼ってくるのです。しかも振り返ってみると，誰かが私のことを気にして何かを尋ねてくれたことは今まで全くなかったような気がします。それが自分の気に障る

ことだというふうには，たぶん今まで考えてみたことはなかった
と思います。けれども今，私は自分の友達や，私が関わる人々を
見つめ直しています。私はその人たちが困ったときにはいつでも
助けられるような存在であるように思いますが，でも私は，助け
を必要としている人々を選んでいるのです。それが私のやり方
——つまり私はまさに助け人だということなのです。私はいつも
助け人であって，行って助けてあげるような人々を選んでいて，
ですから当然その人たちは私を助けてくれる人々ではないので
す。それは私が選んでしていることですね，明らかに。

ＨＪＡ：今あなたが言ったのは，ここに書いている両親との関係性を表現
したものと同じですね。［彼女のレポートの他の部分を引用し］
「私は両親があまりに辛い時に負担をかけたくなかったので，私
の感情を隠し始め，できるだけ良い子でいようとしました」。

　これらのコメントは，ダリアが，他の人々のために，自分の情動やニー
ズを押しやってきた方法に目を向けられるように意図してのものだった。
ダリアはこれらの点に同意しているように見られ，人間関係において，彼
女がいかに他の人が彼女に対して責任を負うことがないようにしているか
を述べた。その反対に，彼女は人との関係の責任のほとんどを自分の肩に
負っていた。

ダリア：ええ，なぜなら私は——子どもの頃は，もっとエネルギーもあっ
て，物事に対処できていたので，これらのことはあまり問題では
なかったように思います。けれど積み重なってくると，時々座り
こんで「何なのよ！　私だって誰かに話したいのよ。そうでし
ょ？」と言いたい気持ちになります。けれど私はいつも理由をみ
つけて自分を納得させようとしてきました。それが私の欠点とい
うわけではなく，分析のようなことをして「そうそう，私はこう

いう性格なの。だから，私はこういう人たちを選んでいるの」と
いうふうに感じるのです。わかってもらえますか？　私は，それ
はあなたの問題でしょ，とその人たちを責めることはしません。
私には良くない友だちがいるけれど，それは私が選んだことであ
り，問題を抱えている人々といるのが私にとっては居心地がいい
と感じているからなんです。

　ダリアが，自己を犠牲にして他者を正当化する傾向と，彼女が深いとこ
ろで人との関係を必要としながら恐れていること，その２つの間の繋がり
を理解できるように，私たちは子どもが両親のために自分を犠牲にする例
を挙げた。

ＨＪＡ：ちょっとしたお話を紹介します。私が以前［機関の名称］にいた
　　　　時，そこでは，例えば喘息のような，情緒の状態と密接に関連し
　　　　ている身体的問題を持つ子どもたちへの援助や研究が行われてい
　　　　ました。そこには実験のために観察用の鏡で仕切られた部屋があ
　　　　り，観察者側から家族を見ることはできても，家族からは観察者
　　　　が見えないようになっていました。鏡の後ろの観察用の部屋にい
　　　　る子どもには，看護師が付いて一定の間隔で血液サンプルを採取
　　　　し，その間，子どもはセラピストと自分の両親が一緒にいるとこ
　　　　ろを観察することができるようになっていました（p.146 の訳
　　　　注を参照）。研究者たちが調べていたのは，子どもの遊離脂肪酸
　　　　というストレスレベルを表すもので，鏡のもう片方の側にいるセ
　　　　ラピストは，両親にとって葛藤の種で，口論となる可能性のある
　　　　問題について，２人が話し合うように水を向けました。これらの
　　　　子どもたちには，両親が口論するのを見るとストレスレベルが上
　　　　がるという著しい傾向がありました。研究者は，ストレスレベル
　　　　が非常に高いある時点で，子どもを親とセラピストのいる部屋に

入れ，看護師は子どもの血液サンプルの採取を続けました。子どもたちは，両親のけんかの間に入ったり，両親の注意を自分に向けたりする傾向があり，時には，両親の怒りを自分に向けることさえありました。子どもたちは，両親の間のけんかを止めようと，両親が自分とけんかになるように仕向けたり，単に自分に注意が向くようにしたのです。両親が子どもに注意を向け始めたため，親同士のけんかが止まると，子どものストレスレベルは劇的に下がったのです。これはあなたのことのように思えます（レポートを彼女に見せながら）。

ダリア：私のことのようですか？

ＨＪＡ：ええと，（彼女のレポートを読み上げ）「私は両親がすでに抱えている困難を増やすことは決してしたくなかったのです。だから私は自分の情動を隠し始め，可能な限り良い子でいようとしました。私は援助を求めることを決してしなかったのです」。子どもたちは自分を犠牲にすることで，両親が別れたり，口論するのを防ごうとするでしょう。なぜなら両親が別れることが最も恐ろしいことだからです。子どもにとって，両親が一緒にいてくれるということ以上に，自分自身のニーズを満たしてくれるものはないでしょう。どうもそれがあなたが両親にしてきたことであり，その後にまた友人やあなたの人生で関わるすべての人にしていることのように思われます。どう思いますか？

ダリア：それが問題なのかどうか考えているのですが［ダリアも私たちも共にくすっと笑った］。先ほどお話ししたように，私はうまく演じてきたと感じていることが多いような気がして……いや，演じるのではなくて，何なのかわからないですが，それが私のパーソナリティの一部のようになっているので，私のありのままなのか，まだ演じているのかとか，それで私が困っているのか，大丈夫なのかがわからないのです。私はただ区別できないように思う

のです。それが私の防衛機制なのです。区別がつかないほど強い
と感じています。これは現実のことなのでしょうか，それとも防
衛機制なのでしょうか？

　この反応でダリアは，自己犠牲をしてきたという最初の解釈から，自分
自身や自分の物の見方に疑問を投げかける立ち位置に移行したようだっ
た。彼女は自分の関係性のパターンや対処メカニズムに気づいていたが，
それによって彼女には自分の情緒的なニーズを見ないようにしてしまう傾
向があり，私たちは彼女がそこに目を向けられるように働きかけた。

ＨＪＡ：防衛機制は現実のことです。
ダリア：でもそれは人のパーソナリティの一部になります。
ＨＪＡ：ええ，全くその通りです。
Ａ　Ｎ：お話を聞くと，あなたが目の前に起きていることが何であれ，そ
　　　　れによってあなたが不快になっているのかそうでないのか，傷つ
　　　　いているのかそうでないのか，実際には判断が難しくなっている
　　　　ということですね。
ダリア：そうですね。ええ。
Ａ　Ｎ：実際にはわからないと。
ダリア：わかりません。
Ａ　Ｎ：その例を挙げられますか？
ダリア：それにぴったりの例ではないかもしれませんが，でも，多分――
　　　　私は腹を立てることが全くないのですが，それは多分，私は家族
　　　　に対して，いつもすべてを正当化しているからです。「わかっ
　　　　た，この人はこの問題に苦しんでいる。だから私はこの人に対し
　　　　て怒るべきではない」と。ですから私はまったく腹が立たないの
　　　　ですが，でも，「もし誰か別の人だったら，こんなことがあった
　　　　ら怒るだろう」と思うことが時にあります。私がただ冷たい人な

のかわからないのですが——でもそうでないと思います。私はすべてを自分で正当化しすぎて，とても複雑な状況に陥っているように思います。私は何も感じられない人ではなく，感情はあるのですが，できないこともあります……私は自分の人生において，そういうことを正当化しすぎてきたので，今となっては私は怒ることすらできないのです……私はこれまでの人生を通して，とにかくいったん落ち着いて正当化しなければならない状況に置かれてきたから，つまり大丈夫な状況であると頭で理解しなければならなかったから，自然に反応できないのです。

　ダリアは，自分の情緒的なニーズについて疑問を感じるところから，どんなふうに自分の情緒に疑問を感じるのかを話せるようになった。そして私たちは，彼女がこれまで押しやってきた，より深い感情につながる別の入り口を発見した。

ＨＪＡ：今のお話を，あなたの両親が対立していた時にあなたがどう反応したかという文脈にあてはめてみてください。親が互いに対立していた時にあなたが自分の感情に対してどうしたか，親に対してあなたがどう判断していたか，その時のあなたが意図していたのは，両親が動揺しないように，怒らないように，口論しないようにということでしたね。

ダリア：両親に対して私は怒ってはいませんでした。私の父なんかは，したいことをしていました。薬物だったり，もう何でも。いい父親でしたよ。私たちを養ってくれていましたし。ああいう事をしていたのは間違いでしたけど，私は父に対して怒ったことは一度もありませんでした。でも，私の妹は怒っていました。妹は反抗したり，摂食障害もあったり，いろいろありましたが，でもそれに対しても私は大丈夫でした。

ＨＪＡ：でも本当は，大丈夫ではなかった。

ダリア：ええ，私は大丈夫ではなかったです。

ＨＪＡ：あなたは抑圧していた。

ダリア：私は抑圧に成功していました。［自分の言葉のインパクトを和ら
げるようにクスッと笑う］

ＨＪＡ：あなたは怒りを抑圧していた。そうしなければ，怒りがあなたを
お父さんから引き離してしまうだろうから。そしてあなたは，自
分がお父さんとつながっていられるために役立つような感情を選
んで許容したのです。あなたは，お母さんとお父さんのために，
自分をそのように訓練したのです。親が何をしようと，どう振る
舞おうと，両親が別れないように，つながって居続けられるよう
にしたのがあなたなのです。ですからあなたは，自分にとって最
も大切な人たちのために，嫌なことに対する自然な反応を抑圧す
ることを幼少時から自分に課してきたのです。

　サイン的テーマを見いだして定義することの重要な点は，それらのテー
マが臨床においていかに大事な資源となりうるかを受講生が理解できるよ
うに援助することである。次のやり取りの中で，私たちはそこを取り上げ
る機会を得ることになる。

ＨＪＡ：それによってあなたはすばらしいセラピストになれるでしょう，
わかりますか，どういう意味かというと……。

ダリア：［聞き取れない声での話］

ＨＪＡ：え？　それは例えばこういうようなことです。悩みや問題をバー
テンダーに話す人たちは，なぜバーテンダーに話すのかというこ
とです。バーテンダーはただ聞くだけで，何かに反応したり，決
めつけたりせず，関心を持って聞くから，話す人が「ああ，ここ
で私は全部出せる」と感じるのです。話そうとする人は，［批判

的な口調で]「あなたがそんなことをしたなんて，とても信じられない！」などと言う人をつかまえないでしょう。バーテンダーは，人が問題を話して共有するよう招くわけです。実際，話す人たちは自分の問題を吐き出します。「この人には何を話しても大丈夫で，何でも聞いてくれる，決めつけたりせず，私の言うことに反応して何か言うことはない」と思うからです。あなたはぴったりの職業を選んだのです。

　私たちのコメントが目指していたのは，ダリアのサイン的テーマがどのように彼女の臨床の資源となりうるかを示すことであったが，同時に，彼女がいかに他者に対して自己犠牲をしているかに目を向けられるようにもした。それによって，ダリアは，すべての人に寄り添うことにいかに消耗を感じているか，それがこれまでどれだけ困難なことだったか，特に人の世話をしているときに自分がどれほど見捨てられたような気持ちになっていたかにつながったようだった。その結果，彼女は自分の人生の中での心痛む出来事を話し始めた。

ダリア：［目に涙をためる］
Ａ　Ｎ：何かが心に触れていますね。何が起こっていますか？
ダリア：わかりません。そのことにうんざりするような時もあるように思います。もちろん，私は話をするのに慣れていないですし，できるだけ自分を出さないようにしています。私は最も困っている人を探しあてて，私に話してほしいためだけに，その人たちとつながるのです。そういうことすべてを私は自覚しています。なぜだかはわからないです。私は何か話したいわけではないけれど，そのことを少し辛いと感じている気がします。
ＨＪＡ：まあ，あなたは，あなたが必要としたり求めている愛情や理解，サポートを他の人のようには得ていないですからね。

ダリア：それはこんな感じのことです……私の家族の例を挙げたいと思います。私の妹にいろんなことが起こっている時に，その時点で──母は気づいてさえいなかったと思います。私は母に決して何も言いませんでした。繰り返しになりますが，私はいつも母に負担をかけたくないと思っていましたから──妹は神経性やせ症があまりにひどくて歩けなくなってしまい，車椅子が必要になりました。彼女は歩けなかったのです。母は──母と私の妹は互いによくぶつかっていたので──母はその問題に関わらないことに決めました。母は，妹はセラピーに行きたいのかしらと思っていましたが，結局そこには関わろうとしませんでした。なぜなら，妹がすごく腹を立てるだろうからでした。それである時点で，妹の状態が非常に悪くなった段階で，母は［母国の名前］に行くことに決めたのです。出国して行ってしまおうと。父は［母国の名前］にいました。ですから，その時に私と［ダリアの夫の名前］だけで妹の世話をして，車椅子を手配して，リハビリを申し込んで，すべてをしました。私がそうしたのは妹のためでした。でも今は，「どうして私だけだったの？」と感じます。妹が可哀そうです。私の家族は，皆とても近い存在で，べったりしていて，お互いに愛情を感じていると思います。でもある時点で，あらゆることが悪い方向にいって，本当にひどい状況になりました。そんな中，妹は死にかけていたんです，率直に言って。彼女はまるで1kgあるかないかというような吹けば飛ぶような存在でした。父は［母国］にいて，この事にどう対処していいかわからなかったので，妹に話しかけることもなく，母は逃げてしまっていました。母自身がいろいろと困難なことを抱えていたので，私は母を責めてはいません。

ダリアは，私たちの予想通り，なぜ人は自分のそばにいてくれなかった

のかを頭で理解し説明しようとしたが，HJAがすかさずそのことを茶化すように指摘すると，自分がまた他者を正当化しようとしていることに気づいたようだった。このコメントによって彼女のいつもの防衛機制が働くのを防ぎ，彼女が今までずっと触れられないでいた傷つきやすく脆い感情を感じられるように援助した。

　　　ＨＪＡ：[茶化すような調子で] ええ，もちろん，あなたのお母さんはいろいろと大変なことを抱えていましたからね（ダリアとHJAはクスッと笑った）。
　　　ダリア：ええ，でも母だけじゃなく両親とも逃げてしまったんですけどね。それで私と妹二人だけになったのですが，私はどうしていいかわからなかったのです。私は [夫の名前] と付き合い始めたところで，学生だったし，仕事もしていて，それでも，もちろん対処できていました。対処したのです。妹はリハビリに行ったりいろいろとして，そのあと戻ってきました。けれどすべてが私にのしかかっていたようでした。その時点で私は「もうたくさん！ここで一休みさせてもらえない？」と思っていたのに，もちろん私は何も言いませんでした。どう言っていいのかわからないですから。その時から，私は本当にうんざりし始めたと思います。

　　ダリアは，家族みんなの世話をしなければならなかったことの不公平さや疲労感について語った。重篤な摂食障害でげっそりやせている妹を見るという，おそらく自分の人生で最も恐ろしい瞬間に，彼女がいかに一人ぼっちだったかを語った。私たちはこの話を受けて，他者は悪くないと考えて，自分は助けを求めることなく引き受けてしまう彼女の傾向の背後に何があるのかについて，一つの仮説を提示した。

　　　ＨＪＡ：あなたはこういった問いかけをしたことがありますか？　「私の

前にいる人は，私の考えを聞きたいと思っているだろうか？　この人は私が抱えている重荷を背負いたいと思うだろうか？　私が人の話を聞いてあげて，問題を引き受けてあげているのと同じように，私の話を聞いてくれて，私の問題を引き受けてくれるような人で，私が完全に信用できるような人，そんな人が私のまわりにいるとはなかなか思えない……」。

ダリア：でも私はただ……信用できないだけなんです。私は母や父を大人として見ていないのです。もちろん二人とも大人です。50歳とか60歳とか，いくつであろうと，父母の友達からすれば大人です。母には，電話をしてきて助言を求める人たちだっていますから。母はすばらしい女性です。でも私にとって母は，頼れる人ではありません。両親を大人として見ておらず，私の方がある意味で親であるといつも感じています。でも，わかりません，それが私の問題なのです。私がそのことを母に話したら，母は「一体全体，何言ってるの？」という感じになるでしょう。でもそう私は感じるし，だから私は母には頼れないのです……。

ＨＪＡ：ええ，その事であなたは多くのことを語っていますよね。つまり，「私がもし誰かと，本当に大事に思っている誰かと親密な恋愛関係を持ち，その人に自分の問題のすべてを打ち明け，自分の不安定さ，恐れ，欲求のすべてを打ち明けたとしたら，その人がただ私を愛しているというだけの理由で，私の負担を背負っていつでも助けてくれる存在となり，私の話を本当に聞きたいと思ってくれるなんて，とても信じられません」。……ということですね。

ダリア：私が大事な人を失うのを恐れていると言いたいのですか？　そういう恐れは私にはないと思うんですけど。

ＨＪＡ：ええと，あなたの両親が自分たちの問題で精一杯なときに，もしもあなたが自分の問題をすべて投げて背負わせたら，あなたをい

つでも助けてあげられる存在であったかどうかわかりませんね。
実際，あなたのお母さんは逃げ出しましたよね。あなたの妹が問
題を抱えている時に［母国］に逃げたのです。あなたが両親から
得たメッセージは，子どもたちが本当に悪い状況になると，両親
は対処できないというものでした。

ダリア：けれど私に両親を失う恐れがあったとは思わないのです。なぜな
ら私はとても自立していて，「大丈夫」という感じだから。

　システム論や愛着理論，そして人間性中心の視点に基づき，POTT の
インストラクターとして私たちは，人間を社会的な存在と見なし，愛情，
つながり，支え，他者とのコミュニケーションを必要とすると考える。私
たちはそれらを通して安心・安全であると感じ，自分とは何かという感覚
を形成し，健康的に育つと考える。人間は本質的にこれらのものを必要と
していることから，人は誰にも頼らず自立していなければならないという
ダリアの見方に疑問を問いかけることができる。

ＨＪＡ：あなたはそれほどまでに自分を律してきたので，今にも倒れそう
なときでも，誰かに抱きしめてほしいという思いや欲求に気づか
ないよう押し殺してきたのですね。それはもう習慣になってしま
っているのです。人は誰でも，「もし自分が倒れかけていて，い
よいよ倒れそうになったら，自分を愛してくれている誰かが抱き
しめてくれる。そばにいて，抱きかかえたいと思ってくれる。ど
れだけ長くかかろうと，どれだけ重い問題を抱えていても，私が
倒れないように支えてくれる」，そう確信していたいと思うもの
です。でもあなたは，そのような気持ちが自分にあることに気づ
いていないのです。まるで，そのような気持ちが存在することさ
え知らないかのようです。

ダリア：私が疑問に思うのは，「果たしてそんなことがあるのか？　皆

は，自分の人生にそういう誰かがいると考えているのか？」とい
うものです。[ダリアはクスッと笑う]

ＨＪＡ：あなたは自分の子どもには，まさにそういう親になるだろうと私
は確信していますけどね。

ダリア：そうですね，私は妹に対してはそういうふうだったと思います，
たぶん。

ＨＪＡ：あなたはこれからもそうでしょう。自分の子どもには，妹さんに
してきた以上の存在になるでしょうし，あなたの子どももそれが
わかって，愛されている確信を持つでしょう。

ダリア：そうですね，その通りですね。

　学生が自分のサイン的テーマの核心となる傷つきやすい感情とつながる
のを援助するのに加え，私たちはまた，それらのサイン的テーマがその学
生の人間関係に及ぼす影響についてより良く理解するよう援助する。この
気づきはもちろん，学生が後に実践するセラピーでの関係に，自分のサイ
ン的テーマがどのように働くかを理解する援助となるだろう。

ＡＮ：あなたのレポートに書かれたことの一つに，あなたが「援助を求
めないことと自分のことを話さないこと」が，実際にあなたの夫
婦関係に妨げとなっているというのがあります。

ダリア：ええ，私はどう援助を求めてよいかわからないからです。ほんの
些細なことでさえそうです。もしもお湯が沸いていて，噴き出し
ていて，私は何か別の事をしていて，彼がそこに立っていたとし
ても，私は彼に火を止めに行ってと頼めないのです。自分が走っ
て止めなければならなくて，そんなふうなのです。大したことで
はないのですが，積み重なっていきます。頼めないから，決し
て。

ＨＪＡ：彼にとってそれはどういう経験だと思いますか？　「君は僕に愛

させてくれない」。

ダリア：ええ，それで彼は不満に思うのです。彼は私が彼を信用していないと感じて，それはただ……。

ＨＪＡ：「彼が私の世話をするためにわざわざ不便な思いをしたり，自分のリスクをかけてくれるほど私を愛しているとは思えない」。（中略）それによって，あなたと彼の関係にはある距離，情緒的な距離が生まれます。なぜなら彼は，自分が望むようにあなたに近づくことができないからです。それに，あなたに近づいたとしても，あなたが彼に与えるということにはならないのです。彼はあなたに与えてあげられるようになりたいと望んでいるのです。

Ａ　Ｎ：今，どんなふうに感じていますか？

ダリア：（涙ぐんで）［夫の名前］との関係を考えると動揺してしまうと思います。彼はできることを何でもしたいと思っているだろうからです。（中略）私が彼に何もさせないようにしているのです。それがもしも私たち二人の間の問題になるとしたら，それは他の何よりも私にとって恐ろしいことだと思います。

ＨＪＡ：そしてそれはあなたが子どもを持った時により問題として表れてくるでしょう。なぜなら彼は，あなたのために，そして子どものために支えになりたいと思い，ただ子どものためだけでなく，あなたと子どもを支える存在になりたいと思うからです。そしてあなたはサポートが必要になってきます。パートナーシップも必要になります。それが愛するということなのです。彼には，彼の愛を求めて必要としている誰かに対し，愛を与えたいという欲求があり，もしも自分は必要とされていないと彼が感じると，それは彼の愛は重要ではないということになるのです。

ダリア：（涙を浮かべて）ええ，そうなるのは嫌です。私は彼にそういう機会を与えてない気がしているし，それに気づいてもいます。私は何も頼まないし，そのことが自分でも嫌なのですが，それはど

ちらかというと……どう説明したらいいかわかりません。私にとってとても複雑なのです。ごみを出すのも，食器洗いも，ほんの小さなことでも全部私がします。それは頼んでも負担にならない小さなことだとわかってはいるのです。彼を見ると，この人はそこに立っていて私のためにしてあげたいと思っていると感じます。彼はそうしたいのです。私は何もかもすべて自分でしています。私は「コントロールせずにはいられない人」のような気がします。食料品の買い物も私がします。もし彼が食料品の買い物に行きたいと言ったら，「いいよ，いいよ，私がするから」という感じになります。

　サイン的テーマがダリアの私的な関係に与える影響を深く見ることで，私たちはまた，人間関係において，与えることと受け取ることの意味をダリアがもっと広くとらえられるように援助する。これは，セラピーにおける関係性を考えるときに特に重要になる。クライアントとお互いに与えたり，受け取ったりできる相互関係でいることによって，受講生はクライアント**のために**単に何かをしてあげるというより，クライアント**とともに**セラピーに取り組めるようになるだろう。

　ＨＪＡ：彼はあなたを愛したいと望んでいて，彼にとってあなたを愛するとは，あなたが困っている時に助けてあげられるということなのです。彼は，あなたにとっての本当のパートナーになりたいのです。あなたの人生を少し楽にしてあげられるようにしたいのです。あなたに必要とされたいと彼は望んでいて，そうすればあなたに与えることができ，それがあなたを愛する方法の一つとなるのです。でも，それはあなたには自然にできることではないでしょう。なぜなら，両親とのこれまでの関係から，あなたは愛されるためにはこうしなければならないと自分をしつけてきたからで

す。あなたは自分のことを「コントロールせずにはいられない人」だと言っていましたが，両親にあなたのそばにいてもらうには，自分のしてほしいことを抑えて，両親が必要としていることを満たす必要があったのではないでしょうか。

　受講生が自身の人間性とつながり，自分の人としての葛藤を理解できるように援助するとき，私たちがその対処メカニズムの正当性を認めることは特に重要である。受講生にとってそれらのメカニズムが，生き延びるために重要だったと認めてあげることが大切なのである。受講生の人生における対処と防衛のメカニズムを理解して正当だと認めることは，受講生自身が自分のクライアントに対しても同じように正当性を理解し，認めることにつながる。

A　　N：もしもあなたがそうしてこなかったなら，自分の家族の責任を負ってこなかったなら，何が起こったでしょう？　あなたには，両親という大人が身近にいなかった。

ダリア：たぶん私の妹に起きたことが，私にも起こったでしょう。なぜなら今，母と父は私に毎日電話をしてきます。二人とも私の妹には電話をしません。だから妹は独りぼっちなのです。両親が妹を愛していないということではなくて，二人ともただ，どう対応していいかわからないのです。私がもし問題を持っていたら，両親は私の話を聞こうとはしないでしょう。きっとそうでしょう？

A　　N：だからあなたは親役割を引き受けなければならなかった。あなたしか状況をコントロールできる人はいなかったんですよね。私が思うに，誰かがあなたのそばにいてくれると感じることはとても難しいことだったんですよね。もしあなたがコントロールしなければ，そう，それはとても怖いことですね，だって，実際すごく怖いことが起こったのですから。だから，あなたは状況をコント

ロールしなければならなかったし，どうしていいかわからないで
いる父親と，わけがわからなくなっている母親と，それらすべて
に過敏になっている妹にどう対応すべきか，自分が前に出て，見
極めなければならなかったのです。そしてあなたはそれをやりと
げました。だから今，あなたはそのやり方を手放したくないので
す。あなたは何かを学んだんですよね。だから，「私はこれを何
があろうと使い続けたい」と。でもあなたが学んだそのやり方
は，あなたの人間関係を傷つける可能性はないでしょうか。

ダリア：うーーん。

ＨＪＡ：そしてあなたはクライアントとの関係において，このテーマに気
がついていくでしょう。愛を受け取ることは，言葉でいうほど簡
単なことではないのです。なぜなら愛を受け取り，愛を求めるこ
と，愛を必要として，愛が必要だと伝えることは，あなたが傷つ
きやすく弱くなり，失望するリスクを意味するからです。

Ａ　Ｎ：そしてコントロールすることを少しだけ手放すことです。

ＨＪＡ：いや，少しではなく，たくさん手放すことです。

　最後にいくつかのコメントを追加した後，話し合いの場が他の学生にも
開かれ，学生たちはダリアの話がどのように自分に共鳴し影響したかをダ
リアと共有した。サイン的テーマの発表はこうして終了した。この発表に
続くレポートで，ダリアは自分のサイン的テーマをより深く理解して記述
していた。以下はそのレポートのいくつかの引用であるが，そこにはダリ
アがどのように自分の対処メカニズムに気づいたかということだけでな
く，自分が大切な人の重荷となることや見捨てられることを恐れる気持ち
とつながったことが示されている。そして自分が相手から愛され助けを受
けるような，よりバランスのとれた人間関係を持ちたいと望んでいること
が示されていた。ダリアは自分の友人が彼女を必要としているだけでな
く，彼女をいつも支えたいと望んでいることまでも理解できるようになっ

ていた（強調を加えて表現している）。

　　私は自分のサイン的テーマが，日々の人々とのやり取りや自分自身の決
断に与えている影響が見えるようになってきています。他人の迷惑になる
ことは，私にとって恐怖以外の何ものでもありません。しかし，人の負担
になることや人に迷惑をかけることについての私のとらえ方は，私の防衛
機制やサイン的テーマに影響されていて，とても自分で定義できるような
ものではないのです。私にとって，自分が絶対的に必要とされること，誰
かの人生に意味ある形で手を貸したり影響を与えること，または何か前向
きな変化をもたらしたり意義あることをしていないなら，私はその場にい
るべきではないと思っています。私は人の負担になることを恐れているか
らです。なので私の友人や同僚，家族は，私がそばにいるのは，自分たち
に問題がある時だけだと思っていて，それで皆の気分を害してしまうこと
がよくありました。
　　POTT を通して気づいたのは，私は見捨てられることを恐れていると
いうことです。それを私は自分のサイン的テーマだとは思っていませんで
した。私は他の人々をいつでも助けられるような存在であり，自分の問題
で人に迷惑をかけることは決してないのですが，それは私が拒絶されるの
を恐れているからだとわかったのです。私の家族はいつも何かの問題に苦
闘していました。（中略）しかし問題をはっきりさせて，それを解決する
ことが誰もあまり得意ではなかったのです。むしろ，問題を抱えた人を放
っておいて，一人で問題に対処させることばかりでした。誰もが皆この状
況を非常に悲しんでいて，とても助けられないと感じていました。子ども
だった私は，無意識のうちに強い人としてふるまうことを覚えたのです。
さもなければ，私も放っておかれると思ったからです。POTT の話し合
いの後に気づいたことは，私はいつも一人残されるという無意識の恐怖を
抱えていて，自分を守るために複雑な防衛機制を築き上げていたというこ
とです。私は自分の情緒的欲求を抑圧することで，自分の問題で他の人に

迷惑をかけずにすみ，それによって誰も私のことを気にかけることなく生活を続けることができたのです。また，私が他の人たちにとって利他的な友人や家族の一員となることで，いつもそこにいて人を助けられる存在となり，彼らから捨てられないようにしていたのです。

臨床においてサイン的テーマに取り組む：シムラボ

　受講生が自分のサイン的テーマへの理解を深め，核心にある傷つきや欲求，傷つきやすい感情とつながりを持っても落ち着いていられるようになると，今度は臨床の場で自分自身や自分の個人的な課題をより意識的に，目的を持って用いられるよう援助することにトレーニングの焦点が移される。それが，シムラボや事例発表といった課題の主な目的である。

　ダリアはサイン的テーマのレポートの中で，人に助けを求めることが困難であったり，人々を守り救おうとしてしまう自分の傾向があることで，臨床実践が危険なものとなる可能性を既に認めていた。

　セラピーが効果的であるためには，クライアントとセラピストの間にある関わり方が重要だと思います。私はクライアントがすべきことを自分がしてしまうことで本人が望む結果を得るために本人が経験すべきプロセスを阻害してしまうかもしれないと心配しています。私はまた，自分の中にある隠れた問題について，スーパーバイザーや同僚にコンサルテーションを受けることを考える必要もあると思います。自分の心理的な問題を認識できなかったり，サイン的テーマに気づかないで生活すると，援助やスーパービジョンを求めることを自分がやめてしまうのではないかとも危惧しています。また，私自身が助けを求めたり心を開いたりできないのであれば，臨床において私のクライアントにそうするように勧めることは，矛盾した行動となるでしょう。

第5章　POTTのプロセス　135

　このシムラボ^{注2)}を通して，ダリアは自分のサイン的テーマが，臨床上の関係性に顕著な影響を与えることに気づいた。このシムラボでの「クライアント」は，男女の夫婦で，夫の失業や抑うつ，妻の過去の不倫の疑いなどのいくつかの問題に直面し，互いの間に広がる溝を抱えていた。この事例では，女性のクライアントの方がよく話し，自己主張をしており，男性の方はあまり話せず，言いたいことを言えないでいた。ダリアは，自分がこのパートナーである二人に等しくつながるのではなく，力の弱いとみなされる方，つまり救われ守られる必要度が高い方に味方をしていることに気づいた。

　　私のクライアントは，表面的には2つの全く異なるパーソナリティを見せていました。妻は情緒的にはレジリエンスがあって自立しており，夫はより繊細で傷ついているように見えました。私のサイン的テーマにより，私は助け人として，自動的に夫（当初私にはより傷ついているように見えた）の方に引き込まれていきました。妻には，人生の困難に対処する上で援助を必要としないような強い人格を感じていたので，最初私は妻の気持ちをあまりくみとろうとせず，妻は自分で自分の問題をうまく対処できるから，私の援助は必要ないと思い込んでしまったのです。

　サイン的テーマが臨床にどのような妨げとなるかについて，受講生の気づきを高めることが重要である。しかし，受講生が失敗しないように警戒し続けるべきだと教訓を与えることがPOTTの目的ではない。むしろPOTTの主な目標は，受講生が自分の中にある人間性や傷つき体験につながり，そこを源泉としてクライアントへの理解と思いやりを持てるように援助することである。ダリアは自分のサイン的テーマによって，家族やカップルの間で，より立場が弱いと自分が見なす人々とつながる傾向があることに敏感に気づくようになっていた。しかしダリアはまた，自分の恐れや葛藤，そしてそれらを人間関係の中でどのように扱うか（例えば，自

分の傷つきやすさを隠す，援助を求める立場になるよりむしろ他者を助ける）を理解することが，多くの人々の経験を理解するための英智につながることも学んだ。実際，ダリアは自身のプロセスを理解することにより，クライアントである妻と，彼女の経験に対して異なる見方ができるようになった。

　　しかし，二人の話をより注意深く聞いていくと，この結婚で妻も同じように傷つき，夫と同様に自分の伴侶からの愛とつながりを必要としていることが見えるようになりました。私は妻が自分と似ている人だと認識し始めたのです。援助が必要かもしれないけれど，それを求めることができない人。私の意見では，妻は自分を守ろうとする見せかけの強さの後ろに感情を隠しているようでした（私のサイン的テーマの一つとして，困難の中で自力で生き延びるために，私は助けを必要としない人間でいるべきだ，というものがありました）。妻が夫との関係に関して，ひそかに苦悩しているのではないかと気づくようになると，私は妻と個人的に似ているように感じ，つながりを感じ始めました。そこから私は夫婦両者に平等に気を配り，つながれるようバランスを取ることができたのです。

　ダリアはシムラボを通し，人を助けようとする自分の傾向が，クライアントとの間でこうありたいと思うようなやり取りにどのように影響するかを，実際の行動として経験することができた。

　　私は助け人として，本当にそうしてほしいかを尋ねもせずに，その人を助けなければと飛び込むところがありました。クライアントとのセッションで，私はこの無意識の力が，人々との関係性や相互のやり取りにいかに強く影響しているかに気づきました。セッションの冒頭で，クライアントが自分自身についてじっくり話せる時間を私は与えていませんでした。私は耳を傾けてもいませんでしたし，クライアントの問題をすぐに解決する

方法を見つけることに完全に気を取られていたことに気がつきました。その時私はイライラして気弱になりかけていて（私のサイン的テーマからいうと，私は，他者にとって助け人として「役に立っている」ときのみ，自分の存在価値を認めるからです），そして私の心の中では，クライアントを助けて自分が満足するには，すぐにでも答えを出さなくてはならないと思っていたのです。

学生にとってシムラボの経験の最大の利点は，そのセッションの進行中にインストラクターからフィードバックを受けられることである。これによって学生は，クライアントへのアプローチを変える機会が与えられる。学生がインストラクターから得たフィードバックをセッションの中に取り入れることで，クライアントと自分の関係を違う形で経験することができる。シムラボの間，私たちはダリアにほんの一瞬セラピールームから出るように伝え，私たちが観察したことを伝え，具体的な助言を伝えた。

アポンテ博士とアルバ先生からの助言を受け取った後，私はクライアントが自分たちの葛藤だけでなく強さも見いだし，一つひとつの過程をたどりながら自分たちで結論と答えに自然に行き着けるようにしました。その時私は，よりリラックスしてクライアントとつながっており，セッションはクライアントにとっても私自身にとっても，より実りあるものとなりました。私はまた，二人がより自律的にプロセスを進んでいけるよう任せると，二人の間の緊張が下がっていき，互いのつながりがより深まっていくのを感じることができました。

臨床においてサイン的テーマに取り組む：事例発表

シムラボの経験で，ダリアは，立場が弱く，力がないように見える人の方に肩入れして助けようとする傾向に，実践を通して気づくことができ

た。自分自身のプロセスについてここまで明らかにするに至ったことで，ダリアは実習先として配置された学校での臨床に，その傾向がまた影響していることが見えるようになった。

　　私はよく，自分が子どもたちとは深くつながれているのに，親や先生とは距離を感じることに気づきます。親や先生は，その子どもたちの問題に取り組んできて，私に子どもたちを紹介してくれた人々であるのですが。私は援助を必要としている人たちとつながり，その人たちより立場の上の人たちの気持ちをあまり考慮していないことに気がついています。（中略）私は自分が人を不平等に扱う人間であるとは決して思ったことがありません。しかし，この問題に正しく取り組まないと，クライアントにマイナスに影響するだろうと思っています。それは，私が関係性の中でのパワーを基準として一人ひとりに接し方を変えていると思うからです。これは私のサイン的テーマの興味深い表れ方の一つです。

　ダリアは事例発表で，ニック[注3]の事例を取り上げた。ニックは16歳の白人青年で，「怒りの問題」をなんとかしたいと自分でセラピーに来ていた。離婚，薬物依存，収監，里親家庭での生活開始，家族の死によって，ニックは養育的で頼りがいがあり，一貫して親役割を果たしてくれるような人を身近に持つことがないままこれまでの人生を送ってきた。その父親であるヘンリーは，数年の収監のためニックと離れていたが，今は父親がニックの世話をしていた。このセッションでニックは自分がギャングの一員であることを明かし，ダリアにギャングの多くの活動や犯罪について詳しく話した。ニックの混沌とした生活は，助け出したいというダリアの傾向と関心を目覚めさせた。

　　私は即座にニックの生活と話に引き込まれました。何故ならニックの育ちと家族の力動は私にはとても目新しかったからです。私はまた，ニック

の中に完璧なクライアントを見たのです．私が守り慈しむという……。
（中略）私はニックに対して，そしてニックが抱く感情に対してとても保
護的になっており，その両親に対して非常に批判的でした。私が初めてニ
ックの父親に会った時，私はすぐにでも攻撃できるような状態で，父親と
しての養育の仕方に対して極度に批判的でした。こんなふうに決めつけて
しまったので，どのような修羅場であっても，家族の中には愛情や情緒的
なつながりがあるのではと探ってみることが私にはできなくなっていまし
た。私はまた，ニックを強く守ろうという姿勢になっていました。今日に
至るまで，私のこういった養育的な姿勢のため，ニックのようなクライア
ントが，セラピーの際にしっかり取り組むべきこと，例えば怒り以外の感
情を表現するようにと，促すことができないでいるのです。

ダリアは，ニックに対してどう援助できるのかで苦労しており，そのた
めPOTTの事例発表でこのケースを取り上げたいと思ったのだった。ダ
リアは，ニックの怒りやギャングとの関わり以外の現実を理解していたに
もかかわらず，自分とニックの世界の間に大きな隔たりがあり，ニックの
経験とつながりがあるとは感じ難かった。

　私はニックといて，自分がどこにいるのかわからなくなることが時にあ
りました。なぜなら，ニックを助けることが自分には全くできないと感じ
るからです。（中略）私にとっての最大の困難は，ニックの生活に私が前
向きな影響を与えることができると，心の底から信じるのが難しいことで
した。（中略）私の意見ですが，ニックは頼れる大人をひとりも持たずに
成長していくことにおびえ，おじ気づいているようでした。父親はそこに
いますが，ニックにとって父親は，自分の人生を助けてくれる人ではあり
ません。ですからギャング活動に関わってその空しさを満たし，偽りの強
さや安心感を得ようとしているのです。（中略）ニックに対する私の主な
課題は，私たちの間で経験と育ちが極端に違っていると感じることにあり

ました。ギャングの世界や，暴力，収監のシステム，ストレスに満ちた生活は，私にとっては全く見知らぬものでした。そういった生活について知りたいという私の好奇心は，私たちの間で信頼できる支援的な関係を築く助けとなりました。しかし，私が思うに，その好奇心のために，私はニックの劇的なストーリーに目を奪われてしまい，根底にある問題，例えばニックが感じている恐れや不安定さ，見捨てられ感といったところにたどり着くことができなかったのです。

　発表の中で私たちに明らかになったことは，多くの文脈的な違い（ジェンダー，年齢，母国，社会経済的地位など）があるにもかかわらず，ニックの現在の状況とダリアの育ちの間には顕著な経験的共通点があることだった。二人とも頼れる親からのサポートや導きがないまま，無秩序で恐ろしい世界をどう進んでいくかを自分で考えださなければならなかった。二人とも，生き延びるために自分の傷つきやすい感情を抑圧し，基本的な情緒的欲求から自分を切り離す方法を築かなければならなかった。事例発表の間，私たちはダリアに，自分で認識している以上にニックとの間に共通点があることを指摘し，ひとりの人間としてニックと純粋なつながりを見いだせるのではないかと伝えた。私たちはダリアに，見捨てられるのではないかという自身の恐怖や，寄りかかれる親がいないことへの欲求不満とつながることを通してニックと情緒的レベルでつながれるよう導いた。そして自分の経験を用いてニックがどのように感じているのかを直観でとらえ，ニックの経験への理解を深め，彼に伝えてみるように勧めた。ダリアは自分の経験を用いてニックの経験とつながることによって，ニックに対する見方が劇的に変わり，それを事例発表の後のレポートで記述していた。

　　幼い頃から，私の両親の生活は混沌としていたので，私の子ども時代は恐怖と不安定さに満ちていました。私には誰も頼れる人がおらず，自分で

自分を守らなければならないと感じていました。それは本当に怖いことでした。ニックの両親もまた，混沌とした生活を送っており，児童相談所や刑務所との関わりや，薬物への依存，失業などをめぐる問題を抱えていました。ニックは誰も頼る人がいない状況に放り出され，自分を頼るしかなかったのです。そして生き延びるために眉間にしわを寄せ，強くなければならなかったのですが，まだほんの子どもで，自分一人でなんとかしなければならない責任の重さに恐怖を感じていました。ニックと私との間のこの類似点に気づいたことで，私は表面的な違いを超え，自分が子ども時代に経験した同じような情緒的経験に近づくことが今できています。それによって私は，ニックをより深く理解して援助ができるようになると思うのです。私はPOTTのセッションを受ける前は，外の世界からニックの人生をのぞき見て，その人生を学び理解しようとしていました。ニックを目の前にして，この人は一人のギャングで，家族のいない子どもで，売春婦の息子であるなどと観察しながら，これらの事実がニックを真に理解する壁となっていることに思い至らなかったのです。ニックも一人の苦しんでいる子どもなのだ，私が同じ年頃だった時とよく似ているのだと，理解することができなかったのです。

　ダリアはまた，自分の対処のメカニズムや保護的になる傾向が，ニックとのセラピーのプロセスにどのように影響するかについて，別の理解にたどり着いていた。

　今日に至るまで，私の中にある養育的な部分が影響して，ニックに対し，もっと深いところまで取り組むように促すことができませんでした。例えば，怒り以外の感情を表現してもらうこと，などです。私はニックが心を開いて，ギャングの暴力や他に関わっている活動で，心が最もかき乱されるような経験について話せるようにはしてきています。けれど私のセラピストとしての課題は，彼が自分のより深い部分にある不安定さや恐

怖，そして寂しさへとつながれるようにすることにあるのです。私自身は，自分の過去を思い出さないようにして，傷ついた出来事などなかったこととして忘れてしまうことで，情緒的に傷つきそうな場に対処してきています。しかし私はニックに対しても，自分の感情や苦しみを感じるように仕向けないことによって，自分を守るのと同様に彼を守っていたのです。私がニックを守っていたのは，私が彼の傷つきやすい弱い側面を見たくないからだと今は理解しています。私は自分が防衛機制の後ろに隠れて自分を守っていたために，ニックが本当に心を開くのを見る準備ができていなかったのです。だから私は，ニックがより深く傷つきやすいところに行き着くように促すことができなかったのです。

　POTT のトレーニングが目指しているのは，受講生が臨床の中で，目的を持って自分自身を用いることができるように援助することにより，受講生がより効果的にセラピーを行えるようにすることである。しかし，自分自身の経験にアクセスしやすくなるには，多大な努力と鍛錬が必要となる。その作業を経て，クライアントとのセラピーの中で，自分自身を用いることができるようになることは，受講生個人としての変化をも後押しするのである。この事例の最後の記述の中で，ダリアが自分の記憶の中から追いやっていた経験の重要な部分が，自分の物語の一部として戻り，しっかり語られるようになっていた。自分自身を探索し，承認する過程を通して，ダリアの感情と欲求が，その人生の物語の中にしかるべき場所を取り戻し始めた。

　私は小さい頃から，大人は誰も信じられないという感覚をもって育ってきました。幼い頃から，誰かに頼ったり，助けやサポートを求めたりすることがありませんでした。その結果，私は非常に不安定な子どもで，偏頭痛や抑圧された怒りや恐怖でいっぱいでした。ニックと私の恐れの表れ方は異なりますが，私たちの共通点に気づいたことで，私は彼をより身近に

感じ，彼をより良く助けられると感じています。私は子どもの頃に孤独を感じたときに，どう反応し，どんな不安を感じたかを覚えています。孤独というのは，誰も遊ぶ人がいないとか，親が物理的にそこにいないという意味ではなく，何か悪いことが起こっても自分で何とかしなければならないと感じる，そのような孤独です。なぜなら誰もが自分自身の問題や人間関係の修羅場にかかりきりになっていたからです。私にとって，学校は自分のコントロールが全くきかない環境だったため，登校したいと思わず，学校よりは少しだけコントロールできる家にいたいと思っていました。週に２～３回は奇跡的に偏頭痛がおこり，学校に行かなくて済んでいました。これはニックに数知れない怪我の過去があり，それによって長い期間学校（ギャング活動もそうだと私は思う）に行けなかったことと似ています。

　ダリアは，事例発表の後，クライアントであるニックとより良くつながりを持っただけでなく，彼に対して自分が役に立てる人間だという感覚を以前に増してはっきりと持てるようになっていた。そして自分自身の人生経験をいかに臨床に用いるかについても，より明確に理解するようになっていた。

　このプロセスは，私にとって非常に興味深いものでした。何故ならここにきてようやくPOTTの受講生である私たちが目指していることの根幹，つまり，クライアントとの間に必要なつながりについて，私は理解し始めたのだと思います。クライアントとの間で，私たちがそれぞれ持つ表層的な違いがあることによって，私たちの注意はいとも簡単に逸れてしまいます。これらの壁がひとたび乗り越えられると，たとえそのクライアントが私とは対極にあっても，おそらくどこかで私が経験したような恐怖や失望，不安を経験しているのだということを，今，私は理解し始めていると思います。この理解によって私は今，単なる情熱や親切心からでなく，私

自身の経験に根付いた強い気持ちをもって，クライアントを思いやること
ができるのです。

毎週の日誌

POTT のクラスでの毎週の日誌によって，学生は自分自身のプロセス
を定期的に振り返る機会を得る。この日誌によって POTT のプロセスは
継続的なものになり，学生は自分が発表者ではないときでも，クラスメー
トの旅路に立ち会うことで，自分の取り組みを続けることができる。学生
は，日誌を書くことによって，毎回の授業でクラスメートの話を聞いた
り，その臨床を見たりして学んだことのエッセンスを抽出することができ
る。例えばダリアは，あるクラスメートのサイン的テーマの発表を聞いた
とき，自分には辛い記憶をどこかに追いやってしまう傾向があることによ
り深く気づくことができた。ダリアの日誌の一つに次のような記述があ
る。

　私は［級友の名前］の発表によって，とても大きな影響を受けました。
私たちが自分の苦労や困難を振り返って深く検討し，それらをクライアン
トとつながり，援助するための道具として用いることの価値に気づかされ
たのです。私はいつも過去を忘れようとしていて，辛い記憶を再びたどっ
たことがありません。しかし，それらの記憶が助けになって，私はクライ
アントを援助するためのつながりを築き，クライアントへの理解を深めら
れるということを，以前に増して認識するようになっています。

学生にとってクラスメートがセラピスト役をするのを見ることも，
POTT での学びの経験となる。これによって学生は，自分とは対照的な
セラピーのアプローチや異なる介入方法を知ることになる。ダリアの場合
は，クラスメートの一人が自分とは全く異なるセラピーのアプローチを用

いているのを見て，「問題解決に飛び込む」方法を取らないことの価値を学んだ。そのクラスメートはシムラボで，ダリアと同じシムラボの事例にセラピストとして関わった。そのクラスメートのセッションでは，妻が出席できず，夫との個人セッションとなった。そのセッションについての印象を，ダリアは毎週の日誌で次のように述べている。

> 今日のシムラボで，［クラスメートの名前］がセラピーを行っているのを見て，私は非常に苛立ってきたことに気づきました。私はそのクライアントをすぐに解決に向かわせる意気込みだったので，［クラスメート］のアプローチを理解できませんでした。しかし，フィードバックのセッション後，私は［クラスメート］のやり方や姿勢によって，クライアントが［クラスメート］に心を開き，つながり，信用することができるようになったことに気がつきました。特にそのセッションで妻がいなかったことで，クライアントはただ吐き出すことができて助けになったと話していたのです。そのクライアントは，普段妻がいるときには話せないことを話す機会を得られたのでした。

POTTは，発表と模擬セッションという凝縮された経験と，その経験をレポートや日誌を通して常に振り返ることを組み合わせて歩んでいく，旅路のようなものである。経験と振り返りの組み合わせを通して，学生は自分自身の情緒面のプロセスと関係性のプロセスへの理解を深めることができる。学生は，経験とその振り返りという二重のプロセスを通して，自分の生きた経験の豊かさにアクセスし，クライアントの人間性とよりつながることができるようになる。この体験的，内省的なプロセスによって，学生らは面接室でクライアントのために，よりその場に存在することが可能になる。

脚 注

注1）名前や個人を特定できる他の情報は，この受講生が特定されないよう保護するために意図的に変更または曖昧にされている。

注2）事例発表は通常，模擬セラピーの前に行われる。しかし，このクラスでは，模擬セラピーが先に実施された。それにより，学生たちは，臨床実習先でのクライアントとの時間をより多く持つことができ，事例発表で話し合うことができた。

注3）クライアントとその家族の名前は，個人を保護するために変更してある。

参考文献

Aponte, H.J., Powell, F.D., Brooks, S., Watson, M.F., Litzke, C., Lawless, J. & Johnson, E. (2009). Training the person of the therapist in an academic setting. Journal of Marital and Family Therapy, 35, 381-394.

訳注：部屋のイメージ

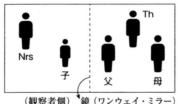

第6章

ファシリテーターについて

カーニ・キシル
（*Karni Kissil*）

　本章では，POTT モデルのファシリテーターに焦点をあて，実践について述べる。ファシリテーターがどのようなトレーニングを受けているか，基本的な必要条件や資格，受講生にとって POTT モデルを有効かつ安全なものとするためにファシリテーターが実践していることを具体的に説明する。

ファシリテーターのトレーニング

　POTT のファシリテーターになるためには，どのような専門分野であっても臨床を実践している必要がある。その分野での認定スーパーバイザーであることが望ましいが，何等かのスーパーバイザーとしての経験があること，あるいはスーパーバイザーになるトレーニングを受けていることが望ましい。POTT トレーニングプログラムはセラピーではないが，POTT のファシリテーターは受講生のトレーニングにおいて，自身の臨床スキルと経験を用いる。ファシリテーターは受講生が自らの核心的な情緒的課題を明らかにし，探索し，言語化することを援助するとともに，それらの課題が受講生の考え方や日常の行動にどのような影響を与えるかを認識できるように促し，そして最終的には，受講生たちがクライアントと

の関わりの中で，責任をもって自分自身の課題と取り組み，またそれを乗り越えられるよう支援する。そのためファシリテーターは，臨床的に関わるということに対して抵抗がなく，習熟している必要がある。POTTのファシリテーターはまた，受講生と十分につながって，彼らが自分自身の葛藤や痛みに気づくことができるようにするスキルを持たなければならず，同時に，受講生と自分との間に差異化を保ち，巻き込まれることなく，受講生が自分の傷つき体験を活用できるように促す必要がある。そして，受講生との集中したやり取りを保ちながら，同時に，そこにいる他の受講生にも気を配る必要がある。そうすることによって，発表している受講生も，そのやり取りを見ている他の受講生たちも，ファシリテーターには，そこに持ちこまれる経験のすべてを扱えるだけの力があると知って安心し，クラスの中で傷つきやすい自分を見せても大丈夫だと思えるようになる。

　さらに，POTTのファシリテーターは，POTTのトレーニングを直接自分自身で経験している必要がある。受講生を落ちついて援助し，彼らを安全に支える環境を提供するために，ファシリテーターはPOTTのトレーニングに参加することがどんな感じであるかを知り，自分自身の傷つきやすさや人間性を受け入れている必要がある。受講生が辿るべき段階を同じように辿ることで，ファシリテーターはトレーニングでの経験に一層共感しやすくなり，頼もしいロールモデルとなることができる。さらに，自分自身がトレーニングを経験することにより，トレーニングとセラピーとの間の微妙な境界線を進むPOTTのトレーニングへの理解がより深まる。トレーニングは時にセラピーのように感じられるが，POTTのファシリテーターは境界をどのように維持するかを学び，それによってセラピーにはならないようにする。クラス内で話し合うときも，発表するときも，レポートや日誌を書くときも，焦点は常に受講生自身が自分を**クライアントの利益のために**どのように用い，学んだことをいかに臨床に適用するかに置かれるのである。

第6章　ファシリテーターについて　149

ファシリテーターのトレーニングには次のようなステップが含まれる。

1. POTT トレーニングについての入手できる文献を読む：以下の論文が文献の一部である

・Aponte, H.J. (1994b). How personal can training get? *Journal of Marital and Family Therapy,* 20(1), 3-15.]

[POTTにおけるトレーニングとセラピーとを隔てる微妙な境界線に関する論文。POTTモデルがいかにして，トレーニングがセラピーになってしまわないように，専門家としての明確な境界線を維持しながら，かつトレーニングにおける臨床的な**質**を保っているのかが論じられている。]

・Aponte, H.L. & Carlsen, J.C. (2009). An instrument for the person-of-the-therapist supervision. *Journal of Marital and Family Therapy,* 35, 395-405.

[POTTの考え方を取り入れて事例発表をする際の具体的な方法について述べた論文。いくつかの事例を提示し，この方法をスーパービジョンでどのように用いるかについても論じられている。]

・Aponte, H. & Kissil, K. (2012). "If I can grapple with this I can truly be of use in the therapy room": Using the therapist's own emotional struggles to facilitate effective therapy. *Journal of Marital and Family Therapy.* DOI: 10.1111/jmft.12011.

[サイン的テーマの概念について論じ，トレーニングにおいて受講生と向き合い，受講生がサイン的テーマに気づき，受け入れ，臨床の中で効果的に用いられるよう導く方法について詳述している。]

・Aponte, H.J., Powell, F.D., Brooks, S., Watson, M.F., Litzke, C. Lawless, J. & Johnson, E. (2009). Training the person of the therapist in an academic setting. *Journal of Marital and Family Therapy,* 35, 381-394.

[POTTモデルについて説明し，マリッジ・ファミリーセラピー認定

修士プログラムでの初めての実践について述べている論文。]

・Lutz, L. & Irizarry, S.S. (2009). Reflections of two trainees: Person-of-the-therapist training for marriage and family therapists. *Journal of Marital and Family Therapy*, 35, 370-380.

　　[マリッジ・ファミリーセラピー修士プログラムでPOTT研修を受けた2人の研修生の体験を紹介する論文。]

　経験上の構成要素：ファシリテーターはPOTTのトレーニングを経験していることが求められる。理想的には，より経験豊かなPOTTファシリテーターに，自分のサイン的テーマの発表を少なくとも2回行い，自分が直接担当した臨床事例の発表を行う機会を3回経験することが望ましい。トレーニング中のファシリテーターにとって，少なくとももう一人の仲間とともにトレーニングを受け，その仲間の参加によってフィードバックやサポートを受けたり提供したりすることで，学生がグループで経験することを模擬的に体験することができるだろう。第2章で論じたように，グループでの経験により，その効力は飛躍的に増大することを私たちは経験している。グループ形式にすることにより，個々の受講生は，自分以外の受講生の人間性，つまりクライアントや自分と同じように誰もが人生において葛藤を抱えているのだと知ることができる。それによって，自分の欠点や傷つきやすさを隠してしまうような恥の感覚を取り除くことが可能になる。また，共感的な同僚からのサポートを得て，他の人たちが自分を見るのと同じように自分に目を向け，自身を観察する能力を高めることができる。グループ形式でトレーニングを受けたファシリテーターは，自分自身が濃密なプロセスを経験することによって，後に自分の受講生により深く共感することができる。また，それによってファシリテーターは，受講生が（発表者に共感する経験を通して）他の人の傷つきを理解し共感することについて学んだことを，クライアントとの間でも行えるように援助しやすくなる。トレーニング中のファシリテーターは，受講生が経験する

プロセスと同様に，発表している同僚に向けて，発表を聞きながら自分の経験がいかにその同僚の話と共鳴したかに触れながらフィードバックするよう指示を受ける。そこには，自身のサイン的テーマや人生経験，自分自身についての考えや気持ちが含まれる。このワークでは，安全で安心できる場を維持することが肝要であるが，そのためには，発表を聞いて共鳴したことをどのようにフィードバックするかが極めて重要であることを，私たちは経験を通して学んでいる。

2. サイン的テーマについて発表する：ファシリテーターは，自身のサイン的テーマについて深めるために，POTT のトレーニングで使われているのと同様の方法を用いる

　POTT のファシリテーターは，自分のサイン的テーマを発表することで，自分の経験から，サイン的テーマとはどのようなものなのかがわかるようになるだろう。サイン的テーマは，深く理解することが難しい概念であり，自分自身でそのテーマと格闘することで，それがどれほど心を揺さぶるものなのか，また，どのようにあらわれ，どのように変容するのかといった複雑さを理解する助けともなる。通常，ファシリテーターはサイン的テーマのレポートを自宅で準備し，POTT のトレーナーとトレーニング中である仲間のファシリテーターに事前に送っておく。このプロセスは第2章で詳述したように，受講生が経験するものと似たものである。

3. 臨床／スーパービジョン事例を発表する

　ファシリテーターは事例発表を3回行うのが理想的である。最初の事例発表は，トレーニング中のファシリテーターのビデオによる発表となるだろう。そこでは自分のサイン的テーマが，セラピーのプロセスの3つの局面——関係構築，アセスメント，介入——にどう影響しているかを見いだせるよう援助を受ける。2回目の事例発表は，ファシリテーターがどのようにして積極的に目的をもって自分自身をセラピーの場で用いるかに焦点

がおかれるだろう。3回目の発表はライブでのスーパービジョンを経験することであり，スーパーバイザーは，トレーニング中のファシリテーターがクライアント家族とのセラピーにおいて，積極的かつ目的をもって自身を用いられるように導く。トレーニング中のファシリテーターは，受講生が事例を書き上げるときと同じ方法を用いる。事例発表については，自分のクライアントに関する事例か，自分がスーパーバイズしているスーパーバイジーに関する事例かのどちらかを選ぶことができる。POTT のエッセンスであり，究極の目標は，受講生が自分のサイン的テーマと臨床との間のつながりを築き，前者を用いて後者を向上させることなので，事例発表のトレーニングは極めて重要である。このようなトレーニングを通して，ファシリテーターはサイン的テーマと臨床をどのように結びつけるか，また，自分自身について学んだことを用いて，どのようにクライアント，スーパーバイジー，学生たちとより良くつながり，アセスメントし，介入するかを経験とともに学ぶ。

　ファシリテーターは，トレーニングの後少なくとも1年間継続して，自分のサイン的テーマと，それが臨床にどのように表れているかについての理解を深め，そのエッセンスを抽出することが望ましい。その作業は，POTT モデルでトレーニングを受けた他の人に師事したり，POTT トレーニングプログラムのファシリテーターを実践することによって行うことができる。

共同ファシリテーターであることについて

　POTT モデルにおいて共同ファシリテーターとなるチームには，個人的なレベルと専門家としてのレベルの両方において効果的に協働できるよう，お互いに補い，調和していることが求められる。人としての経験は——情緒的，社会的，そしてスピリチュアルな面で——さまざまであり，ファシリテーターが受講生との出会いにおいて自分の幅広い人間的経験を

提供できることは，ファシリテーターの強みとなる。こういった個人的な経験の幅によって，ファシリテーターは人としての同一化や差異化の可能性を拡げることができ，セラピーが展開していくプロセスの中で，受講生の経験に共鳴を覚えるとともに客観的であるという，両方の能力が高められる。2人のファシリテーターの間に専門家としての多様な経験と臨床的アプローチがあることによって，受講生は，あるがままの自分に合致した視点から臨床発表をすることができる。このように，受講生はファシリテーターが好むセラピーの臨床的アプローチに同調する必要はなく，また，POTTのファシリテーターは受講生の側の個性化を促すことができる。

　POTTのファシリテーターにとって，お互いが**一致している**とは，2人が「同意」しているというよりは，むしろ「調和」していることを意味する。それはつまり，2人のファシリテーターの間に，人間的にも専門家としても，同一化と差異化の力動が起こるべきであることを意味している。ファシリテーターは，人としても専門家としても成長を続け，自分が持っている課題や傷つきやすさ，また人としての経験や専門家としての臨床的アプローチが，自分の中に自然に活かされるようにする。それによって，受講生との交流は豊かで開放的なものになる。「調和している」とは，それぞれのファシリテーターが，自分を知り，自分を受け入れ，もっと自由になって，人としても専門家としても自分らしく，臨床的な判断力を伴った自由さの中で，受講生と，そしてもう一人のファシリテーターと関わっていくという複雑な取り組みを互いにできることを意味する。

ファシリテーターの仕事

　本書のこのセクションでは，私たちPOTTのトレーニングのファシリテーターがどのように効果をあげるかについて述べる。トレーニングに関してよくある質問に回答することで，トレーニングのプロセスを細かく区切って説明する。

1. トレーニングを安全なものにするために，私たちはファシリテーターとしてどのようなことができますか？

　このトレーニングが情緒的に負荷となる性質を持つことを考え，私たちは安全で守られた環境を創ることを絶えず意識して行っています。そのために，場の構造とトレーニングのプロセスについてのガイドラインをしっかりと定め，守秘義務やフィードバックの提供に関する明確なルールをグループに設け，批判される心配がない受容的なトレーニング環境創りを促すようにしています。私たちは，受講生のグループと関係を築いていく中で，そのプロセスを絶えず明確に把握するようにしています。そのために，グループの一人ひとりに対し，それぞれにとっての安全な境界が守られるように見守り，あらかじめ示していたトレーニングのゴールを受講生らが達成できるように，積極的に，かつ目的をもって進めています。また，トレーニングのプロセス全体において，私たちが信頼のおける専門家であることを示すようにしています。それによって受講生は，私たちが与える課題の目的を理解し，その目的に向かって私たちが安全に導いていくことができるのだと信頼することができます。受講生はまた，公の場で自己開示と自己検証を行うことが，自分自身のより良い理解につながること，また，自分自身をすべての欠点を含めて活用しながら効果的なセラピーをする力を高めることにつながることを経験するのです。さらに受講生に対して，トレーニング全体を通し，自分が無理なく皆と共有できると感じられる範囲で発表するように指示し，その人生経験の詳細よりも，それらの経験への自分の反応が重視されていることを明示しています。POTTのトレーナーはまた，最初からPOTTがセラピーではないことを明確にしています。教室での話し合いや発表，レポートや日誌における焦点は，常にクライアントの利益のために自己をどのように用い，学んだことを臨床にどのように適用するかに置かれているのです。

2. 学生が安心して，また積極的に，心を開いて自分の弱さを出せるようになるにはどうしたらよいでしょうか？

　私たちはトレーニングの冒頭から，万人が共通して持つ人間性についての私たちの強い信念を表明しています。それは私たち誰もが欠点を持ち，葛藤しているということです。私たちの傷つきやすさや弱さはごく普通のことであり，正常であることを伝えます。そして欠点や弱さは，成長と変化のために必要な機会となり得るという，私たちが基本としている考え方を共有します。そしてそこから一歩前進し，これらの欠点や葛藤があるからこそ，私たちはより良いセラピストになれるのだと明確に伝えます。私たちの欠点が臨床において自分の資源になり得るのは，それらを通してクライアントとつながり，アセスメントを行い，より効果的に介入することができるからです。私たちはこの考えを学生との取り組みの最初から最後まで，明確に示します。そして学生が自身の弱さや欠点を共有してくれるときには，その葛藤は意味のあるものだということを確実に伝え，学生が本心では望まず，恥と感じている部分を，いかにして効果的な臨床へと方向づけられるかを理解できるよう援助します。

　私たちはトレーニング全体を通して，受講生が抵抗を感じない範囲で自由に自分の話を共有するように促しています。自分の人生経験を詳細に至るまで明かさなければならないわけではありません。なぜなら私たちは，人生の物語の細部ではなく，それらへの情緒的な反応に注目しているからです。トレーニングが進んでいくにつれて，学生は，私たちが自分やクラスメートに支持的に関わることを体験し，自分自身の経験を抵抗感なくより落ち着いて共有できるようになり，グループの中で自分の弱さを出しても大丈夫なのだと感じられるようになります。さらに学生は，自分の経験に同感できたという他の学生のフィードバックを聞くことで，自分を理解してもらい，一人でないと感じたとよく話してくれます。それによって「問題」を持っていても安心していられる度合いが増すことになるのです。

**3. 受講生が自分のサイン的テーマを明確にできるようにどのように援助します
か？　一つのレポートに基づいてサイン的テーマが何であるかがどのように
わかるのですか？**

　それは私たちが，クライアントが表出する課題の背後にある，核心的な
力動を見いだそうとする際，セラピーにおいて何を学ぶ必要があるかとい
うことと似ています。繰り返しになりますが，POTTのプロセスは，セ
ラピーでのプロセスのすべての要素に触れるものです。そのプロセスの要
素とは，信頼できる関係性を築き，鍵となる問題やその背後で働く中核的
な力動をアセスメントして理解し，最終的に人々が自分の人生へのコント
ロール感を取り戻すことによって，問題に人生を左右されなくなるよう援
助することです。私たちは，受講生に繰り返し現れる関係性のパターンに
おいて，その人の自由を阻害していると思われるものを探します。受講生
が他者と築く関係性と，受講生の個人的な歴史との間をつなげる物語に目
を向けます。受講生の人間関係を形作り，その原動力となっているような
強い傾向を探します。例えばある受講生は，その幼少時代が混沌としてい
たために，いつも状況をコントロールしていないといられず，人を全く必
要としていませんでした。結果として，その受講生は苦しいときにも決し
て誰かに援助を求めることなく，きわめて有能な専門家であるというイ
メージの背後で不安を抱え，誰も自分を愛していないと感じてしまっていま
した。

　私たちは受講生のサイン的テーマのレポートを読んで話し合うことによ
り，何がサイン的テーマでありうるかについての考えをより明確にしま
す。受講生の発表の間に，その受講生の個人史や，現在葛藤している具体
的な課題，そしてその課題を受講生がどのように経験しているのか，それ
が，生活のさまざまな場面にどのように表われているかを知り，一緒に話
し合い，筋の通ったストーリーを構築します。そして最も重要なのは，そ
れを一歩進めて臨床実践へとつなげていき，受講生自身の現在進行形の課
題が，クライアントと関係性を築き，クライアントの課題に取り組む上

第6章 ファシリテーターについて 157

で，どのように役立つかを理解できるよう支援することなのです。

4. もしも受講生が提示するサイン的テーマと，その受講生が持っていると私た ちが考えるサイン的テーマが異なる場合はどうなるでしょうか？

受講生が，核心となる課題を深く追求する準備ができていないようであることが時にあります。私たちは常に，受講生の経験がどのようなものであれ，普通に起こり得るものだと認めるようにしています。受講生が防衛的になり，閉じてしまうことがないようにと望んでいるからです。私たちが受講生にわかっていて欲しいのは，私たちとのやり取りの場で感じられることにはすべて意味があるということです。受講生と私たちの間で，肯定的なやり取りが相互にあると，受講生が自分を守ろうとする心の壁が低くなります。そして包み隠すことなく私たちとのやり取りに臨み，私たちからのフィードバックを受け止めようという意欲が高まるのです。

私たちが理解する受講生の課題と，受講生自身が課題だととらえていることが異なるようにみえるとき，私たちはまず，その2つを結びつける橋を探します。時には，同じテーマの異なる層を見ていることもあります（例えば，コントロールせずにはいられないことと，その根底にある見捨てられることへの恐怖）。私たちはまた，受講生が示したサイン的テーマが，私たちが考える核心的な課題へとつながっているかどうかについても検討します。受講生が自分の課題やその歴史について語ることを通して，核心となる課題につながる糸口を見つけ出せるようにするのです。

私たちは解釈を押し付けることは決してしません。核心となる原動力に近いだろうと私たちが信じるものに，どこかで触れる機会が他にもあるでしょう。私たちは，他の受講生の発表を通して，当の受講生にそうと意識させることなく，当人が課題に気づくようにすることもできるでしょう。他の受講生の発表は，発表者でない人にも共鳴するような形で，その当人の課題について話す機会を与えてくれるからです。結局のところ，私たちは一つの解釈を押し付けることは決してなく，その個人が行き着けるとこ

ろまで進むものだと考えています。しかし同時に，自己探索のプロセスが継続し，専門家のキャリアの最後まで続くことを願っているのです。

　重要なことは，受講生が自分のテーマに名前をつけることです。それぞれのテーマには複数の層があり，異なる局面があると私たちは理解しています。同じタイトルであっても受講生それぞれで異なり，その理解の仕方も，その受講生の歴史や経験によって独特なものとなります。自分のテーマを**自分のものとして責任を持ち**，それがどのように成り立ってきたかを説明する筋の通った話を見いだしたその時こそ，受講生がそれを受け入れ，自分の臨床に活用できるようになったということであり，それがこの過程の最終的な目標なのです。

5. 受講生の事例発表から何を見いだすのですか？

　私たちは受講生の個人的な課題や歴史，そして人生経験と，クライアント自身の課題，歴史，そして人生経験との間のつながりを見いだします。私たちは受講生が，自分とクライアントとの違いの中に隠れているかもしれないつながり，自分とクライアントとの関係性の隔たりに橋を架けてくれるようなつながりを，深く直観的に，自由に掘り下げていけるようにします。特に各受講生の個人的な人生経験が，クライアントと効果的に関わり，クライアントの課題を理解し，クライアントを支援する方法を見いだすのにどのように役立つかに焦点を当てます（クライアントが個人であれ，カップルであれ，家族であれ）。私たちがしばしば取り組まなければならない課題は，受講生の視点が，自分の課題がセラピーの妨げになるというものから，自分の課題をどうやって活用してセラピーをより良いものにするかというものへと変化するように促すことです。

6. 私たちは受講生にPOTTのクラスでは弱さを見せてよいのですよと言いながら，授業が終わったら，さっと切り替えるように言えるのでしょうか？

　私たちは，発表の進み具合を調整し，発表の終了までには受講生がその

回の発表で，願わくは何かを得て達成したと感じられるよう援助し，私たちがクライアントと行う作業と同じように学生と関わります（受講生にとってそれはもう一つの学習経験です）。発表の最後には，受講生が確実に自分のテーマをより良く理解し，臨床家としての専門的な成長を遂げるために，自分が取るべきステップの方向性がより明らかになるよう努めます。

　もしもある受講生が特に緊張感の高い発表を行ったと私たちが感じるときは，その日の終わりまでにその受講生に確認の連絡をしてサポートします。私たちは授業時間以外のいつでも，受講生がトレーニングの体験を整理して納得できるようサポートするということを，トレーニングの開始時から明確に伝えています。私たちは受講生に連絡先を知らせ，援助が必要であれば授業終了後でも連絡できると伝えています。

7. 危機的状況に陥ったり，情緒的に不安定になる受講生にはどのように対応しますか？

　6で説明したように，私たちはプログラムの期間中は常時，授業中はもちろんのこと，授業と授業の間にも受講生からの連絡を受けられるようにしています。それによって受講生は，自分の体験を整理したり，サポートが必要なときはいつでも連絡できるようになっています。受講生が危機的な状態であるとき，その危機を切り抜けられるよう私たちがサポートできるか，あるいは専門的な援助が必要なものであるかを見定める必要があります。後者の場合は，学外のセラピストにつなげることになるでしょう。

8. 受講生が発表の間に自分を閉ざしてしまったり，極度に防衛的になるときはどうしたらよいでしょうか？

　私たちは一歩引いて，受講生が感じている恐怖や心の壁とつながるようにします。それは私たちがクライアントとの間で用いるスキルとして受講生たちに教えるものと同じです。そして，受講生が自分を閉ざして自分を

守らなければならないことに共感できるように，私たち自身にも似た経験がないかを深く探ります。私たちは受講生に手を差し伸べ，感じている恐怖について共に話し，受講生とつながろうとします。壁を作らなければならないと感じることを自分自身で受け入れられるように援助し，その必要性がどこから来ているのかを理解しようと努めます。それはまた，受講生が自分のクライアントとの間で何を経験することになるかを学ぶ機会になるとともに，こうした状況を通してどのようにセラピーにおける信頼関係が深まり，クライアントがセラピストのことを問題を指摘する人としてではなく，自分の幸せを志向している人として見るようになるのかを学ぶ機会にもなります。

9. なぜファシリテーターは常に二人一組なのですか？　ファシリテーターは一人でできますか？

　ファシリテーターは通常二人で，男性と女性であることが理想です。私たちは受講生とのプロセスに，私たちの人としての自分自身を持ち寄ります。それぞれのジェンダーを持つ二人の人間として，人生へのより広い視点を提供するとともに，受講生が自分の課題と向き合って傷つきやすい状態になったときに，どの視点からサポートを得るか，選択できるようにしているのです。通常，二人のファシリテーターのうちその回の発表により適していると思われる方が，受講生を主導する役割を取ります。さらに，二人のファシリテーターの責任として，受講生に対する互いのプロセスを見守り，受講生のニーズの表れに沿って互いに修正や補完をし，サポートを提供します。セラピストにとってそうであるのと同様に，ファシリテーターにとっても，「自己」への取り組みは終わることのない継続的なプロセスです。トレーニングという文脈において，私たちが効果的であろうと努力する際に，それを支えるパートナーは重要な役割を担っているのです。

第6章　ファシリテーターについて　161

10. これはなぜセラピーではないのですか？　セラピーのようにも聞こえます。

　このトレーニングは，セラピーではありませんが，セラピーのような効果をもたらす可能性があります。専門家としての成長を促す過程で，個人としての成長を促すことができるのです。両者を分ける境界は，トレーニングの目標がどこにあるかによります。トレーニングの目標は，より良いセラピストになること，つまりクライアントと自分自身の人生経験がどれだけ異なっていても，クライアントとより臨床的につながり，理解し，クライアントの心に触れられるようになることにあります。受講生がその目標を達成できるよう私たちが用いるスキルや技能の多くは，私たちがセラピストとして用いるものと似ていたり，時にはまさにそのものであるかもしれません。結局，私たちが専門家として用いている臨床的ツールは，人と関わり，理解し，人に働きかけるために誰もが共通して用いているものと本質的には同じものなのです。

　トレーニングの結果，人として成長したという受講生は多いですが，トレーニングの焦点は常に，個人のための問題解決ではなく，より良いセラピストを養成することに置かれています。

11. 受講生が自分の欠点や傷つきやすさに対して，抵抗なく安定していられるようにするにはどうすればよいでしょうか？　「傷ついた癒し人」という概念を理解するのはたやすいですが，受講生がそれを実際に感じて受容するためには，どのような援助をすればよいでしょう？

　まず私たちは，私たちの持つ欠点や傷つきやすさは，人間としての存在を織りなす大切な要素であると示すことから始めます。傷を負った経験こそが他者への共感と愛情を招くものとなります。ファシリテーター自身がモデルとなってグループの中でサポートや励ましを与え合い，受け取り合うことで，受講生たち自身も，それを他者に提供できるようになるのです。

　受講生は，自分をより良く理解し，成長や変化の機会を得るためには，

自分自身が傷ついた体験とどう向き合い取り組むかが鍵となることを学びます。受講生がこの個人的体験によって，自分をより理解し，内面の葛藤にアクセスできるようになればなるほど，クライアントが何に苦しみ，何とともに生きているかを理解し，感じられるようになります。受講生は，自分の傷ついた経験を「受け入れる」にとどまらず，傷ついた経験が個人としてだけでなく専門家としての成長をも支えるものとして，「大切にしたい」と思うようになるでしょう。

12. 私たちは受講生にどの程度自己開示を促すのでしょうか？

　私たちは受講生に，皆と共有してもよいと思う範囲であれば，自分の個人的なことをどれだけ話してもよいと伝えます。私たちはまた，受講生に起こった出来事の具体的な詳細よりも，その人生における出来事にどう反応したかにより関心があるということも伝えています。受講生が自分自身について自発的に話す際，共有したいと思う度合いがどの程度であれ，私たちはそれを肯定的に捉え，私たちやクラスメートの前で自分自身を開示するその勇気に感謝を示します。トレーニングが進むにつれて，受講生は，自分を開示すればするほど，臨床において自己をどのように生かすかについて，私たちからより多くを学べることに気づくのです。なぜならば，臨床的プロセスのすべての局面において，活用できる自分自身の部分がより多くなるからです。また，クラスメートが自分の傷つきやすい部分を語るのを見るにつれて，ほとんどの受講生は自分自身について楽に語れるようになっていきます。そして心の壁を乗り越え，クラスの中で自分の弱さを出せるようになります。勇気を出して心の壁を乗り越えることが，専門家としての成長につながるのだと学ぶのです。

13. 私たちが教え諭していることを，私たち自身も実践しますか？　受講生に私たち自身のサイン的テーマや欠点，傷つきやすさを話しますか？

　はい，私たちは，目的をしっかりと持って，慎重に，そして簡潔に話し

ます。私たちは受講生が，自分自身の体験や，他の受講生から聞く体験に
よって，先に進むための橋を渡るのをサポートします。それだけでは不十
分である場合には，私たちは，人間として，また専門家としての私たちの
体験談を共有します。しかしそれは，受講生が橋を渡るのに充分だと思わ
れる程度にとどめます。なぜなら受講生が自分自身の旅路を通して学ぶこ
とから気をそらしてほしくはないからです。受講生が私たちの体験談によ
って自分自身の体験により良くつながることができ，かつ私たちが受講生
との間で維持すべき役割を離れない範囲で，私たちは自分の話を共有します。

14. トレーニングがセラピーになってしまわないように，受講生との間の明確な境界線をどのように維持しますか？

　私たちの目標は，受講生の個人的な課題を解決することではなく，受講
生が力のあるセラピストになるよう教えることにあると常に考えていま
す。私たちが注目しているのは，受講生が自分自身について学んだことを
どのように用いれば，クライアントへの援助になるか，という点なので
す。たとえ発表やシムラボの間に，受講生の個人的な課題に話が移ったと
しても，私たちは必ずその課題を受講生の臨床に結びつけます。トレーニ
ングの究極の目標は，受講生がクライアントとつながり，アセスメント
し，介入するために自己を効果的に用いることです。そのため，トレーニ
ングの間，臨床に関する題材を扱う時間の比重が非常に大きいことも重要
になるのです。それによって受講生は，自分自身について学んだことを自
分の臨床に活かすことを繰り返し考え，繰り返し実践していくという経験
を得ることができます。さらに私たちは，受講生がトレーニング終了後に
もスーパービジョンを求める重要性を強調しています。それは，自分自身
をセラピーに用いるスキルを持続的に向上させる助けとなるからです。

15. 受講生の発表のために私たちはどのような準備をしますか？

　発表者が記述したものを読み，発表の前に私たちは毎週ミーティングを

持って，受講生のサイン的テーマや臨床ケースについて話し合います。受講生の記述に注目し，その中にテーマを見いだし，それらのテーマにどのようにアプローチしたらよいかを考えます。また，その受講生の持つテーマや，受講生がその時点でトレーニングのどのような段階にあるかを考慮し，私たち二人のファシリテーターのどちらがその受講生との話し合いの主導役を務めるかを検討します。

16. 模擬セラピーのセッションのためにどのような準備をしますか？

　共同ファシリテーターは，受講生のサイン的テーマについて再度確認し，それが受講生の臨床でどのように表れる可能性があるかを再度考えます。模擬家族のセッションの前にミーティングを持ち，受講生が模擬セッションにおける家族との関わりから得られるものを最大限に生かすには何が必要だろうかと，私たちは前もって考えるようにします。また，私たちのうちのどちらがそのメッセージを伝えるのにより適しているか，どのように伝えたら最善であるかについても考えます。目的は，その家族との経験が受講生を導くものになることであり，それは，受講生が私たちから何か新しい知的な洞察を得ること以上のものです。POTT のクラスは，新しい洞察と新しい経験の両方を受講生にもたらすことで，「クラス」が伝統的な講義というよりも「トレーニングの場」となることを重要視します。

　POTT のクラスは，講義形式で始まりますが，時間とともに臨床のトレーニングへと発展します。受講生が習得すべきものとして私たちが目標としている臨床スキルがありますが，その基礎となる理論や哲学を受講生は学ぶ必要があります。しかし，クラスが進んでいくと，より体験的にそれらの臨床スキルを習得することができます。私たちは，受講生が臨床のプロセスにおいて自己を見つめること，そして臨床スキルを修得するための技術的トレーニングの過程で，自分自身を鍵となる中心的な道具として用いる経験を積むことができるようにとを望んでいます。

第7章

POTT をあなたの環境に取り入れるには：適用と修正

カーニ・キシル, ハリー・J・アポンテ
(*Karni Kissil and Harry J. Aponte*)

この本の中で，私たちはドレクセル大学のカップル・ファミリーセラピー修士課程に学ぶ学生へのトレーニングとして，POTT の実施方法を詳述してきた。しかし，ドレクセル大学のプログラムで行うようなやり方が，他の環境すべてで同じようにはできるわけではないことを私たちは知っている。そのため，この章では，環境や設備がさまざまに異なる中で，POTT をどのように適用できるのか，また，同じような環境が設定できない場合，ポイントとなる点は何か，といったテーマで詳しく述べてみたい。例えば，「シムラボを行わない場合，どうやって POTT を実施できるのか？」「クライアント役をする俳優をどうやってトレーニングするのか？」また，「POTT はピア・スーパービジョンのモデルとしても使えるのか？」のような質問に答えるため，この章では Q & A の形にしてまとめてみたいと思う。

1. 私たちの環境ではシムラボは行っていません。それでも POTT を導入できますか？

シムラボを使わずに POTT を取り入れるには，いくつかの方法が考えられます。1つめの方法は，普通の教室の中で俳優たちを活用することです。この場合，セラピスト役の学生を除いた学生たちを教室の後ろに座ら

せます。スーパーバイザーがセッションを止めると，スーパーバイザーと
セラピスト役の学生は教室から出て，クライアント役の俳優には聞こえな
いところまで行き，話し合いが終わったところで戻ってくる，といった形
をとります。この場合，俳優を雇うので予算が必要ですが，次に述べる2
つめの方法では，予算は必要ないでしょう。つまり，もし大学等の教育機
関にいるならば，追加の単位を必要としている学生をリクルートし，俳優
として参加してもらうことによって単位を提供するという方法です。ここ
で重要なのは，俳優であれ学生であれ，学期を通じて，または数週間続け
て，クライアント役として参加してもらうことが望ましいということで
す。それは，受講生にセラピーのプロセスがどのようなものか，また第1
回目から先のセッションがどのようなものかを捉えてもらうためです。3
つめの方法は，クラス内の学生にクライアント役を演じてもらうことで
す。この場合，セラピスト役の学生をスーパーバイズする際に，適宜，セ
ラピストの動きを止めながら，クラス内に留まる形で，セラピスト役の学
生に，そこまでのところでセラピーのプロセスにおいて何が起こっている
か，まず専門職としてのレベルで（その場で何が起こっているかを分析
し，適切な臨床的介入について述べること），次に人としてのレベルで
（起きていることに対する自分の反応やそれに関連した事柄を取り上げ，
その場において，「自分自身」を用いながらどのように関わり，理解し，
介入していくかについて，言語化すること），振り返ってもらいます。上
記のどの場合においても，セラピスト役の学生にはビデオカメラを持参さ
せ，セッションを記録させることにより，学生がセッションを見返し，振
り返ることができるようにします。

2. 俳優たちがセラピーにおけるクライアントを演じられるように，どのように準備してもらうのですか？

　これについては2つのやり方があります。俳優たちを雇って家族やカッ
プルを演じてもらう場合は，私たちが受講生に取り組んでもらいたいと思

うテーマに合うような背景のストーリーを考案します（例えば，不倫，ペアレンティングや依存症など）。そして，俳優たちに会い，背景となるストーリーを提供します。以下の事例1と事例2は，その具体例です。読んでいただくとわかるように，背景のストーリーは描かれていますが，進行するに従い，俳優たちには即興的に細部を満たしてもらうようになっています。例えば，登場するカップルがどういった仕事をしているかなどは決められていません。俳優たち自身で登場人物を作り上げてもらいます。また私たちはセラピーのプロセスも細かく決めません。俳優たちには，お互いに，またセラピスト役と一緒に登場人物を創り，その時々に互いの動きや反応を受けながら自然に演じてほしいからです。また受講生たちに対しては，現実の世界で出会うであろうタイプのクライアントと関わる本物に近い体験をしてほしいと思っています。俳優たちが役になりきり，自然に演じれば演じるほど，受講生たちはセラピストとしてより良く共鳴することができ，クライアント俳優たちが今，どのような状態であるのかを直観的に理解することができるようになります。そして，これがPOTTのトレーニングの主たる目的であるのです。以下に，私たちのクラスで俳優たちの準備として使用したスクリプトを例として2つ記します。ここでは，受講生自身が多様な人種や民族的背景を持っているため，その多様性を体験してもらうことを目的としています。

【事例1：白人の家族】

　　母親，父親，娘が最初のセッションに現れる。娘（17）は一人っ子で，この数カ月の間，問題行動を示している。授業をさぼり，成績は下がってきた。1年前まで，彼女はオールAの生徒であり，放課後活動にも熱心に関わってきた。両親は2回ほど娘が大麻を吸っているところを見つけたが，もっと使用しているのではないかと疑っている。両親はまた娘の新しい友達が彼女と余りにも長い時間を過ごしていることが気に入らない。娘はイライラしていて，ちょっとしたことで感情的になり，家にいるとき

は他人を寄せ付けないようにしている。彼女は両親に自分は大丈夫だから一人にしてほしいと言い続けるが，両親は何か問題を隠していると疑っている。両親はどちらも40代半ばで娘のことを大事に思っているが，自分たちの仕事に忙しく，夫婦仲はそれほどよくない。

【事例2：アフリカ系アメリカ人のカップル】
　夫と妻は40代後半で，中流階級，2人の子どもがいるがどちらもペンシルバニア大学の学生で，現在家を出ている。夫婦は共に教師であり，妻は中学，夫は高校の教師である。今年は子どもたちが家にいない初めての年である。妻は教職に忙しく，博士号を取るために講義を受けている。妻は夫にセラピーに一緒にくるようにとプレッシャーをかけているが，それは夫が飲酒の問題を抱えていると彼女は信じているためである。夫はそれを否定している。妻はまた夫が自分に対してあまり興味を示さないことが不満でもある。夫は妻が"口うるさい"ことに腹を立てている。

　セッションが終わったのち，セッションの中でのクライアントの関係性，アセスメントや介入などポイントごとにまとめられたガイドラインに基づき，俳優たちは学生へのフィードバックを提供するため，内々で話し合います。表7.1がそのガイドラインの内容となっています。
　私たちが学生にクライアントを演じてもらう場合は，違うアプローチを用います。家族でも夫婦でも，自分たちが演じたいと思う役割やその年齢を選んでもらます。また，セッションに持ってくる問題については事前に話し合わず，その場で各々が独自に自分の見方や感じ方を即興的に出し合うようにと伝えます。そうすることによっていやおうなく学生たちは，互いの感じ方によって関係性の力動が発生する場に投げ込まれます。重ねて言いますが，私たちが求めているのは，プロであれ学生ボランティアであれ，演じる者たちが実際に感じていることを演じることで，セラピスト役の学生が，その場で本当に経験していることに反応することなのです。

第7章　POTT をあなたの環境に取り入れるには：適用と修正　169

表7.1　俳優たちからセラピストへのフィードバックに関するガイドライン

「人としてのセラピスト」に関する質問	関係構築に関するフィードバック	アセスメントへのフィードバック	介入へのフィードバック	何か他に質問はありますか？
セラピストとのセッションで一番良かったと感じたところ	セラピストの関わり方で一番良かったと感じたところ	セラピストに「理解された」と一番感じたところ	セラピストとのセッションの中で一番助けになったと感じたこと	
セラピストとのセッションで一番難しく感じたところ	セラピストの関わり方で一番気になったところ	セラピストに「理解されていない」と一番感じたところ	セラピストとのセッションの中で一番助けにならなかったと感じたこと	

　このプロセスにおけるスーパービジョンでは，セラピストを演じる学生に対して，またそれを観察しているその他の学生に対して，異なる学習体験を提供することを目的としています。学生セラピストには，彼ら彼女らが，クライアントである疑似家族やカップルと関係を作り，アセスメントを行い，介入する中で，自分の内面で何が起こっているかに気づき，観察し，それに対応することができるように教えます。スーパーバイザーは，学生セラピストが，セラピーの方向性を決めるような重要な決断をすべきポイントに来たとき，全体の動きを止め，次の臨床的介入行為において，どのように自分自身を活かすことができるか，フィードバックやガイダンスを提供します。このようなスーパーバイザーとのトレーニングの最後に，俳優たちはセラピストとのやり取りにおいて自分たちがどのように感じたか，非公式なフィードバックを提供するようになっています。

3. POTT のトレーナー＊はクラスに２人ずつ配置する必要があるでしょうか？

　POTT モデルの理想的な展開のためには，トレーナーは２人，できれば

＊訳注：本書ではPOTT のファシリテーター，インストラクター，教員，講師とも表記されている。

男性と女性であることが望ましいです。6章で説明したように，私たちは
ファシリテーターとして，「人としての自分自身」を受講生との取り組み
に持ち込みます。受講生が自分の課題に直面して傷つきやすい状態にある
とき，異なるジェンダーを持つ2人がいることで，幅広い人生観やサポー
トを提供することができるからです。通常，受講生が行う発表内容に，よ
り適合すると思われる方のファシリテーターがリード役を引き受けます。
この組み合わせは，ジェンダーや人種や民族的背景，年齢などによって決
められるかもしれませんが，基本的に，その学生が安心して自分のストー
リーを共有できるであろうと思われる側がリードすることになります。2
人のファシリテーターが持つ責任とは，お互いと受講生との関わりをモニ
ターし，補い合いながら受講生をサポートし，必要に応じて互いを修正し
あう関係を持つことです。しかし，状況によっては，2人のファシリテー
ターを持つのは現実的ではないこともあるでしょう。その場合は，POTT
を経験した1人のファシリテーターがトレーニングを行うこともありま
す。POTTの体験がないファシリテーターに対しては，POTTのトレー
ニングを受けたスーパーバイザーからスーパービジョンを受けることを勧
めます。

　POTTのインストラクターとなるのに最も良い方法は，まずは受講生と
してPOTTを一通り経験することであり，それから，経験のあるPOTT
のインストラクターと共同トレーナーとなることです。POTTのトレー
ニングを提供する研修機関でトレーニングを修了した後，受講生だった者
が将来の共同トレーナーとなります。このように，最初は1人でクラスを
持っていたトレーナーは，すでにトレーニングを終えた以前の受講生の中
から共同トレーナーを募集することができます。ここで留意していただき
たいのは，共同トレーナーを選ぶ際に，二重関係を避けることです。例え
ば，教育機関などでトレーニングが提供される場合，新しい共同トレーナ
ーはすでにプログラムを修了した人間であることや，実際に受講生となる
人たちとは教育レベルが異なるよう配慮すること（例えば，修士課程の学

第7章　POTTをあなたの環境に取り入れるには：適用と修正　171

生が参加するPOTTトレーニングであれば，共同トレーナーは博士課程
の学生であること）などが勧められます。

4. 規模の大きい個人経営の心理診療所にいるのですが，POTTを職場のピア・
グループスーパービジョンに導入したいと思っています。どのようにやれば
よいですか？

　同僚によるグループの中で，個人の生活や体験を互いにシェアするよう
に促すことは勧められません。社会人として勤務する関係である場合は，
特にそうです。POTTのプロセスを導くリーダーは，臨床に関連した洞
察へと導くだけでなく，臨床のケースに関連した個人的なテーマを探索し
たり，話し合う際に，安心してそうできるような関係の境界線を保持でき
ることが求められます。スーパーバイザーはグループスーパービジョンに
おいて，専門職である参加者がそのサイン的テーマについて話す際，個人
的な歴史や出来事の詳細（例えば，「私は子どものころ身体的に虐待を受
けていた」）ではなく，一般的な表現（例えば，「私は葛藤を避ける傾向が
ある」）を使うように導くことができます。また，ディスカッションは取
り上げられている事例に関するものだけに限る，と確約することもできま
す。参加者は事例を提示し，クライアントとの関係構築や関わりに，自分
の個人的反応が影響を与えたのではないかと思うその時点で，自分がクラ
イアントやクライアントの課題にどのように個人的に反応していたか，ま
た感じていたかを話すことができます。スーパーバイザーは，臨床家が，
自分の反応がいつ，どのようにクライアントとの効果的な関わりを妨げた
かについて気がつくことができるように導くだけでなく，目の前のクライ
アントと彼らの課題に対して，目的をもって，能動的にセラピスト自身を
活用し，アセスメントを行い，介入できるよう支援します。また，スーパ
ーバイザーは，参加者が，日常のさまざまなレベルで共に仕事をする同僚
に対し，自分自身のことについて，どこまで，どのような内容を開示する
かを十分意識し，注意深くあるように促す責任があります。

5. 私たちの心理臨床センターでは，1カ月に1度，集中的なトレーニングやスーパービジョンをグループ形式で実施したいと思っています。POTT のモデルはこのような月1回の実施でも適用できるでしょうか。それとも毎週行うべきでしょうか？

いくつかの支部を持っているような心理臨床センターでは，月1回のペースでさまざまな場所からセラピストが集まり，合同トレーニングが行われています。このようなケースでは，これまで述べてきたモデルのいずれかを実施した後，1，2回かそれ以上のスーパービジョンを目的としたセッションを，スーパーバイジーであるセラピストに対して行うことができ，それはまた，観察している他のセラピストにとっても教育的機会となります。この時，セラピストのスーパーバイザーは同時に，観察者となっている大きなグループに対して講師の役割も果たすことになります。または，一人がスーパーバイザーとなり，もう一人が講師となることもできます。これは，心理臨床センターという施設内で行われるものであるため，実際の家族面接に対してライブ・スーパービジョンを行うこともできます。クライアントの家族やカップルにとってこれが「劇場」のような環境設定とならないよう，セッションはマジックミラー（two-way mirror）で仕切られた面接室や遠隔カメラ（CCTV）のある面接室などで行われる必要があり，クライアント家族やカップルの面接が実際に進行中である場合，スーパービジョンはできる限りセッションの流れを阻害しないように行われる必要があります。実際の家族のやり取りがトレーニングやスーパービジョン体験の対象である場合，倫理的に，クライアントのウェルビーイングが第一に配慮されなければなりません。

POTT のスーパービジョンが本来持っている性質から，スーパービジョンのグループはできる限り同じメンバーが毎回出席できるような安定した環境を維持することが勧められます。グループにはある一定の回数のスーパービジョン参加を求め，メンバーにとって安心できる場所を構築するように努めます。スーパービジョンを受ける個人が感じるであろう個人的

第7章　POTTをあなたの環境に取り入れるには：適用と修正　173

な緊張感や不安感への配慮をしながら，そこで共有された個人的な内容に
対して守秘の観点からグループ全体に目を配ることが求められます。

**6. 私はセラピスト個人とグループに向けてスーパービジョンを提供している個
人開業のスーパーバイザーです。POTTを私の個人及びグループスーパービ
ジョンに使えるでしょうか？**

　スーパービジョンを受けているセラピストが完全なPOTTのトレーニ
ングを経験していない状況では，POTTのトレーニングを受けているス
ーパーバイジーに対して実施するのと同じようには，POTTを基本とし
たスーパービジョンを行うことはできません。彼らは，どのような個人情
報をどこまで共有するかを慎重に見極めるように支えてもらいながら，サ
イン的テーマを見いだすよう導いてもらった経験がありません。どんな臨
床的アプローチを用いるにしろ，臨床におけるスキルを遂行する際，自分
の持っている個性や社会的背景，人生体験をどのように自ら決定して活か
すことができるかについてのしっかりとしたトレーニングも受けていませ
ん。結局のところ，スーパーバイザーとスーパーバイジーがPOTTモデ
ルによって完全に訓練されている場合のみ，スーパーバイザーはスーパー
バイジーがサイン的テーマとその臨床との関連性に対して取り組めるよ
う，それも持続的に取り組めるよう導くことが可能となります。POTT
モデルが含まれていないトレーニング場面でのスーパービジョンでは，そ
のセラピストの個人的な側面についてスーパーバイザーが扱うのは，目の
前に起こっている事例に直接関連しているように思われる場合のみになり
ます。スーパーバイジーのプライバシーは尊重され，守られなければなり
ません。完全な形のトレーニングモデルでは，自身の個人的側面を探索
し，理解を深めるために，安心して自分自身の弱さを出せる場所を構築す
るようになっています。そのことにより，受講生は臨床という場にありな
がら，自分自身を生かすという作業に習熟することが可能となります。
POTTにおける本来のスーパービジョンとは，特定のクライアントとの

関わり，その臨床関係という境界線で構築された場においてのみ，スーパーバイジーは自分について知り，自分自身へアクセスする方法を少しずつ深めていくことができる，そういう構造を備えているものなのです。

7. ドレクセル大学の POTT プログラムは1年の学期を通して週に2時間組まれています。私たちのところでは1学期のみ，週に3時間しか提供できません。これでも実施する意義はあるでしょうか？

　常に潜在的な意義はあると思いますが，トレーニングの目的や方法を今ある環境と使える資源に適合させる必要があります。以下に，POTT のモデルがどのように週3時間の16週である1学期の中で実施できるかを詳しく述べます。このモデルでは，完全な POTT のトレーニングを受けることのできる最大学生人数は9人（もし，週ごとの面接をもう一つ増やすことができるなら10人）となります。この状況では，学生たちは，以下のように授業を受けます。

・POTT の理念への導入——2週間
・サイン的テーマの発表——週3人の学生の発表を9週間
・事例発表とシムラボ体験——毎週1回の実施で9週間
・最終発表——最後の2週間に5回及び4回の発表を，それぞれ実施

　参加者が9名より少ない場合は，講師と受講者が残りの講義期間にどのように項目を配分するかをそれぞれ決めます（例えば，学生に2回目の事例発表や，2回目のサイン的テーマの発表を行ってもらう）。10人以上のグループでは，グループを2つのセクションに分けて行うことを勧めます。

　重要なことは，POTT に基づくセッションは受講生にとってもスーパーバイザーにとっても情緒的な作業を多く要求されるということです。受講生やスーパーバイザーにとって，毎週2時間のセッションを9カ月続けるトレーニングの方が，1学期（3カ月）間でトレーニングを修了するものよりも，学年暦のなかで気持ちや感情を整えていく余裕が持てます。そ

第7章　POTTをあなたの環境に取り入れるには：適用と修正　175

のため，後者の場合には，受講生もスーパーバイザーも積極的にセルフケアを行う必要があります。さらにスーパーバイザーはセッション以外の時間でも受講生がクラスに対する自分の反応を見ていく手助けができるように，時間を作る必要があります。

8. POTTのトレーニングから最大の利益を得るためには，どのような設備が必要でしょうか？

　POTTのモデルにおいて，セラピストは臨床における人としての次元と専門職としての次元の両方において「自分自身」を意識するように促されます。ですから，目の前で進行するセラピストとクライアントの関わりを観察し，記録できることが必要です。マジックミラーで仕切られた観察室や，遠隔カメラとビデオ録画の設備などはトレーニングを受けるグループやスーパービジョンを受ける個人にとって望ましい機材や設備だといえるでしょう。トレーナーもスーパーバイザーも，またセラピスト自身も，セラピストが実際に動いているところを見る必要があります。臨床家とクライアントの間には個人的な相互作用があまりに多く起こっているので，どんなセラピストでもスーパーバイザー／ファシリテーターでも，セラピストの記憶による自己報告だけに頼ることはできないのです。ビデオ録画されたセッションがあると，セラピストは自分自身の面接現場に戻り，セラピーのプロセス（その時，その特定の場面でのクライアントとの関わりにおいて，何を感じ，何を考え，何を行ったか）について，必要なだけ，何度でも，見直すことができます。トレーナーやスーパーバイザーにとっても，観察し，観察したものをはっきりと説明するためにこのような設備が必要です。人と人との関わりは複雑で，一方向からの報告はディスカッションのためには有意義でも，セラピストとクライアントの人間的関係性は多層的，多次元における力動の中にあるので，適切な評価や指針を示すには限界があります。セラピーのプロセスとは，人と人との単なる会話ではなく，人としての余すところのない体験そのものにあるといえます。そ

れは，臨床家としての目で専門職としての境界を維持しながら，人として
のハートが脈打つプロセスなのです。

第8章

さまざまなメンタルヘルス領域に通じる
POTTの基本理念

「あなた自身の臨床的判断を使いましょう」

ジョディ・ルッソン, レナータ・カルネーロ
(*Jody Russon and Renata Carneiro*)

　多くの臨床家は，初めて自分がクライアントに会った時のことを覚えている。私たちの多くは，初めての臨床面接において，不安や不確実さでいっぱいだった。難しい判断や複雑なケース分析，そして倫理的な問題をどう解決するかは，全く新しい専門的な責任に直面している初心者セラピストにとって，圧倒されてしまうようなことであった。さらに私たちは，臨床的判断が二者択一のプロセスになることはほとんどなく，非常に多くの実行可能な選択肢を分析する必要があることを，同時に学んでいた。臨床記録を精査し，インテーク用の質問票を再度見直し，そしてスーパービジョンの中でケース理解について再度話し合った後に，最後に残っているアドバイスは，結局のところ「あなたの臨床的判断を使いなさい」ということだと，私たちの多くは気づくのである。

　POTTの理念とモデルは，駆け出しの臨床家が最初の専門的な経験を始める際に，臨床的判断を築き始めるための枠組みとなる。このテキストで記したように，POTTは自己を知る，自己にアクセスする，そして自己を生かすことを通じた臨床的な成長を重視する。このような基本概念をもつPOTTは，MFT，専門的カウンセリング，心理学，ソーシャルワーク等のメンタルヘルス領域すべてに通じるものを有している可能性があ

る。メンタルヘルス専門職にとって，POTT は，臨床家の個人的な経験を，セラピーにおいて核となる資源として用いるための道筋を提供する。臨床家は，自分自身の個人的な人生の困難や個人的な関係性につながるほど，専門家としての実践における知恵や感受性，直観を，より豊かに深めることができるのである。自分の人生経験を良いことも悪いことも含めて積極的，意識的，意図的に活用することで，セラピストはクライアントの個人的な経験や治療関係の展開にうまく寄り添うことができ，また複雑な臨床的判断のプロセスの助けとなるのである。

POTT モデルは，セラピストのひとりの人間としての普遍的な姿と結びついているため，どんなメンタルヘルスの領域にも適用できるアプローチである。この章の具体的な目的は，以下の通りである。(1) POTT の基本理念によって定義された臨床的判断の重要性を理解すること。(2) 臨床的判断を発展させることへの POTT モデルの有用性を示すこと。(3) メンタルヘルスのさまざまな領域において，このモデルが臨床実践に求められる基準に見合うことを示すこと。

POTT の文脈における臨床的判断の定義

臨床的判断に関する見方は時代とともに発展してきたが，メンタルヘルスに関わるすべての職種において，多様な個人，家族，地域社会に回復への変化を起こすには，臨床的判断が欠かせない要素であるという考え方が推し進められている（AAMFT, 2005; APA, 2009; CACREP, 2009; COAMFTE, 2013; CSWE, 2008）。近年，臨床的判断は，「アセスメント，診断，問題の定義，ケース分析，見通し，介入などを行う際のセラピストの判断を学んでいくこと」と定義されている（Jankowski et al., 2012, p.17）。臨床的判断は，セラピーという文脈において，クライアントに会ったり，ケースについて分析したり，人間の本質とその多様性を経験することを通して，時間をかけて開発される能力であると，多くの人は信じて

第 8 章　さまざまなメンタルヘルス領域に通じる POTT の基本理念　179

いる（Ægisdóttir et al., 2006）。実際，経験豊富な臨床家は初心者のセラ
ピストよりも正確な診断と信頼できる臨床実践を行うことができることを
示した研究がいくつかある（Garb, 1989, 1994; Spengler et al., 2009）。
POTT ではこうしたことをふまえて，専門的な経験には個人的な人生経
験も含まれており，それらすべてが専門的判断に英知をもたらす可能性が
あると考える。

　臨床的判断の実践について定義するとき，POTT モデルは人間誰しも
が経験すること，特に人生の痛みを伴う経験の影響について強調している
（Aponte & Kissil, 2014）。したがって，POTT は，臨床家が自分自身を
"傷ついた癒し人" とみなすということを実践的に取り入れ（Nouwen,
1979），クライアントとの関係を構築し，アセスメントし，そして介入す
るために，この枠組みを用いる（Aponte, 1994; Aponte & Winter,
2013）。この枠組みがあることで，セラピストの中で自分を知ることと自
分を受容するという同時並行的なプロセスが促進され，クライアントはセ
ラピーにおいて言語レベルでも非言語のレベルでも，自分の感情的な傷つ
きやすさが可能性の入口となるということを受け入れ，自分自身の内面や
人間関係の奥深くまで到達し，新たな自己への深い理解と強さを得るよう
に促されるのである。

　私たち臨床家は皆，独自の人生経験を持っているため，クライアントと
どのようにつながり，アセスメントし，介入するかについて，それぞれに
独自の能力をもっているといえよう。POTT は，臨床家が自分自身の個
人的な葛藤（独自の体験であるけれども，人として普遍的なもの）につな
がることを通して，クライアントの人間性についての洞察に達するよう促
す。クライアントとの個人的な共鳴があるからこそ，クライアントとセラ
ピストの間の対人的交流と相互作用を活用して，セッションの中で話し合
われる内容に隠れている，言語化されない情報を直観的に知ることができ
るのである。セラピストがセッションのその場で，自分の内面に起きてい
る経験にアクセスできなければ，（1）クライアントの痛ましい経験を充分

に捉える能力（それは直観によって可能になる）や，（2）変化を可能にする信頼感や心の開放をもたらすような親密なつながりの中にクライアントとともに入っていく潜在的能力を持つことはできないだろう（Satir, 2013）。

トレーニングのためのメタファー

　POTT モデルは，臨床的な取り組みの土台として自己を生かす重要性を強調しており，臨床家がこのモデルを通じて臨床的判断力を養うことができるよう導いている。臨床家は，クライアントの情緒的な経験を理解するために，俳優のように自分自身の感情を用いている。例えば，女優が自分が演じる人物について学んでいるとき，自分自身の経験から，その人物をきわめて個人的な形で描き出す。これらの経験をもとに，彼女はその人物の経験を真に迫るものとして再現できる。舞台上の女優によって体現されるこの必然的なプロセスは，彼女が演じる人物に本物らしさをもたらすことにつながっている。女優は，自分とは全く異なるかもしれない他の誰かの経験を正確に描き出すために，彼女が演じる人物の情緒的な経験について積極的に問いかけ，自分の内面から理解する必要がある。そして，その人物の描写に身を浸すために，自分自身の感情の道具箱から必要な感情体験を引き出すのである。これは非常に重要である。なぜなら，たとえ女優と彼女が演じる人物とが，お互いに異なる背景や個人的経験を持っていたとしても，人生における課題や困難は人間の経験の普遍的な一部だからである。それらはどんなに違っていたとしても，お互いの間で共鳴するところが必ずある。この人間としての共通の核心的体験があってこそ，臨床家は，クライアントの個人的な葛藤について，深く真摯に共鳴することができるのである。

　女優というものは，積極的に自分自身を他人の立場におかなければならない。例えば，アルコール依存症の役を演じる必要があるのに，自分の人生で一度もアルコールを飲んだことがない場合，彼女はアルコール依存症

の人の経験に通じるような自分自身の経験を探し出す必要がある。例えば，人生の苦しさから逃げ出さずにはいられないほど絶望的な状況などである。彼女は，人生，人々，そしてそこに生まれる交流を彼女の演じる人物の立場から見ようとし，その人物がどんな経験をしているのかを問いかけ，彼女が自分の中にも見いだすことのできるものを使って，その人物の内なる力を理解しようとする。ここで彼女は，この人物と感情的に共鳴できる自分自身の人生経験を振り返り，それらとつながろうとするのである。さらに彼女はこれらの内的な動きを使って，彼女の演じる人物について問いかけ，筋書きに書いていない部分を埋めることができる。彼女は経験を積むにつれて，自分の内的な動きをどのように生かせるかを学ぶのである。それがどんなにささやかなものであっても強烈であっても，心地良いものであっても痛々しいものであっても。そしてそのうちに，女優は自分自身の人生経験を資源として，どんなに自分と異なるようにみえる登場人物の人生経験にも共鳴できる，独特の直観的能力を身につける。

　この女優の例のように，臨床家は積極的な傾聴により，またクライアントとつながりあうことを可能にするような自分自身の内的経験を見いだすことによって，クライアントの物語に身を浸さなければならない。そうすることで臨床家は，自分の内的経験を慎重に選びながら，アセスメントや介入に役立つ質問や言葉を引き出すことができる。臨床家は，過去の個人的経験だけでなく，クライアントとの交流の中で生まれる現在の個人的経験にアクセスすることによって，自分の心の動きを使い，クライアントにペースや波長を合わせることができる。臨床家は万人にとっての共通言語である感情を使って，クライアントとのつながりを開き，自分自身の人生経験を臨床のプロセスに生かすことを学ぶのである。

POTT を用いた臨床的判断力の育成

　POTT は，セラピストのトレーニングにおいて，臨床的判断力を育成

することと自分自身を活用することを統合するためのガイドラインになるものである。臨床面接の中でどのように自分自身を活用できるかを考えた場合，臨床的判断は，クライアントの体験についてセラピストがその都度人としての洞察を統合していく知的なプロセスであるといえる。そのことにより，臨床家はクライアントの内的プロセスにもっと波長を合わせることができる。クライアントの感情的プロセスにセラピストがどう内的に共鳴したかを取り入れた臨床的判断は，いつ介入するか，どんなペースで介入するかといったその状況にふさわしい判断を行うために役立つものとなる。セラピストは，臨床面接の場で自分の中に引き起こされた強烈な反応や感受性に圧倒されたり，またはそれをなかったことにするのではなく，自分自身の内的経験を建設的なツールとして積極的に活用する方法を知っておく必要がある。前述した女優の例のように，このスキルを磨くには，実践と教育が必要である。POTT モデルでは，臨床家の境遇や葛藤を，クライアントとのつながりを築くための資源であると考える。俳優が登場人物の中に自分を見いだすように，臨床家は「クライアントを自分自身の中に見いだす」のである（Aponte, 1994, p.4）。

実践と結びついた基準

　臨床的判断の実践は，多くの学術的・臨床的な場において，明確に定義されていない概念であった。臨床的判断をどのように教えるかは，教育に関する文献にも今のところ曖昧にしか示されておらず，研修生の臨床的判断力の向上に実用的に役に立つものにはなっていない（Ivey et al., 1999）。臨床家は，支持的な関わりと課題への取り組みを通してクライアントを成長へと導きながら，クライアントが表出した行動，情緒，認知を検討する責務がある。こうした臨床的技術は，自分自身を調整しながら，配慮をもって活用する必要がある。研究者らによれば，多くのガイドラインや手順が絶えず開発されているが，臨床家が臨床場面で得られた情報をどのように自分の中で処理するかについての直接的な指針はほとんどない

という（Ivey et al., 1999）。

　専門家は多くの場合，クライアントの行動，感情，思考のパターンを見いだすために，クライアントに自分を合わせていく。それに加えて，さまざまな分野における多くの臨床的アプローチでは，クライアントの文化的アイデンティティが重要なポイントの一つとして取り入れられてきた（Freshwater, 2003; Smith et al., 2006）。こうしたアプローチでは，環境的文脈や人間の多様性に対して感受性を高めることが重視されている。これらのアプローチは，人間は関係性の中で生きる存在であり，家族やコミュニティ，そしてより広範な環境的・社会的な力から影響を受けるという考えに基づいている。こうしたことをふまえて研究者らは，クライアントの対人的，社交的，社会的な文脈を理解できるよう専門職として成長するには，臨床的判断を育成することが一つの道になるとして，その重要性にますます注目するようになっている（Ivey et al., 1999; Jankowski et al., 2012）。

資格認定機関における位置づけ

　現在の教育現場では，臨床的判断は，臨床実践に実際に携わることによって身につくトレーニング要素の一つであると考えられているようである。つまり，受講生は臨床的判断の練習をする機会がほとんどないまま，クライアントと顔を合わせることになるということである。受講生のほとんどは，現場で最初に仕事を始める際，臨床的判断を行うことについてかなりの不安を経験する（Gelman, 2004）。受講生がクライアントと効果的に関わる力をより身につけるには，臨床的判断の向上について理解するためのしっかりした枠組みを示す必要がある。

　さまざまな認定機関では，セラピーにおける変化は，臨床家が行う介入によって生じると認識されている（APA, 2009; CACREP, 2009; COAM-FTE, 2013; CSWE, 2008）。つまり，臨床家は**変化の担い手**とみなされているのである。POTTモデルは，臨床的判断の向上に役に立つという点

で，さまざまなメンタルヘルス分野の養成基準に直接的に適用することができる。本書（第1章参照）で述べられているように，POTTモデルは，セラピーの中で行われる3つの構成要素（関係作り，アセスメント，介入）に関わるセルフワークの3領域（自分を知ること，自分にアクセスすること，自分を調整すること）に対応している。これらの概念により，臨床家は，クライアントの経験をより深く個人的に理解した上で，セラピーのプロセスの各部分を行うことができるのである。同様に，臨床に関連した認定基準はどれも，臨床についての準備，アセスメントと診断，介入といった実践領域における能力の向上に着目している。これらの認定基準においても，臨床的能力を向上させるには，それぞれの分野の実践に特徴的な臨床的判断をしっかり行う基礎的経験が必須であることが，より再確認されるようになっている。

POTTのプロセスの検証

　POTTでは，セラピスト自身の自己理解と変化のプロセスを通してクライアントを導くため，差異化と同一化を絶えず行き来することが重視される（Lutz & Irizarry, 2009）。臨床家はこのプロセスがあることによって，クライアントへのスタンスを，臨床上の必要性に応じて変化させることができる。臨床家がクライアントとともに力強い感情的な体験を創出することができるのもこのためであるが，このとき臨床家は，クライアントとともに今ここに完全に存在しながらも，同時にケースの複雑なプロセスについてより差異化した科学的な視点を持つという，二重の態度を維持している（Aponte & Kissil, 2014）。この二重の態度を保つには，臨床的判断力を高める必要がある。なぜならば，今ここに完全に存在している個人としての自分自身がクライアントの複雑な体験に共鳴しようとする一方で，専門家としての自分自身はこれらの情報を積極的な臨床的介入プランとして整理しなければならないからである。

　POTTモデルの核心は，クライアントの中心的課題と関連しているセ

第8章　さまざまなメンタルヘルス領域に通じる POTT の基本理念　185

ラピスト自身の内的テーマを理解することにある。このことは臨床家にとって，臨床的な仕事をしながら，内的な自分自身をより良く使いこなせるようになることにつながる（Aponte & Carlsen, 2009）。POTT は，教育機関と実践機関のどちらにおいても，セラピストのトレーニングのために導入できることが，これまでに示されている（Aponte et al, 2009; Aponte & Kissil, 2014）。これまでのところ，POTT モデルは MFT プログラムと個人の臨床実践に取り入れられている（Aponte et al., 2009）。これらの拠点では，臨床家が臨床の複雑さを見極めるための準備性を高める上で，POTT モデルが重要な役割を担っている。受講生は POTT モデルによって，自分の人間としての葛藤を受け入れ，そのことに積極的に取り組むことを学び，自分自身の内的課題が専門家としてのパフォーマンスに悪影響を及ぼさないよう縛られることからより自由になれるのである（Aponte & Carlsen, 2009）。臨床家にとって，自分の内的経験というプリズムは，クライアントの人生経験をとらえ，解釈するための内的媒体となる。そして，ケースフォーミュレーション，アセスメント，介入に役立つものとなる。駆け出しの臨床家たちは，これらの基本理念が有用であることを，一貫して報告している（Aponte et al., 2009; Niño et al., 2013）。

　臨床家は POTT を通して，クライアント特有の内的プロセスや社会的な文脈に柔軟に対応することを学ぶ。前述したように，セルフワーク（自分を知ること，自分にアクセスすること，自分を調整すること）に関する POTT モデルの基本理念は，機関が定める認定基準で示されているような，準備性，アセスメント，診断，介入といったあらゆる臨床実践の領域における臨床能力を高める。以下のセクションでは，（1）POTT におけるセルフワークの基本理念は，臨床実践の各領域にどのように対応するか，（2）こうした個々の臨床行為の構成要素は，POTT におけるセルフワークの基本理念によりどのように影響をうけるのか，（3）セルフワークの基本理念と個々の臨床行為との相互作用によって，臨床的判断の枠組みがどのように作り出されるのか，について扱う。

POTT の教育的構造におけるセクションごとの内的プロセスの例を示すために，POTT の受講生（著者の一人，ジョディ・ルッソン（JR））が書いた授業レポートの抜粋を示す。また，それについてハリー・アポンテが行った POTT のスーパービジョンの解説も示す。これらのエピソード（vignettes）は，事前準備が段階的に進んでいく構造の中で，臨床行為の構成要素とセルフワークの基本理念とが相互に作用しあう例を示しているが，POTT モデルにおいて，これらの相互作用が直線的な形で起こるわけではないということは強調しておきたい。臨床プロセス全体を通して，準備性，アセスメント，診断，介入技術を織り合わせることが必要であるように，POTT における臨床行為の要素とセルフワークの基本理念は，臨床面接の全体を通して重要になる。なお，準備，アセスメント，診断，介入における臨床的判断の向上に POTT を活用する方法にはいろいろなものがあり，このエピソードはそのうちのいくつかの例を示したに過ぎない。

臨床のための準備

　臨床的判断と準備についてどのように認識するかを考えた場合，大切なのは，臨床的な環境づくりの基本を理解することである。あらゆるセラピーおよび臨床アプローチに共通する基本的な要素として，セラピーにおける関係性の構築と維持が挙げられる（Lambert & Ogles, 2004; Sprenkle et al., 2009; Wampold, 2010）。臨床家は，しっかりした治療同盟を築き，成長と変化に向けて安定した土台を作るために，共感性をもって介入できるよう，関係性構築のためのツールを持つ必要がある。臨床家は，クライアントの現在の心配ごとや繊細さを理解するためのコミュニケーションを可能にする言語的，非言語的能力を持つ必要がある。POTT のトレーニングは，臨床家がクライアントとの共感的関係を築くために，自分自身の葛藤を視覚化することを可能にする。POTT モデルは，臨床家が自分自

第8章　さまざまなメンタルヘルス領域に通じる POTT の基本理念　187

身の内的経験（自分自身の歴史の中の経験や現在の臨床活動の中での経験）を使って，クライアントの経験にアクセスし理解するよう促し，そのことによって，臨床的判断力の向上をはかる。こうすることにより，臨床家がクライアントと関わりながら，人として本物の交流の場を創り出す可能性が広がる。臨床的な関係を維持するための基礎的な土台は，経験によってつながることを通して形成されるのである。

　初心者の臨床家は，セラピーにおける関係性の意味や，臨床面接において専門家としての自分自身と人としての自分自身をどのように両立するかについて，苦労するのではないだろうか（Aponte et al., 2009）。自分を知る，自分にアクセスする，自分を調整するという基本理念があることで，受講生は自分の役割を全人的で純粋なセラピストとしてのアイデンティティへと重ね合わせることができる。臨床家は，自分自身についてより広く知ることで，自分の世界観を形作っている経験を探索するようになり，自分にアクセスすることで，感情と人生観の両方に触れるようになり，自分を調整することで，そのすべてを考慮に入れて，自分が自身や他者とどのように関わるかを考えることができる――臨床家はこうして，専門家としての役割の中で，人としての自分自身を活性化することができるのである。

　このように，ひとりの人間として，また専門職としての準備の重要性が，領域を問わずさまざまな認定組織において強調されていることは，注目に値する。例えば，認定基準にジョイニングや臨床的ラポールを含めている団体もあれば，準備を行うこと，倫理性についての認識を高めること，社会的・法的責任について知ることをより重視している団体もある（APA, 2009; CACREP, 2009; COAMFTE, 2013; CSWE, 2008）。臨床における準備を扱っている認定基準の多くが，それが有効なケアへの土台となるには，専門性に合わせることが重要であると強調している。ここには，インテーク情報を個人とシステムの両方に関連づけて理解すること（COAMFTE, 2013），臨床家が担当するケースのために連携している他の

専門家の役割を認識すること（CACREP, 2009），臨床における理論的アプローチについて熟知すること（APA, 2009），セラピーにおける関係性を進展させること（CSWE, 2008）などが含まれる。

　臨床家は，自身について知るというPOTTの基本理念によって，自分についてより認識できるようになる。また，自己にアクセスすることによって，セッションにおけるセラピスト自身の実体験にその自己認識を結びつけることができる。そして，自分を調整することにより，セラピストは自分自身を専門的な資源として，セラピーにおける関係性を発展させることができ，また，セッションにおいて人としての自分と科学的な自分の両方が協調するように，臨床を実践することができる。セラピストはこうして，ひとりの人間としても専門職としても，セラピーにおける関係性においてより十分にクライアントに関わることができるようになる。組織的な認定基準では，臨床家は自分の中にある個人的な偏見に気づくことが求められているが，POTTはこれをさらに一歩進め，これらの偏見を単に排除するのではなく，セラピーのプロセスにおいてみずからの偏見を肯定的に活用しながら，クライアントの価値観や世界観について認識し，つながり，活用することができる臨床家を育成する。自分を知ること，自分にアクセスすること，自分を調整することは，臨床に取り組む際の指針として，適切な臨床的判断に必要な妥当性と正確さを身につける際の基盤となる。

〈受講生の事例：サイン的テーマ〉
　私（ジョディ・ルッソン）は，個人心理を中心とした臨床モデルとシステミックな臨床モデルの両方においてトレーニングを受けたセラピストである。以下で取り上げる事例は，私自身が4カ月にわたってハリー・アポンテとともにPOTTのトレーニングにどのように取り組んできたかを示すものである。以下は，私の最初のレポートであるサイン的テーマについてのレポート（第2章参照）からの抜粋である。**サイン的テーマ**に関する

第8章　さまざまなメンタルヘルス領域に通じる POTT の基本理念　189

最初のレポートは，私自身の葛藤を認識する第一歩となり，自身の葛藤を通じて，どのように他の人々の経験や捉え方を理解するに至ったかを示すものとなった。

　　私が自分らしくあることに葛藤を感じるのは，自分らしくしていると，他の人々は私を嫌いになってしまうのではないかと恐れているからなのです。拒絶されることへの恐怖は，いつも私の中心を揺さぶります。私は，拒絶されることに慣れていません。なぜなら，失敗したり，その場にふさわしくないにもかかわらず，感情的な反応をするなど，そういった人から疎まれるような緊張感のないことを，私は決してやらないからです。私は他人が望むように自分を形成することに慣れ過ぎていて，時々，自分がどう感じているかを理解するのが難しいと感じます。自分の選択，対人関係でのふるまい，そして湧き上がる感情などは，おそらく，私のサイン的テーマである「私は愛される価値のない，なにをやっても十分でない人間なのだ」に関連し，縛られているように思います。この同じ恐怖が，他人を喜ばせようとする動機にもなっているのです。

　　これまでの臨床の中で，自分のサイン的テーマが浮かび上がってきていることを実感しています。例えば，クライアントが良くなっていないときには，私は十分な援助ができていないのではないかと不安になります。また，クライアントが私に不満を持っていたり，介入に同意していなかったりすると，有能なセラピストとしての自分が揺らいでしまいます。さらに，セラピーにおける関係が深まるにつれて，クライアントの私への信頼を損なわせたくないために，クライアントにはっきりとものを言うことにますます不安を感じるようになります。また，クライアントがセラピーをやめてしまうのではないかと心配もします。

　POTT のスーパーバイザーのフィードバック（HA）：ジョディの発表から，自分のサイン的テーマが，個人的な関係においても，専門職としての関係

においても，また，自分自身との関係においても，どのように影響を与えているかを彼女が痛々しいほど意識しているのが伝わってきます。最初のレポートから，自分はクライアントが抱える問題の核心に真につながるための能力に欠けている，と感じているのが伝わってきます。セラピストとして，またひとりの人間として，他者から拒絶されることを恐れ，クライアントを喜ばせようとするあまり，自分自身の感情とのつながりを持てずに葛藤しているのです。私たちはジョディが自分のテーマをさらに深められるよう助けることから始めます。私たちはジョディに，なぜ拒絶されることをそんなに怖がるのか，話してもらいます。語ることを通して，彼女の中にあるさまざまな恐れの源に，触れてもらいたいのです。このように葛藤している自分自身に対し，共感力を育てながら，寄り添ってほしいのです。彼女の持っている拒絶されることへの恐れと，そこから生じる他者を喜ばせたい思いの背後にある物語を，彼女が理解し，言語化できるようになると，誰もが抱えているこのような人間的課題に対し，その難しさを理解し，一定の心理的距離を持つことができるようになります。彼女にとってこれは，自分には問題があるから他の人たちから孤立しているのだ，という見方から自身を解放していく第一歩となります。そして，自身の内的葛藤は，それについて得た深い洞察とともに，他の人々，特に自分のクライアントを理解し，共感を持って関わるために必要な架け橋になるのだ，と捉えられるようになるのです。

　ジョディが自分の持っている経験の深みに自分自身を開けば開くほど，クライアントの葛藤に自然に共鳴してより心地よさを感じるようになります。クライアントに対し自分自身を細やかに調整できるようになればなるほど，臨床的判断に必要な観察データが直観的に得られるのを感じるでしょう。クライアントが抱えている，人間であれば共通に持っている苦悩や葛藤に対し，ジョディの共感力が上がるにつれ，クライアントが求めていることに寄り添うためにはどのように関わればよいかを見極める能力も高くなるでしょう。そのようにして，ジョディは，傷つくのは恥ずかしい，

第8章　さまざまなメンタルヘルス領域に通じるPOTTの基本理念　191

傷つくのは怖い，といった人間的弱さゆえの感情に自分を閉じ込めてしまうのではなく，自身の人としての傷をどのように建設的に活かしていくかを学ぶのです。

アセスメントと診断

　アセスメントと診断の能力とは，クライアントがセラピーに持ち込む課題とその背景の複雑さを，臨床家が正確に同定できることである。すべての資格認定機関は，診断的評価と観察を通して臨床的アセスメントを行う適性を高めることに取り組んでいる。その教育的基準では，病因論，測定ツール，対人関係観察などの分野における知識とスキルを学生が身につけるよう求めることで，アセスメントと診断の能力の向上を促進しようとしている。ここには，関係性における行動様式のパターンを特定すること（COAMFTE, 2013），疾病と予防の概念を知ること（CACREP, 2009），目的を持ってアセスメントを行うことを通して診断をすること（APA, 2009），クライアント個人の強みと限界を意識すること（CSWE, 2008）などが含まれる。POTTトレーニングは，セラピストの自分自身への気づきを深めるだけでなく，セラピストが臨床の場で，内的に体験している自分の課題やテーマにアクセスできるようにし，そうすることで，目や耳を通してクライアントを理解する能力だけでなく，クライアントの葛藤に共鳴する自身の内的経験から直観的に得られる洞察を通して，クライアントを理解する能力を育てることを目的としている。このスキルが持つ有用性は，特にアセスメントの際に現れる。セラピスト自身の内面に起きる「人としての共鳴性」を一つのレンズのように用い，そこを通してクライアントの経験，思考プロセス，感情などを理解しようとするとき，貴重な見解を得ることができるのである。

　自分を知りアクセスする，そしてアセスメントする，これらの間の相互作用がよく理解できるようになると，臨床家は，セラピーにおける関わりを通して，同一化と差異化のプロセスをどのようにバランスを取って進め

ていくかを知るようになる（Aponte et al., 2009）。この2つの対立するプロセスを繰り返しながら，セラピストは，唯一無二である自分の人生の旅に根差しながらも，クライアントの体験と自分の体験の間にある人としての共通項につながるように努めるのである。前述したように，この選択的な同一化と差異化によって，臨床家はクライアントの問題に深く関わることができるようになり，同時に，ケースに対する臨床的な視点を保つために必要な距離を置くことができるようになる（Aponte & Kissil, 2014）。臨床的判断は，その定義上，臨床家の意思決定のプロセスに焦点があり（Jankowski et al., 2012），専門家は，クライアントから直接学んだ情報やクライアントについて直観的に得た情報を整理する能力を獲得していくことで，臨床的判断力を高めることができる。このきわめて人間的な関係性に根差した専門家としての自分自身は，結果として，より良いアセスメントや診断に必要なクライアントの問題の本質を見抜くための基盤を提供するのである。

〈受講生の事例：1回目の事例発表〉

　下記は，第1回目の**事例発表**からの抜粋で，臨床ケースに私のサイン的テーマがどのように表れているかを振り返ったものである。私がどのように同一化と差異化を用いながらケースに関する仮説を構築していったかを示している。ここで私は，クライアントの状況に関連して浮かび上がってくる私自身のサイン的テーマによってどのように私の感情が呼び起こされ，その感情にアクセスしたか，また，その結果として，どのようにケースに関する貴重な洞察を得るに至ったかを述べている。このプロセスは，クライアントの問題に対する私の臨床的判断の助けとなっている。

　16歳の少年Kは，最初，日常生活に支障をきたす不安を何とかしたいと，個人セラピーを受けていました。Kは何年もの間，不安を引き起こす状況を避けるというプロセスに取り組んでいました。私が彼の父親と短く

第 8 章　さまざまなメンタルヘルス領域に通じる POTT の基本理念　193

電話で話した時，Kには不登校の時期があったということを教えてくれました。Kのセラピーにおける目標は，定期的に学校に通い，充実した学校生活を送るために，不安を克服することでした。彼は 11 年生（訳注：日本の高校 2 年生にあたる）で，1 年後に予定通り卒業することを希望していました。K は，不安を覚えたり怖いと感じたときに，父親と話す必要があったと感じたと述べましたが，一方で，もっと自立し，学校生活や友人との交流を十分楽しみたいと望んでいました。K は，心配のあまり，学校での活動を控えていたと報告しました。特に，クラスメートの前で「笑いものになる」ことや「友人を失う」こと，また「バカなことを言う」ことを恐れていました。

　K の不安と回避の経験は，私自身の特に若い頃と重なっていました。友人を失うことを恐れている K の話を聞いて，私が他人から拒絶されることを深く恐れていたことを思い出しました。野球をしようと思っても，あまりに緊張してグラウンドに出ていくことができず，ロッカールームに一人でずっと座っていたという K の話を聞いて，ふと，自分の中にも同じように，いつも他人から高く評価されたい気持ちがあり，そのことがどれだけ自分自身を動けなくしていたかを思い出したのです。彼は私と同じように，他人からどう見られているかについて，容赦なく自分で自分を追い込んでいるようでした。彼が学校で “変人” とからかわれていたと聞いて，悲しくなりました。彼はまた私と同様に，何としても良い成績を取るために頑張る方でした。このことからもまた，私の中にある，頑張りすぎるサイクルについて考えさせられました。私は，自分は無価値ではなく愛される価値のある人間なのだと，自分にも他人にも示すために，時折オーバーワークになっていました。評価されるために頑張らなければいけない，これが K にとって，力を得るためにアクセスできる唯一のポイントだったのです。

　最初のセッションの後，私は，大体いつも自分自身について「大丈夫ではない」と感じている K の経験に，共感できることに気づきました。彼

の家庭は感情的に混沌としていて，父親との関係も親密ではありますが，非常に葛藤があることがわかりました。Kの父親は一人親で，息子との生活費のために，ハイペースで仕事をしていました。Kの母親は，Kが4歳の時に家を出て行っています。彼女はKやKの父親と連絡を取り続けることはありませんでした。Kの父親は，我々の1回目のセッションには参加しておらず，Kは父親は「忙し過ぎる」と自分は思っていると言いました。Kの説明によると，父親はいつも仕事に追われていて，疲れきっているようで，Kの情緒的な支えにはなり得なかったようでした。いろいろな意味で，Kは家庭内でのストレスや感情的混乱の中であっても，自分の気持ちや感情に自分で折り合いをつけることを求められていたように感じました。

　私はKに対して興味深い反応をしました。私は誰かに対して自分があまりにもすぐに感情移入しているように感じると，プロフェッショナルでいなければ，と一歩引く傾向があります。なぜなら，私という個人が，専門家としての責任を果たすことを妨げてしまうのではないかと恐れているからです。そして私は，Kも，セッションの中で自分の感情とともにとどまることができなかったのではないかと気がつきました。それは私がそのためのスペースを作らなかったからかもしれません。彼は私を，援助者や指導してくれるコーチのような人間とは認識していたかもしれませんが，自分の感情を受けとめられるような場所を提供してくれるセラピストとしては見ていなかったでしょう。私自身が，自分に対してそのような場所を提供できているかどうか，自信がないときがあります。私の自分自身との関係は，養育的な癒し人でなく，指導するコーチのようですが，でも私は，育てて癒すようなセラピストになりたいのです。

POTTスーパーバイザーのフィードバック（HA）：ジョディは，自身の葛藤を，自分の臨床的表現・臨床的判断を発展させるツールとして，どのように活用できるかを探求しています。事例発表の間，私たちはジョディ

に，コーチでいることと，この臨床例の中で癒しのセラピストになりたいと願うこととの間の葛藤について，尋ねました。その目的は，彼女が自分の直感を黙らせ，信頼しようとしなかった経験（その結果，臨床的判断を用いることが制限された）について探ることでした。ジョディは，自分が麻痺して〈動けない・何も感じられない〉ようだと言いました。彼女が不安に覆われているのを感じながら，私たちはジョディが"麻痺している"瞬間の感情に触れられるように，共にゆっくり進みました。彼女に，"説明する"よりもむしろ，"感じて"ほしかったのです。そして，しばしの沈黙の後，私たちはジョディに，こう言いました。今，あなたは自身が感じている不安感に触れることができたのだから，今度はKとK自身が感じている不安について考えてみてください，と。ここで私たちは，まずジョディが自身の中で，自分自身（の感情と経験）を用いてつながるように促しました。それによって，クライアントとのつながりを確立することができるからです。実際，彼女はそうすることができたのですが，しかし，Kの不安感に直接アプローチすることに関しては，そんなことをすればクライアントとしての彼を失ってしまう，と躊躇していました。彼の経験と感情的につながることができていても，何か間違ったことを言ったり，彼を追い詰めたりすることを恐れていました。最終的には，クライアントとしての彼を失うようなことになれば，自分がセラピストとしては不合格なのではないか，という常にある不安が，ついに確信にかわってしまうことを恐れていたのです。

　全体的にみれば，この事例発表でジョディは，彼女のサイン的テーマがKとの関係の中でどのように顕在化するかを説明していました。自分の葛藤についてはっきりと述べることができ，どのようにそれが自身の臨床的判断を曇らせ，自分自身を信用できなくしてしまい，クライアントと真のつながりを構築できなかったかについて，述べることができたのです。私たちは彼女に，自分がKに対して感じている共感にとどまるように言いました。そして，もし自分が，自分の恐怖感について話すクライアントの

立場だったら，セラピストがどのようであったら，安心して話せるかを考えてみるように促しました。ちょうど，その場で私たちと話し合っている中で，どのようなことが助けになっているかについても考えてほしいと言いました。こうして，彼女の葛藤は，自身の臨床の妨げとなるものではなく，自身のクライアントと自分を結びつける要となっていったのです。

介入

POTTの基本理念の一つである「自己を調整すること」が持つ目的は，臨床家がセラピー上の課題をめぐってクライアントと関わる際に，自分の中のどの部分を映し出したり，強調したり，抑えたりするかを学ぶことにある（Aponte et al., 2009）。自己開示とは異なり，自分を調整することにおいては，臨床家が個人的な内容を明らかにすることを期待はしていない。その代わりに，自己を調整するというこのセルフワークの本質は，介入効果を高めるために，クライアントは治療的プロセスのどのあたりにいるのかを見極めながら，セラピストが人としての適切な立場を取るよう促すことにある。例えば，このケースの中で私（JR）は，Kが感じているクラスメートから拒絶されるかもしれないという恐れについて，まず，私自身が持っているクライアントからの個人的な拒絶への恐れに意識的にアクセスし，Kに私の理解や共感を伝えようとするかもしれない。Kの恐れを直接的に扱う代わりに，自身の内側から湧きおこる感情を意識しながら，次のように話すかもしれない。このような恐れを抱えている人が，自分を馬鹿にしたり拒絶したりするかもしれない人たちと関わるよう強いられるとすれば，それはどんなにか大きなストレスと感じられるだろうか，と。自分を調整することは，自分を知り，自分にアクセスすることを土台として可能となるが，そこには，臨床的判断を積極的に用いて，どのように介入を行うかを見極めることが含まれている。

資格認定機関は，セラピーのメカニズム，ケースマネージメント，計画，予防のためのテクニック等を通して，効果的な介入を遂行することに

第8章　さまざまなメンタルヘルス領域に通じる POTT の基本理念　197

重点を置いている。（認定機関が定める）教育基準では，クライアントの行動，感情，思考プロセスとクライアントの関係性において良い変化をもたらすことのできる介入方法を創り出し，同時に評価していくことを推進している。これには，クライアント特有のニーズや価値観に合った戦略を用いること（COAMFTE, 2013），クライアントが地域のリソースにアクセスできるようにすること（CACREP, 2009），十分な情報に基づいたケアでクライアントにアプローチするためにコンサルテーションやスーパービジョンを受けること（APA, 2009），必要な状況下では，交渉役，仲介役，クライアントの支持者になること（CSWE, 2008），が含まれている。歴史的にみると，理論的アプローチの違いはあっても，臨床家としてのトレーニングの基準として，個人的な課題がセラピーの効果を妨げないように，まず自己を認識することが肝要とされてきた（例えば，逆転移の扱い（Freud, 1910），原家族からの分化（Kerr & Bowen, 1988））。しかし，ほとんどのアプローチは，人間的弱さを含めた臨床家自身のすべてが，クライアントに対してもっと共感的に，深い洞察力とともに，さらに効果的なセラピーを提供できる**積極的な**手段として活かすことができる，そのための具体的な方法があることを臨床家たちに教えてはいない。そして，まさにこれが POTT モデルの核心にある基本理念なのである。

〈受講生の事例：2回目の事例発表〉

　以下は私の2回目の事例発表のレポートであり，ここには1回目の発表で受けたフィードバックと，クライアント（K）に対するフォローアップ面接の抜粋が含まれている。私は，過去の人間関係に対する自身の認識をふまえて，どのように，どういった介入を選択したかについて，説明している。私は，このクライアントに対して，どのように自分自身を用いてもっと効果的な臨床的戦略を実行できるか，その点について以前より理解を深めている。全体として，私はスーパーバイザーのサポートを得ながら，自分の葛藤がどのように臨床家としての直観的な声を育てるためのツール

となるのかについて，ここで模索している。

　Kは，最小限のことしか話さず，よく考えてから話す傾向があります。最近のセッションで，彼は自分を受け入れてくれないかもしれないと恐れている世界に，なんとか自分を合わせようともがいているように見えました。この気づきに促され，私は，私から見える彼の状況を伝えることにしました。「あなたは"もし，こうなったらどうしよう"という世界に住んでいますね」。この介入は，私自身が家族や自分自身に何か悪いことが起こるのではないかといつも心配していた経験から来ていました。

　Kは，自分が現実と目標の間で身動きが取れなくなっているという難しい状況に対し，耐えられるほど強いとは思っていない自分がどこかにあると思っていました。私は，Kの経験と自分の経験したことは，同じものであり，また異なるものであると感じました。私は人と関わることを恐れてはいません。私の恐れは人に自分の弱さを見せたくないと思うことから来ています。私はこれまでの人生で挫折を経験してきましたし，失敗するかもしれないと感じて不安に圧倒されやすい傾向があります。ですので，私自身は，Kがそういった恐れを感じる場所から抜け出してくれることを望んでいました。

　私は，これまで失敗を恐れてやってみようとしなかったKの歴史について，質問を続けたかったけれど，彼が圧倒されているのを感じ，私は今，ここで起きていることに焦点を当てることにしました。私はよく，クライアントに直面したい気持ちと，支援的な同盟関係を築こうとする気持ちの間で葛藤が起こります。この時は何か，私はもっと率直に彼に話す必要を感じました，特に彼の回避傾向に関して。それで私は直接彼に聞いたのです。「あなたは今，気持ちが一杯になっていませんか？」このような積極性は当初，自分らしくないように感じましたが，しかし，その時の彼とのつながりの強さもあり，私の言葉はKにとって，より安全な場所を提供したように見えました。私はその瞬間，私は私らしくそこに存在し，

第8章　さまざまなメンタルヘルス領域に通じる POTT の基本理念　199

また，彼とともにそこに留まっていました。彼が話そうとしていることに
私が耳を傾けていることも，それを私がとても大事なことだと受け取って
いることも，彼は知っていると感じました。私は自分の直観的判断を信頼
していましたし，彼は，それに前向きに応えてくれました。具体的に言え
ば，Kはその時，深い深呼吸をし，目に涙を浮かべながら，こう言ったの
です。自分はいつもこんな風に感じていて，どうやったらやめられるのか
わからない，と。彼は，気持ちが圧倒されるように一杯になってしまうと
どのように感じるのかを，一生懸命話そうとしており，私は耳を傾けまし
た。彼は言いました。「胸が締め付けられ，息ができなくなるように感じ
る……そして，助けを求められるような人なんか誰もいない……自分は独
りぼっちだ，と感じるんだ」。これは私にとって新しい情報でした。これ
まで私たちのセッション中，彼が黙ったままでいるとき，何がKの中で
起こっていたかを私は初めて知ったのです。これにより，Kが経験してい
ることに関して，まったく新しい認識を得るに至り，私はこのような彼の
苦悩の中において，彼とつながり，関わっていこうと思えるようになった
のです。

　POTT スーパーバイザーのフィードバック（HA）：発表の中のいくつかの
ポイントで，私たちはジョディが，Kとつながるために，自分自身の体験
を選択する際，自分の臨床的判断を用いることを恐れていなかったことに
注目した。私たちは，ジョディが自分の介入に対するKの反応を探索す
るのを支えた。その時目指していたのは，この探索のプロセスをジョディ
が十分行えるよう，ゆっくりと進めることだった。そこで私たちは，彼女
が自分の体験を振り返り，つながりながら，Kへの介入について考えるよ
うにと励ましたり，彼女がKとのセラピーにおいて行いたいと思ってい
ることを共に練習したりした。
　その後ジョディは，自分自身の課題とつながることができ，それを用い
てクライアントに対する理解を深めることができたので，彼が安心して自

分の感情を探ることができるような場所をセラピーにおいて提供できた，と報告した。二人の関係におけるその場の現実に応じて，彼女は率直にクライアントと向き合う勇気を持てるようになった。彼女は，Ｋとのつながりについての自分の気持ちに十分に自信を持ち，どのように，いつ介入するかについて臨床的判断をすることができるようになった。彼女が介入する際，自分が（セラピーのプロセスにおいて）彼とどのあたりにいるのか，また，彼はどう感じているか，を感じとることができた。全体として，そのとき彼女は，自分自身への気づきとアクセスによって，臨床的判断で介入のタイミングを決めることができるようになったといえる。ここで彼女は，自分にとって本来自然ではなかった，クライアントへの「積極的」な態度をとることができるようになったのだ。

ま と め

　POTT は，人間が生まれながらにもっている弱さや傷を通して，人がつながり合うことを可能とするような人間の普遍的な経験を，臨床において活かすものである。本章で述べた概念は，“癒し人”である臨床家たちが分野を超えて，自分自身の価値ある人としての経験を用いて，クライアントとつながり，共に取り組むための基礎を提供している。セラピスト自身の人間的経験と，セッションの中で起こるひとりの人間としての反応は，その時，その場におけるクライアントに対するより良い臨床的判断を下すうえで貴重な材料を提供する。どのような環境であれ，私たちが専門職としての役割の中で，どのように，ひとりの人間としての自分にアクセスし，自分を活用するかを知っているならば，人間としての私たちが，どれだけ重要な存在であるか，ということを POTT はあらためて思い出させてくれる。人間の弱さや傷ついた体験を認め，受け入れることが，癒しと成長の道を開くという，私たちがクライアントに理解してもらいたいことの本質を，セラピスト養成モデルとしての POTT の基本理念は，まさ

第8章　さまざまなメンタルヘルス領域に通じる POTT の基本理念　201

に体現しているといえよう。

参考文献

Ægisdóttir, S., White, M.J., Spengler, P.M., Maugherman, A.S., Anderson, L.A., Cook, R.S., et al. (2006). The meta-analysis of clinical judgment project: Fifty-six years of accumulated research on clinical versus statistical prediction. Counseling Psychologist, 34(3), 341–382.

AAMFT (American Association for Marriage and Family Therapy). (2005). Accreditation standards: Graduate & post-graduate marriage and family therapy training programs. Alexandria, VA: Author.

APA (American Psychological Association). (2009). Guidelines and principles for accreditation of programs in professional psychology. Washington, DC: Author.

Aponte, H.J. (1994). How personal can training get? Journal of Marital and Family Therapy, 20(1), 3–15.

Aponte, H.J. & Carlsen, C.J. (2009). An instrument for person-of-the-therapist supervision. Journal of Marital and Family Therapy, 35, 395–405.

Aponte, H.J. & Winter, J.E. (2013). The person and practice of the therapist: Treatment and training. In M. Baldwin (Ed.), The use of self in therapy (3rd ed., pp. 141–165). New York: Routledge.

Aponte, H.J. & Kissil, K. (2014). "If I can grapple with this I can truly be of use in the therapy room": Using the therapist's own emotional struggles to facilitate effective therapy. Journal of Marital and Family Therapy, 40(2), 152–164.

Aponte, H.J., Powell, F.D., Brooks, S., Watson, M.F., Litzke, C., Lawless, J. & Johnson, E. (2009). Training the person of the therapist in an academic setting. Journal of Marital and Family Therapy, 35, 381–394.

CACREP (Council for Accreditation of Counseling and Related Educational Programs). (2009). 2009 standards. Alexandria, VA: Author.

COAMFTE (Commission on Accreditation for Marriage and Family Therapy Education). (2013). Accreditation manual: Policies and procedures. Alexandria, VA: Author.

CSWE (Counsel on Social Work Education). (2008). Educational policy and accreditation standards. Alexandria, VA: Author.

Freshwater, D. (2003). Researching mental health: Pathology in a postmodern world. Nursing Times Research, 8(3), 161–172.

Freud, S. (1910). Future prospects of psychoanalytic therapy. In J. Strachey (Ed.), The standard ed. of the complete works of Sigmund Freud. (pp. 139–151). London: Hogarth Press.

Garb, H.N. (1989). Clinical judgment, clinical training, and professional experience. Psychological Bulletin, 105(3), 387–396.

Garb, H.N. (1994). Social and clinical judgment: Fraught with error? American Psychologist, 49(8), 758–759.

Gelman, C.R. (2004). Anxiety experienced by foundation-year MSW students entering field placement: Implications for admissions curriculum, and field education. Journal of Social Work Education, 40, 39–54.

Ivey, D.C., Scheel, M.J. & Jankowski, P.J. (1999). A contextual perspective of clinical judgment in couples and family therapy: Is the bridge too far? Journal of Family Therapy, 21(4), 339–359.

Jankowski, P.J., Ivey, D.C. & Vaughn, M.J. (2012). Re-visioning a model of clinical judgment for systemic practitioners. Journal of Systemic Therapies, 31(3), 17–35.

Kerr, M. & Bowen, M. (1988). Family evaluation: An approach based on Bowen theory. New York: WW. Norton.

Lambert, M.J. & Ogles, B.M. (2004). The efficacy and effectiveness of psychotherapy. In M.J. Lambert (Ed.) Bergin and Garfield's handbook of psychotherapy and behavior change (5th ed., pp. 139–193). New York: John Wiley and Sons.

Lutz, L. & Irizarry, S.S. (2009). Reflections of two trainees: Person of the therapist training for marriage and family therapists. Journal of Marital and Family Therapy, 35, 370–380.

Niño, A., Kissil, K. & Apolinar Claudio, F. (2013). Perceived professional gains of master level students following a person of the therapist training program: A retrospective content analysis. Journal of Marital and Family Therapy. Published online October 26. doi: 10.1111/jmft.12051

Nouwen, H.J.M. (1979). The wounded healer. New York: Image.

Satir, V. (2013). The therapist story. In M. Baldwin (Ed.), The use of self in therapy (3rd ed., pp. 19–27). New York: Routledge.

Smith, T.B., Constantine, M.G., Dunn, T.W., Dinehart, J.M. & Montoya, J.A. (2006). Multicultural education in the mental health professions: A meta-analytic review. Journal of Counseling Psychology, 53(1), 132–145.

Spengler, P.M., White, M.J., Ægisdóttir, S., Maugherman, A.S., Anderson, L.A., Cook, R.S... Rush, J.D. (2009). The meta-analysis of clinical judgment project: Effects of experience on judgment accuracy. The Counseling Psychologist, 37(3), 350–399.

Sprenkle, D.H., Davis, S.D. & Lebow, J.L. (2009). Common factors in couple and family therapy. New York: Guilford.

Wampold, B.E. (2010). The research evidence for common factors models: A historically situated perspective. In B.L. Duncan, S.D. Miller, B.E. Wampold, & M.A. Hubble(Eds.), The heart and soul of change: Delivering what works in therapy (2nd ed., pp. 49-81). Washinton, DC: American Psychological Association.

第9章

POTT モデルのスーパービジョン

ハリー・J・アポンテ
(*Harry J. Aponte*)

　POTT の枠組みを用いたスーパービジョンが，自分自身を活用するセラピストのための POTT 養成モデルに沿って行われるのであれば，そこには自然とセラピスト自身がクライアントとの間で体験する感情や反応，そして自分の人生体験について話すことが含まれる。POTT の本格的トレーニングを受けていないセラピストは，短縮した導入トレーニングを受けることができるが，この短縮版では（最初の数章で述べたような）本格的トレーニングの核となる構造を取り入れており，唯一の例外はグループ形式でなく，スーパーバイザーとスーパーバイジーの二者間で行われる点である。まず，セラピストは自分のサイン的テーマ，つまりセラピスト自身が葛藤していること，あるいは人生における主だった個人的な課題，その背景にある歴史，そしてセラピーの中でどのようにそれが問題となり，または資源となるか，についての発表原稿を書く。スーパーバイザーは，スーパーバイジーがサイン的テーマとそのルーツ，およびサイン的テーマがセラピーを実施する際にもたらしうる影響について，少しずつ深めていけるよう支援する。それがどこから来ているかについて考えを深めていけるように助け，可能であればセラピーを行う際，そのテーマがどんな影響を与えているかを考えられる機会を提供する。その次の回では，セラピストは前回のミーティングから得た洞察を統合して作成したレポートを持参

し，さらに考察を進める。3回目の導入ミーティングではスーパーバイジーは事例を書き上げるが，その中で自分の課題がクライアントとのつながり方や，アセスメントや介入を行う上で与えた影響について述べる。また，セラピーの中で自分の人生体験を（特にサイン的テーマに焦点を置き）どのように活用できるかを，深く，詳細に探索し，どのように自身のセラピーの効果性を高めることにつながるかについて考察する。スーパービジョンは常にケースを中心に行われ，セラピストの個人的な課題に注意が向けられるのは，主としてそれが実際の臨床内容に関連しているときである。

　スーパーバイザーの仕事は，クライアントとのセラピーを通した関係性において，スーパーバイジー自身の自己への気づきを豊かにし，それを意識的に，目的をもって，セラピーのプロセスに活用できるよう支援することである。これは臨床で扱われている内容との関連において，直接的に行うことができる。しかし，注意しなければならないのは，これらの同じ個人的課題が，スーパーバイジーとの専門職同士の関係においても表出するかもしれない点である。スーパーバイザーはこのような，スーパーバイザー／バイジー関係と，スーパーバイジー／クライアント関係という，同時発生的変化と成長の力動関係（isomorphic dynamics）とともにあるといえよう。最終的な目的は，セラピストがセラピーのプロセスに対して理解を深め，情緒を深め，効果の高いセラピーを行えるよう，自分自身を活用する自由と能力を獲得できるように手助けすることである。このようなこと自体がセラピーのようにも聞こえるかもしれない。実際，セラピーそのもののように見えることもあり，セラピーの効果と同じものをもたらすかもしれない。しかし，POTTの枠組みの中でのスーパービジョンは常に，直接的に，まずクライアントとの関わりを良くしていくことを目指している。

事例と POTT モデル

　以下はセラピスト，ここではマーサと呼ぶことにするが，大学院で POTT のトレーニングを受けた彼女とのスーパービジョンのプロセスを示した例である。マーサは自分の臨床に関して直接スーパービジョンを受け，次のように自分のサイン的テーマについて明確に述べている。

　　私のサイン的テーマは「私にはどんな価値があるのだろう？」という問いを中心として顕れています。自分は価値ある人間でなく，愛されるに値しないのではないかと恐れて，私は過剰に人の世話をしようとします（他人から価値ある人，評価できる人と思われたくて）。周囲から必要とされたい，価値ある人間だと思ってもらいたい，と望むのですが，そういった要求が満たされないことに私はだんだん憤りを感じ始め，ついにはその関係性から身を引いてしまうのです。自分から関係性を放棄してしまった，という罪悪感がまず，私がその時に感じる感情なのですが，その下には，自分の価値を感じさせてくれるはずの人を失うのではないか，という恐れの感情があるのです。この罪悪感と恐れに動かされて，私はまた他人に対して過剰に世話を焼いてしまうのです。

　彼女は自分のサイン的テーマと臨床とを次のように関連づけている。

　　私には自己犠牲的な傾向があり，他人の問題ある関係性や交流を修復したり調整するのが自分の仕事なのだ，と思っていることから，クライアントとのやり取りにも非常に気をつけていて，心地よく，価値ある交流でないといけない，と強く言い聞かせています。そのため，私はクライアントが不安になったり，クライアントに嫌がられたり，嫌われてしまわないような話題を選んだり，考えさせるような沈黙をクライアントとの間にもつ

ことを避けているかもしれません。また，私の自己犠牲的傾向が，容易に燃えつきにつながってしまうのではないかと心配しています。実際，私はすでに，健康的に感じられる以上に，自分の時間と感情をクライアントに注ぎ始めているように思います。私はまた，自分のことを他の人が心の内を打ち明けてくれるような特別な人のように感じることで，自分の自己価値を高め，臨床上の結びつきに過度に依存してしまうのではないかと心配しています。

　マーサのもつ自己尊重感の低さと承認欲求のため，彼女はクライアントに対して背伸びをし，クライアントのもつ問題を解決したりやり取りをコントロールしなければ，というプレッシャーを常に感じていた。私はそれを「きちんとやらねばならない」症候群と呼んでいた。その一方で，彼女はクライアントの拒絶を恐れ，困難な課題についてクライアントと向き合うのを避けていた。結果を出さなければと焦る中，マーサはよくクライアントとのセラピー関係において自分自身とクライアントの感情をなかったことにした。スーパーバイザーとして，私は彼女を聡明で才能のある，そして大変思いやりがあり繊細な女性だと捉えていた。スーパーバイザーとしての私の課題は，私たちの関係においてマーサがもっと忍耐強く，理解力を持って，自分自身の葛藤を受け入れられるような環境を用意することだった。このような自己受容は，彼女自身の人間的傷つき体験を通してクライアントへの真の共感を育て，彼女自身がクライアントとともに**とどまり**，変化への行程を**共**に進んでいくことを可能にするだろうと思っている。次にあげるのは，私がスーパービジョンを通してどのようにマーサという人間に出会ったかという一例である。

　私たちのセッションを準備するため，マーサは事例についていつものように書き上げたものを提出した。以下，彼女が用意したものを抜粋して提示する。

第9章 POTTモデルのスーパービジョン　209

POTTにおけるスーパービジョンの課題：事例提示

1. a. クライアントがセラピーに助けを求めた主訴について，セラピストも同意したものを述べてください。

　　サラは22歳の女性で，以前滞在していたシェルターで威嚇行為を行ったということで，精神科に強制入院させられそうになり，セラピーへやってきた。彼女は自分の怒りの感情，うつ，そして不安症を軽減したかった。そうすれば彼女はシェルターへ戻ることができ，言葉の暴力をふるう薬物中毒の母親と一緒に住まなくて済むうえ，自分の娘のためにもっと良い人生を送るため，教育を受け，仕事に就くことを目指すことができる。

b. 自分自身のサイン的テーマとの関連を含め，この事例の中で自分にとって個人的な意味を感じるものがあれば，すべて述べてください。

　　サラは多くの喪失を抱え，葛藤している。小さい時から親役割を担い，親の世話をしてきた子どもだったが，とても孤独で，自分に対して精神的にも身体的にも虐待傾向にあった母親に怒りを感じている。

2. このスーパービジョンで特に話し合いたいと思う事柄／懸念／質問について，またそれがどのように個人的にあなたに影響を与えているかを述べてください。

　　私は，サラやほかの何人かのクライアントと，とても良い関係を持っているが（そのうちのひとりには親しすぎる関係ではないかと時々心配になる），こういったクライアントたちと私は，接する機会を減らすようにした。サラに対しても，彼女が実際とても治療経過がよいので，隔週のセラピーへと頻度を減らしたのだが，どこかで私はこのことに対して罪悪感を感じている。毎週から隔週になったセラピーの頻度に対し，サラもなにか不信感をもっているように感じた。

3. この事例に関して，あなたの臨床上のアプローチと介入について，特に，今日のスーパービジョンで話し合いたいと思う点に関して，説明してください。

　私は彼女に対して，トラウマの焦点化と感情を焦点化したセラピーを取り入れている。初期の頃は，彼女の怒りの感情と，自分の家族や恋愛関係の中で経験したトラウマとの間に関連があることを見つけ，その怒りに対して理解と共感を育てること，また，信頼と誠実さを私たちの関係にしっかり築くことに重点を置いていた。

4. どのようにセラピーの中で自分自身を使い，介入を行いますか？　詳しく述べてくだい。

　私にとって，彼女が感じていることや，時として私との間で何をしてほしいかを，直観的に知ることはたやすいことだった。私たちが築いた信頼関係は高いレベルであったし，それは彼女のために役立ってきたと信じている。また，彼女に成功してほしいという心からの私の望みと，自分はそれができるという彼女の信念は，変化を起こす主要な要因のひとつとなってきた。セラピーの中で私が言った言葉がその通りだと彼女が感じたとき，彼女は泣き出し，感情を表してくれた（彼女は言葉が見つからずに苦労していたが，その通りだというようにうなずいてくれた）。

5. 現在のところでの，あなた自身のサイン的テーマの理解について述べてください。

　私にとって，多くの場合，人が自分の問題にちゃんと対処し，私との関係をうまく調整できると信じることは難しい。その結果，私は相手の責任まで自分が背負いすぎてしまい，それが原因で怒りを内にためてしまい，相手から距離を置こうとしてしまう。そうやって冷たくしてしまったという罪悪感で，また過度に人の面倒を見てしまうという悪循環へ陥る。

スーパービジョンの間，マーサはどのようにサラがセラピーの主要な目
的を達成したかを語り，私はマーサがそれについてどう感じているかに耳
を傾けた。セラピーにおける目的は達成されたのだから，マーサは自分の
クライアントが毎週セラピーに来るのは「倫理的でない」と結論づけ，自
分のやるべきこととして，サラがセラピーに来る頻度を低くするようにし
なければいけない，と感じていた。私にはこの決断は何か唐突で一方的な
ように見えた。マーサはセラピーとセラピーの間隔をこれから少し開けて
いくとクライアントに告げる前に，この計画についてどう感じるかなどク
ライアントと話し合ってはいなかった。マーサは自分がしたことに穏やか
でいられないようだった。セラピーの頻度を変えることをサラに告げた
後，彼女がマーサに対して気持ちを閉ざしてしまったように感じてからは
特にそうだった。しかし，マーサは自分のセラピーを自分自身の個人的感
情を基に決めたくなかったし，これまで自分たちがセラピーの中で達成し
た進歩に対し満足感を持っていることを意識もしていた。また，同時に彼
女は自分の中でクライアントへの愛着が大きくなっていることを意識して
おり，結局そのことが，サラとのセラピーの回数に対する判断に影響を与
え，また，このことについてどのようにサラとコミュニケーションをとる
かという点に，少なからぬ影響を与えていることが徐々に明らかになって
きた。

ひとりの人間としてのスーパーバイザー

　サラとのこの面接について私たちが話し合っている時，私自身が過去に
経験した臨床の出来事が自然に心によみがえってきた。それは何年も前，
私がある家族との面接で経験したことだった。面談中，私は急に頭が真っ
白になったような気分に襲われ，どこへこのセラピーを持っていくべきか
わからなくなった。手がかりになるものは何も見つからず，どのドアをた
たけばよいのかもわからなかった。それまで私はクライアントと一緒にど

のようなゴールを設定するかを話し合い，面接室内に感じられるエネルギーを動かし，共にゴールを追求できるよう働きかけてきた。その場で私が感じていた感情を今でもはっきりと思い起こせる。それは，手も足も出ない，という無力感だけでなく，どのようにその無力感と戦わないように努めたか，ということでもあった。私は何かをしなければ，と自分を急き立てるのをやめ，ただその場にとどまるようにした。つまり，その瞬間の家族や自分自身の姿を意識するようにした。特に私は，自分の中に自然に起こってくる思いや感情に注意を払った。今となってはその時話した具体的な内容や言葉は覚えていないが，ただその場の流れに任せ，クライアント家族が自分たちについて話すのを聞き，彼らから感じ取れるものをもっと得ようとしていた。何かをしなければ，という気持ちから離れると，そのうち突然，強い直感が起こり，ずっと話してきた問題の根本に何があるのかが見えてきた。私はこうではないか，と推測し，それをクライアントと共有した。ドアが開いていくのがわかった。私たちはすぐに葛藤の中心に入っていくことができ，セラピーは動き出した。

　この家族との１回の面接の経験は私のセラピーを変えた。マーサがそうであったように，私の人生でもそれまで多くの場合，セラピーのプロセスが結果に結びつくように持っていくよう自分を方向づけていた。私はそれまで自分の人生において行動して何かを起こすよう一生懸命やってきた。私の両親はアメリカ合衆国へ移民としてやってきて，私がここに生まれた。しかし私たちは家の中では英語を話さなかったし，生活は楽ではなかった。両親は私が接する外の世界ではほとんど助けにならなかった。「家」自体が問題のある環境であり，私は早い時期から自分の力で物事をコントロールし，やっていかなければいけないと強く感じていた。しかしながら，私自身の中に静かな場所があり，そこへアクセスすることができた。私は教区立の学校（訳注：カトリックの教区に設立された学校）へ通っており，そこで私は自分の個人的，道徳的な選択に責任を取りながらも，逆説的に，人生すべてをコントロールすることはできないのだというスピリ

チュアリティを学んだ。完全なコントロールというのはどこか他のところにあるのだ。この学びは，自分がコントロールしなければならないという思いを「手放す」ことができるよう助けてくれた。それで，面接の中で，当時から知っている「手放す」体験に立ち戻ったところ，私は「何かしなければ」というプレッシャーから自由になることができた。マーサが自分のクライアントの話をしているときに私の中に浮かんできたこれらの経験と得た知識によって，マーサもクライアントとの関係で同じようなことができるよう私は助けることができる，と思うようになった。

　そして今，マーサと向き合い，彼女が自分のクライアントと毎週行っていた面接を隔週にしたと話すのを聞き，私は自分が感じている違和感に注意を注いだ。私は何か「見捨てられた」ようなかすかな感覚をおぼえ，彼女のクライアントがどのように反応したのだろうかと思った。マーサは私にこう答えた。クライアント自身の家族関係の中で，無視され，見放された経験から，クライアントはいかなる関係も信じられない，という根本的な問題を抱えていたが，マーサとの関係において，本当の信頼というものを持てるようになっていったように思う，と。それに対し私は，彼女のクライアントであるサラとの間に，つい最近起こったことに対してどう感じているか，と問うと，マーサは，自分はサラに愛着を感じるようになり，それゆえ，喪失感も感じている，と認めた。マーサ自身が経験した孤独を，サラの姿に感じたとも認めた。マーサが小さかった時，彼女の母親はがんを患っていたため，ほとんどマーサの世話はできなった。父親はまたアルコール依存症のため父親の役割を果たせず，彼女を助けることなどできなかった。人生の早い時期から，マーサは自分の家族の世話をするため，自分の欲求を否定してきた。それはサラが，両親が自分たちの問題にあまりにもとらわれていたため，サラに注意を向けたり世話をしてあげることができず，自分自身が親からしてほしいと思うことを感じないようにしたのとよく似ていた。私たちがこれらのことを一つにまとめてみた時，マーサは自分が時計の針を戻して，自分のクライアントとの毎週の面接を

再開する必要があるのだと悟った。

マーサと私は，最初は彼女が下した「感情より義務を優先する」ような傾向をふりかえり，それは，彼女自身が小さな時，機能不全だった家族の「若い介護者（ヤングケアラー）」となるために，自分が親からしてほしいと感じていたことを否定しなければならなかったことから来ているのではないか，という点にたどり着いた。それは，私自身が，マーサの体験と共鳴するような過去の体験にアクセスすることによって，マーサ自身が自分について理解を深められるよう助け，クライアントに対して行った疑問の残る介入について考え直すように促すことができた。

スーパービジョンの後，私は質問形式になっている「スーパービジョン後の質問」に書き込まれたものを受け取った。それを基に，次のスーパービジョンでの話し合いをするためのものである。以下，抜粋したものを例示する。

スーパービジョン後の質問

1. **このスーパービジョンの中で話したことによって，自分自身への感じ方や考え方，そして／または，人との関係の持ち方が影響を受けたように思いますか？　もしそうであれば，どんなふうに影響を受けましたか？**

　このスーパービジョンの前には，自分の「問題は解決してコントロールしなければだめだ」という欲求に気がついていなかったのですが，今ではほとんどすべての私の臨床上の関係において，それが見えるようになりました。

2. **スーパービジョンでの話し合いは，自分自身のサイン的テーマをもっとよく理解するのに助けとなりましたか？　もしそうであればどのように助けになりましたか？**

　1で述べたことに加えて，幾分かは。でも，それは同時に私を混乱させ

たようにも感じられるし，自分を信じるのに少し用心深くなった気もします。

3. あなたが1と2で答えた内容は，どんなふうにあなたの臨床内容と結びついていますか？

もしも私が，クライアントはきっとこうしてほしいだろうという推測にもとづいてふるまってばかりいたら，a) クライアントが本当に必要としていることに寄り添えない，b) 私に何ができ，何ができないかについて内省したり見立てを行うことができない，c) その結果，人間性や関係性の限界について理解を深められるような形で，上記のような気づきをクライアントと話し合うことができない，と思います。

マーサは「きちんとやる」ことがこれまでは「感じる」ことよりも優先されていたこと，つまり，自分の行動は，心の動きを犠牲にして頭で考えることで多くの場合決められてきたことに気がついたといえよう。このことにより，マーサは自分自身を信じて他者であるクライアントといることができなかった。クライアントがどう思っているかを考えるのにとらわれ，彼らの感情を感じ取るよりも頭を使うほうが結果として多くなっていた。彼女はこういったことが彼女のほとんどすべてのセラピー関係の中で起きていたと悟り動揺していた。いま彼女はそれを変えたい気持ちがあったが，そのためには助けが必要だった。

フォローアップのために話をした時，彼女は次のように報告した。

私がクライアントのサラに電話をかけ，週1回の面接を再び設定すると，彼女はどうしてかと聞いたので，私は彼女に答えました。あなたがどう思うかを聞かずに急に面接の回数を減らしてしまったように私は感じたので，私たちが回数を減らす時が来たと互いに納得できるまで，週1回の面接を続けたいと思います，と。サラは毎週の面接に来ることに同意し

ました。翌週に彼女に会う時，次のようなことを話したいと思っています。私は自分が彼女から距離を置こうとしていると感じていたこと，そのことが彼女を傷つけていないか，どんなふうに感じていたかを聞きたいと思っていたことなどです。セラピーの中で，私たちの間で起こっていることを自分がどう感じていたかを認めて伝える方がよいように感じるのです。クライアントが自分の感情や求めていることを言語化できないのではないかと，セラピストである私が恐れたり，罪悪感にとらわれて，伝えることを避けてしまうよりはいいと思うのです。

　その次のミーティングで，マーサは予定しているこのクライアントとの面接に関して不安を感じているのがわかった。彼女はクライアントの「見捨てられたこと」に対する怒りにどう対処したらよいか，そのプランを持ちたがっていた。しかし，私は，自分のクライアントとともに十分一緒にいることを優先するなら，何か**やろうとする**まえに，お互いの関係の中で相互に関わることができるだろう，と話した。マーサはクライアントの問題解決のために，セラピストが面接をコントロールするという考えと，面接のコントロールをクライアントと**共有する**という考えと，その2つの間で揺れており，彼女は不安を感じていた。

　このとき，彼女とスーパーバイザーである私との関係の中では，同時発生的な変化と成長の体験がおきていた。マーサは私との関係においても同じテーマが起きているということに気づいており，無意識的に私たちのスーパービジョンの関係の中でもコントロールをしようとしていた。彼女は私の期待に何とか応えようと一生懸命なあまり，自分自身が本当に深く欲していることに目を向けていなかった。特に，自分はセラピーをもっとうまくできたのではないか，という恥ずかしさや罪悪感，敗北感について話したいと彼女は申し出なかった。私が失望するかもしれないと気にしすぎていたからだ。こういったすべてのことは，彼女と彼女の両親，とくに父親との関係を彼女に思い出させた。マーサの父親は，自分の妻が病に臥し

ている間，浴びるように酒を飲んでいるような人間だったが，そのような
ときでもマーサは思いやりをもって接していた。また，父親が人生の後半
に何とか酒を飲まないでいようと格闘しているときも感情的には父親に寄
り添い，それまでになく父親を近く感じるほどであった。父親との関係に
おいて，彼女は彼の世話をするために主導権を持っていなければならなか
ったし，自分がどんなに親孝行な娘かを父親に確かめずにはいられないほ
どだった。こういったすべてのことを考慮し，私たちは，もっと意識的に
このスーパービジョンのプロセスが彼女にとって自分の弱さを話せる場と
なるよう，作り上げていこうと話し合った。マーサ自身が自分は葛藤を抱
えたセラピストなのだとスーパービジョンの中で安心して認められる，そ
のような関係を構築するのは私の役目だと思った。葛藤するセラピスト，
それはすべてを自分の力でやろうとしていたかつての自分の姿であり，私
は結びつきを感じることができた。

　このスーパービジョンの後，マーサは次のように書いた。（以下，抜粋）

スーパービジョン後の質問
〈POTT に関するディスカッション後の質問〉

1. このスーパービジョンの中で話したことによって，自分自身への感じ方や考
え方，そして／または人との関係の持ち方が影響を受けたように思いますか？
もしそうであれば，どんなふうに影響を受けましたか？

　　自分を安全な状態にしておく（それは一般に相手から距離を置くことに
　なるが）ために，関係をコントロールしようとする傾向，コントロールし
　たい欲求は，今回も自分にとって明確に意識できたように思う。

2. スーパービジョンでの話し合いは，自分自身のサイン的テーマをもっとよく理解するのに助けとなりましたか？　もしそうであればどのように助けになりましたか？

　　　上記と同じ。

3. あなたが1と2で答えた内容は，どんなふうにあなたの臨床と結びついていますか？

　　スーパービジョンの中で，どのように相互の信頼関係を構築していくのかを学び，また，自分が必要としていることをまず尊重し，そのことについて話し合えるようになることを通して，クライアントに対しても，私が同じような関係を創っていけるように学んでいきたいと思っています。以前よりももっとこのようになりたいと思っており，そのためのスキルを学びたいという意欲があります。

　私たちのスーパービジョンが進むにつれ，マーサとマーサのクライアントの臨床に強い影響を及ぼしていると思われる，彼女が向き合っているテーマの別の側面に私たちは触れ始めた。マーサは自分のサイン的テーマのもう一つの要素を明らかにした。それは有能なセラピストとして見てもらいたいというより，もし自分が他人に頼ってしまったら——それは彼女が小さい時，両親に対してできなかったことだった——自分が傷つけられ，見放されてしまうのではないかという「恐れ」が彼女自身の中にあるということだった。自分のスーパーバイザーとパートナーシップを築くために，彼女は自分の中で感じているスーパーバイザーへの依存に対する葛藤にアクセスする必要があった。そのことに気づき，そのことを表現する必要があったのだ。彼女はこれがどのように自分とクライアントの臨床に現れるのかを体験することになる。彼女のクライアントは，自分のセラピストにこれ以上失望したくないという思いで，マーサに対して感情的に心を閉ざした。マーサは自分のクライアントから信頼を再度勝ち取るという，

第9章　POTT モデルのスーパービジョン　219

個人的に難しい局面に立たされた。この過程で，マーサは自分自身が学ぼうとしていたこと——つまり，自分自身の中にしっかりと根を張りながら，どのように，またどんな状況で他者に依存するのかを見極めるという健全な依存の仕方——をクライアントも学ぶよう助けることになったのだ。

　取り上げた事例に対する最後のスーパービジョンで，私たちは再度，マーサがどのように重病の母親とアルコール依存症の父親を助けようと，責任を感じながら育ったかについて話し合った。両親から感謝されて報われてはいるが，彼女は情緒面で両親から守ってもらったとは感じていなかった。相手との関係に心を砕きながら，一方でその相手に失望することになるのを恐れて，感情の上で，心を開こうとはせず，自分の両親が自分の必要としていた配慮や世話をしてくれなかったように，今関係を築いている人も同じように自分を失望させるかもしれないと恐れていた。そのため，専門家としてのクライアントとの関係では，彼女は回復や癒しを提供する責任を感じていたが，それはだんだん彼女にとって重荷になって，関係の中で彼女は感情面では相手を拒絶してしまうかもしれないと思われた。

　一方で，マーサは関係の中で相手が自分を気遣ってくれるようなことはないだろう，とあらかじめ決めているような様子で臨んでいる自分の姿に気づいていた。その結果としてマーサは，与え，与えられるという相互補完的な関係を敏感に感じ取り，それを希求することに目を向けてみることはなかった。そのため，クライアントの行動から自分が受ける影響の大きさを読み取れず，クライアントに対する自分の反応から得られるかもしれない情報——つまり言葉では言い表せない相互作用から，何かクライアントについてわかること——を否定することになってしまう危険があった。さらに，クライアントがどのように感じ，反応するかに十分注意を向けていなければ，セラピー関係における相互性を十分に意識することができなくなる。自分と自分のクライアントとが互いに交流する中でおこる人間的な反応をもっと意識することによって，彼女はクライアントとのやり取り

において自分を動かしている何かに気づくようになる。それだけでなく，クライアントの感情や欲求を感じる余裕も出てくるのである。そうすれば，お互いのやり取りがおのずと自覚的になり，セラピーのプロセスにおいてもっと深い相互性を持つことができるだろう。

　彼女のこの課題については，スーパービジョンの関係においても同じように注意を向ける必要があった。なぜなら彼女は「良いスーパーバイジー」であろうと一生懸命だったが，自分自身の求めているものや期待をはっきり伝えようとはしなかった。ここまで述べてきたような課題が同時発生的な変化と成長の力動関係の中に生起しているのは一見して明らかだった。

さらなるプロセスにおいて

　私たちのスーパービジョンがさらに深まる中で，マーサは，すでに述べた事例に類似したもう一つの事例について私たちが行ったスーパービジョンへのフィードバックを，以下のように書いてくれた。ここでは，マーサの洞察が自分自身の内面へと及び，その内省が彼女の臨床実践の中で進化している様子が見て取れる。

スーパービジョン後の質問（抜粋）
〈POTT に関するディスカッション後の質問〉

1. このスーパービジョンの中で話したことによって，自分自身への感じ方や考え方，そして／または，人との関係の持ち方が影響を受けたように思いますか？　もしそうであれば，どんなふうに影響を受けましたか？

　はい，影響を受けました。私の過度に世話をしようとする傾向，そしてその後にその人たちとの関係を断ってしまうところなどが，いかに傷つきをもたらすかが，今ははっきりとわかります。彼らは，結局，私との関係

第9章 POTTモデルのスーパービジョン 221

を失ってしまうのですから（さらに悪いことに，私がその人たちが欲しているものを非常に努力して提供しようと頑張った後にそうなるのです）。また，他の人が私とつながりを持ちたくなんかないはずだという私の思い込みから，それを埋め合わせようとする自分のやり方（おせっかいで，人と会う約束を入れすぎる，クライアントの予約を取りすぎる）に気づいて驚いています。

2. スーパービジョンでの話し合いは，自分自身のサイン的テーマをもっとよく理解するのに助けとなりましたか？ もしそうであればどのように助けになりましたか？

　私はその影響を今もっと感じるようになりました。私はまた最近，こういったサイン的テーマに以前よりももっとどうしてよいかわからない気持ちになっています（多すぎるクライアントの予約スケジュールを私は変える必要があるとわかっているのですが，クライアントを傷つけたり失ってしまうかもしれないと恐れてできないのです。いえ，もしかしたら，クライアントから感謝されなかったり，必要とされないかもしれない，という恐れのほうが強いのかもしれません）。

3. あなたが1と2で答えた内容は，どんなふうにあなたの臨床実践と結びついていますか？

　私はこれまで話したクライアントについて，自分に過度に依存させるようにしてしまい，そしてその後，前触れもなく急に関係を断とうとしたことで，彼女を傷つけていると感じます（私は今日，彼女に言いました。命を終わらせたいほど追い込まれていなくても，私に電話をしたいと思ったらかけてよいのだ，と。しかしまた，彼女に私の時間は限られていると知らせると同時に，電話をもらったらかけなおすから，と伝えることによって，境界線（といっても，やんわりですが）を設定しました。私はこういった柔らかい境界線を彼女との間に保つ必要があります。そして，自分自

222

身は必要なケアに値する人間なのだとみなす必要があります)。

4. この事例において「自分自身を用いる」点はどのように影響をうけましたか?

今日のセッションで,私はいつもよりもっとクライアントとともにいられました。自分が責任を負いすぎるのではなく,彼女に今何が必要なのかと尋ねながら。彼女がすごく落ち込んでいるように見えるときに「何もしないでいる」ことに対して自分が不安を感じているのに気づきましたが,彼女のいる場所に自分もいようとすることに集中できたと思います。といっても,結局彼女は仕事場から電話をかけてくるようなことになりましたが。しかし,もし私が今までやっていたように過度に彼女に介入していたら,もっといらいらしたり失望したりしたかもしれません(実は今でも少しそれを感じています。それが今の疲労感の原因だろうと思います)。

5. この事例におけるセラピーについて依然として残っている疑問・質問

結局,クライアントは母親に連絡を取り,母娘間の愛着関係が壊れていたことについて話し,最終的に自分の言ったことを聞いてもらえたと感じたようです。彼女は今,家族面接を考えています。私はこれをどんなふうに構造化したらいいかまだわかりませんが,彼女の愛着関係の修復を何とか支えたいと思っています(とはいってもすでに私は彼女のために働きすぎで疲労を感じているけれど)。

ここでマーサがクライアントのケアと自分自身のケアのバランスを取ろうと努力しているのが変化として見て取れる。自分自身とクライアント,そしてクライアントとその家族の間の愛着関係に対する感受性と自己認識が育っているのを私たちは目の当たりにする。また,彼女は自分が臨床から得た内的洞察をもっと広い範囲の個人的生活のさまざまな領域に当てはめようとしている様子がうかがわれる。私は彼女が自分の臨床実践に関連

した領域で自己意識をもっと持てるように焦点化を行ったが，マーサは自分自身について学んでいることを，臨床以外の個人的な領域まで応用しようとしている。変化はこのように，彼女の臨床において，また，ひとりの人間としての領域において，両方の領域で進行している。双方に影響が波及しているからだ。

留意すること

　私たちのセラピーを基盤とした関係において，自己認識と自己観察力を持つことは，必然的に私たちの個人としての在り方にも反映されてくる。スーパーバイザーはスーパーバイジーの個人的側面を取り上げ，臨床の成果へ生かせるよう助ける。スーパーバイジーはそこで得た臨床に関する気づきを取り上げ，自分自身の個人的な生活をもっと良くしようとする。ここには，個人的プロセスと専門的プロセスの間の境界線があり，スーパービジョンを行う上で注意が必要である（Aponte, 1994）。スーパーバイザーはスーパーバイジーの中に育つ自己認識を促進し，スーパーバイジーは自分自身をセラピーのプロセスにおいて観察する。そこで得た自己認識を利用しながら，最大限にセラピーの関係性の中で自分自身を効果的に生かし，クライアントの課題とクライアント自身をアセスメントしながら自分の内面を通してクライアントの状態を読み解いていく。クライアントとのつながりを通して，最も効果的に介入を行っていくのである。POTT のモデルにおいて，このような個人の自己認識は直接，セラピストの臨床実践に関連づけられるものであるが，しかし，ここに引用したスーパービジョンの例にみられるように，スーパーバイジーは自分が得た自己に関する気づきから，自分たちの個人的な人生経験への洞察が深まっていく。それはしばしば自分自身の生活に変化を起こそうと彼ら彼女らを促すことにつながっていく。臨床においてセラピストとしての自分を変えようとする動きに呼応するように，ひとりの人間としての自分を変えようという動きが

起こり，ひいてはクライアントとの関係性において自分自身をよく生か
す・使おうとする努力を促すものとなる。こういった変化は，スーパーバ
イザーとしては大いに勧められるものであろう。しかしながら，ここで気
をつけなければいけないことがある。スーパーバイザーもセラピストであ
ることに変わりなく，自分のスーパーバイジーの個人としての変化をもっ
と促す方向に働きかけたいという誘惑を感じることもある。問題は，セラ
ピー的効果をもたらす可能性のあるスーパービジョンが，スーパーバイジ
ーにとってのセラピーとなってしまうならば，臨床全体を見渡すべきスー
パーバイザーの注意はそがれ，スーパーバイジーの個人的ゴールに関心が
行ってしまうかもしれない。その結果，質の低いセラピーに質の低いスー
パービジョンが起こり，職業的，倫理的規定に違反する可能性も出てくる
ことになるだろう（AAMT, Code of Ethics: AAMT 倫理規定参照）。

　POTT モデルの枠組みで働くスーパーバイザーが責任をもってスー
パービジョンを行うために留まるべき境界線を考えるうえで，次の5つのガ
イドラインが役に立つだろう。

1. 焦点となっている事例の臨床上のゴールをスーパービジョンの中で明確
   に規定することを優先する。
2. スーパーバイジーの個人的な課題を話し合う際は，常にその臨床上の材
   料と彼・彼女の課題とのつながりを探索して終えるようにする。
3. スーパーバイジーの個人的成長や変化への自分自身の傾倒を常にモニタ
   ーし，スーパーバイジーが有する臨床上の責任と有益性という境界内で
   関わることを明確にしておく。
4. スーパーバイジーの個人的課題に過度に懸念や心配を感じ始めたなら，
   躊躇せず自分のスーパービジョンのためにコンサルテーションやスーパ
   ービジョンを求める。
5. 適切であると感じたなら，スーパーバイジーに外部機関（学外）でのセ
   ラピーを勧められるよう準備しておく。

第9章 POTTモデルのスーパービジョン　225

　最後に，ひとりの人間としてのスーパーバイザー，という視点を忘れないでおこう。私たちみな自分のスーパービジョンのあり様に影響を受けるような課題を持っている。私たちのスーパーバイジーに対して自分の臨床実践における役割を十分意識してほしいと期待するように，私たちも自分たちのスーパービジョンの中での役割を人として意識化するよう努めたいと思う。このようなプロセスにおいて，私たちスーパーバイザーは自分自身の人生にとっても有益なものを，スーパービジョンの経験を通して学ぶ機会を得る。私たちが自分自身の人生体験を用いてスーパーバイザーとしての臨床実践が豊かになるようサポートを受けながら取り組むほど，スーパーバイジーがセラピーを行う中で自分を生かしていくのを助けるためのスキルを高めていけるのだと思っている。

参考文献

AAMFT (American Association for Marriage and Family Therapy), Code of Ethics (Effective July 1, 2012). Principle 1.3, Multiple Relationships. Web site: www. aamft. org/iMIS15/AAMFT/Content/legal_ethics/code_of_ethics.aspx

Aponte, H.J. (1994). How personal can training get? Journal of Marital and Family Therapy, 20(1), 3–15.

付録A　秋学期の資料

1. POTT のシラバス：秋学期（抜粋）

コースの内容

　POTT は，学生がセラピーの実践において自分自身を十分に活用できるようにするためのコースです。学生は，自分自身の個人的な人生経験（感情的，社会文化的，スピリチュアルな経験）に対する洞察を深め，特に人生における内的葛藤（サイン的テーマ）に重点を置いて学びます。講義，クラス発表，臨床実践を通して，これらの洞察を積極的に活用し，クライアントとより良く関わり，クライアントの問題に対処するために自分自身をより効果的に活用する方法を学ぶことができます。

コース内容の詳細

　トレーニングやスーパービジョンにおいてセラピスト自身に焦点を当てるほとんどのアプローチでは，セラピストがより効果を上げられる専門家になるよう変化・成長するには，自分自身の課題を**解決**することが必要だと考えられています。しかし，クライアントは，私たちがどうありたいかではなく，**今ここにいる**私たちの姿を目のあたりにしているのです。POTT アプローチでは，**ありのままの**自己を意識的に活用することを学ぶことに重点を置いています。POTT モデルでは，「傷ついた癒し人（wounded healer）」という概念を採用しています。私たちは自分の傷つき体験や弱さを通して，他者の傷に共感し，関係を結ぶことができるのです。さらに，私たち自身の傷は，クライアントの痛みを感じ，人生の葛藤を理解し，クライアントが変わろうとする意志に語りかける強力な道具と

なりえます。POTT では，セラピストが自分自身および自分自身の葛藤に気づき，受容することを促すことによって，これらの問題が臨床実践にどのように影響するかをセラピストが理解できるようにします。最も重要なことは，この POTT というアプローチは，ひとりの人間として強みと欠点を併せ持つ自分という存在を意図的に活用することで，私たちが臨床においてより効果的なセラピストとなれるよう導くものです。学生は，講義，クラスでの発表，臨床実践を通じて，クライアントとより良く関われるように，またクライアントの課題に取り組むときに自分自身をより効果的に活用できるように，得られた洞察を積極的に活用することを学びます。

コースの目標

受講生は，POTT のトレーニングによって，臨床における役割の中で，人としての自分自身とどのように関わり，どのように課題に取り組むかを学びます。このコースには，次の3つの目標があります。

1. 自分自身について，特にクライアントの傷ついた心に関わることができる人間性の側面について，理解を深める。
2. クライアントと効果的に関わることにつながりうる自分自身の側面（感情的，社会文化的，スピリチュアル的側面）にアクセスする能力を高める。
3. 自分の技能を効果的に実践するために，自分自身を意識的かつ意図的に活用する能力を養う。

コースの学習成果

このコースを修了した学生は，以下のことができるようになります。

1. 個人としての生活に影響を及ぼし，臨床活動にも影響を及ぼす可能性のある中核的な感情面の課題（サイン的テーマ）を見いだす。
2. クライアントと関わり，クライアントをアセスメントし，クライアントに介入する上で，これらの中核的な問題がどのように自分の臨床実践に影響を及ぼす可能性があるかを具体的に認識する。
3. セラピーの中でクライアントと実際に関わる際，こうした自分の問題が，臨床におけるクライアントとのプロセス（関係，アセスメント，介入）からどのように誘発され，どのようにそのプロセスに関与するのかを実践の中で認識する。
4. こうした自分自身の問題を，自分の人生経験や世界観とともに，肯定的かつ積極的にセラピーに活かす具体的なスキルを身につける。
5. 自分が選択した臨床モデルに，こうした自分自身を活用するというスキルをどのように取り入れていくかを認識する。

必読書

Aponte, H.J. (2009). Introduction for special section on training and supervision. Journal of Marital and Family Therapy, 35, 369.

Aponte, H.J. & Carlsen, C.J. (2009). An instrument for person-of-the-therapist supervision. Journal of Marital and Family Therapy, 35, 395–405.

Aponte, H.J. & Kissil, K. (2014). "If I can grapple with this I can truly be of use in the therapy room": Using the therapist's own emotional struggles to facilitate effective therapy. Journal of Marital and Family Therapy, 40, 152–164.

Aponte, H.J., Powell, F.D., Brooks, S., Watson, M.F., Litzke, C., Lawless, J. & Johnson, E. (2009). Training the person of the therapist in an academic setting. Journal of Marital and Family Therapy, 35, 381–394.

Lutz, L. & Irizarry, S.S. (2009). Reflections of two trainees: Person of the therapist training for marriage and family therapists. Journal of Marital and Family Therapy, 35, 370–380.

推奨テキスト

Baldwin, M. (Ed.). (2013). The use of self in therapy (3rd ed.). New York: Routledge.

McGoldrick, M., Shellenberger, S. & Petry, S. (2008). Genograms: Assessment and intervention (3rd ed.). New York, NY: Norton.

教育方法

教育方法は，講義，臨床実践に関連する「人としての自分自身」に関する発表，そして，学生がクライアントとの関係構築，アセスメント，介入をする上で，学生の内的要因がどのように働くのかに重点を置いた事例発表から構成されます。

コースにおける必須要件

文献抄読のまとめと質問

文献抄読の課題が出た次の数週間は，（各課題について）短いパラグラフと質問・考察を用意してきてください。文献抄読の課題についてあなたが書いたレポートは，授業のときに集めます。

サイン的テーマの発表ⅠおよびⅡ

授業開始4週目から，毎週2名の学生が発表を行います。サイン的テーマの発表ⅠとⅡの詳細については掲示されますので，その**詳細に従ってください**。発表資料は，発表する週の月曜日の正午までに，担当講師とティーチングアシスタントに電子メールで送信してください。これらの発表資料は，最終成績の15%に相当します。トレーナーは，発表の時間をでき

付録A　秋学期の資料　231

るだけ有効に使えるように，発表前に提出された資料を確認し，必要であれば，学生と話し合いをするので，そのための十分な時間を必要とします。

・サイン的テーマの発表（1回目）：この発表では，あなたのサイン的テーマを紹介し，あなたの個人史や家族史の中にそれを位置づけ，あなたの臨床実践においてそれがどのように現れうるかを論じてください。概要については掲示を見てください。
・サイン的テーマについてのより発展的な発表（2回目）：この発表では，最初の発表で受け取ったフィードバックをもとに，あなたのサイン的テーマをさらに発展させてください。受け取ったフィードバックを必ず振り返り，発表に反映させてください。この発表は，最初の発表の繰り返しではなく，過去の発表を土台として再構築する機会となります。

　このプレゼンテーションはビデオ撮影されます。このビデオは，最終レポートの執筆に活用されることが想定されています。

最終レポート
　このレポートでは，サイン的テーマの発表後，自分のサイン的テーマ，その起源，臨床面での意味についての理解がどのように深まったか，また，これらの洞察を具体的な事例とどのように関連付けたかを記述してください。最終レポートの書き方は，後日掲示するので，その**アウトラインに従ってください**。この最終レポートは，最終成績の50％を占めます。

日誌
　学生は毎週，授業終了後できるだけ早く，授業での発表に対する反応や記憶がまだ新鮮なうちに，日誌を書くことが求められます。各回の日誌には，以下の内容を記述します。

1. クラスメートの発表においてどんなことを経験しましたか？　どのような感情や考えが浮かびましたか？　どんなことに共鳴しましたか？　自分とのつながりを感じたのはどんなことですか？
2. この発表は，あなたのサイン的テーマや臨床実践とどのように関連していましたか？

[注：日誌を書く課題は，初回の授業から始まります]

　この形式が参考になるようであれば，それに従ってもよいですし，授業中の体験について自分自身の物語を書くこともできます。この課題から最大限のメリットを得るために，自分自身をオープンにして，傷つきやすさに蓋をしないようにしてください。焦点を当てるのは，他の人が発表した内容ではなく，それに対するあなたの内的洞察であり，その洞察をあなたのサイン的テーマにどのように結びつけられるかが最も大切であることを，忘れないでください。日誌は，あなたが積極的に自己内省をするためにあります。毎週，日誌に寄せられるフィードバックを活用し，ぜひ自分の実践に取り入れてください。提出期限は<u>月曜日の正午</u>です。それぞれの日誌は５点満点です。

コースの課題と文献抄読の概要

授業１：POTT のトレーニングの紹介とオリエンテーション

授業２：JMFT（Journal of Marital and Family Therapy）の各記事（「はじめに」を除く）を読んで，（各課題についての）短いパラグラフと質問・考察を用意してきてください。

　文献抄読の課題についてあなたが書いたレポートは，授業のときに集めます。

Aponte, H.J. (2009). Introduction for special section on training and supervision. Journal of Marital and Family Therapy, 35, 369.

Aponte, H.J. & Kissil, K. (2014). "If I can grapple with this I can truly be of use in the therapy room": Using the therapist's own emotional struggles to facilitate effective therapy. Journal of Marital and Family Therapy, 40, 152–164.

Aponte, H.J., Powell, F.D., Brooks, S., Watson, M.F., Litzke, C., Lawless, J. & Johnson, E. (2009). Training the person of the therapist in an academic setting. Journal of Marital and Family Therapy, 35, 381–394.

授業 3：JMFT の各記事を読んで，（各課題についての）短いパラグラフと質問・考察を用意してきてください。

文献抄読の課題についてあなたが書いたレポートは，授業のときに集めます。

Aponte, H.J. & Carlsen, C.J. (2009). An instrument for person-of-the-therapist supervision. Journal of Marital and Family Therapy, 35, 395–405.

Lutz, L. & Irizarry, S.S. (2009). Reflections of two trainees: Person of the therapist training for marriage and family therapists. Journal of Marital and Family Therapy, 35, 370–380.

Niño, A., Kissil, K. & Apolinar Claudio, F. (2013). (published on-line 10/26/13). Perceived professional gains of master level students following a person of the therapist training program: A retrospective content analysis. Journal of Marital and Family Therapy. doi: 10.1111/jmft.12051

授業 4 ～ 10：サイン的テーマの発表：各回につき 2 名の学生がサイン的テーマについて発表します。

2. 守秘義務に関する文書

受講生のサイン的テーマと個人史には，重要な違いがあります。個人の サイン的テーマは，それがクライアントとの関わりに影響する限り，学生 がトレーナーやスーパーバイザーとオープンに話し合う必要のある中心的 な課題です。一方，学生の個人史は，ジェノグラムと結びついているもの で，POTT の授業では探求されますが，修士プログラムの POTT 以外の 部分で共有される必要はありません。

学生は，POTT の授業でお互いに知り得たことは，自分たちの中だけ にとどめること，そして，POTT の授業の外でそうした個人的な事柄を 話すのは，その人がその場にいて，話してもかまわないと言った場合だけ にするように求められます。唯一の例外は，他の学生の個人的な事柄が自 分に与えた影響について，学生自身の内的な考察の一環として，部外秘の 授業日誌に書き記す場合です。学生は，他の授業や，グループまたは個人 のスーパービジョンにおいて，個人史を明らかにしなければならないと思 う必要はありません。さらに，どのような状況においても，自分自身につ いて教員や他の学生にどんなことを明らかにするかは，あくまでもその学 生自身の選択によることを，ここに明記しておきます。POTT の発表で 共有する個人的な事柄は，学生の専門職としての成長を判断する責任を負 う教員に対しては，守秘義務の対象にはならないことを，学生は理解して います。ただし教員は，POTT の授業から得られた学生の個人史を，実 習先をはじめとしたいかなる配属先のスーパーバイザーとも共有しません。

署名：_____

氏名：_____

日付：_____

付録 A　秋学期の資料　235

3. サイン的テーマの発表とレポートの概要

あなたのサイン的テーマ

　あなたの人生において，もっとも大きな影響を与えてきた個人的課題について記述してください。これは，あなたの人生の多くの，またはすべての領域に影響を与え，あなたを悩ませ続けている困難に関することです。あなたの人生の感情的，スピリチュアル的，社会的な要素を考慮に入れてください。

サイン的テーマをめぐるあなたの葛藤

　あなたがサイン的テーマにどのように対処しているかを話してください。ここでは，あなたがうまく対処できないところと，最も効果的に対処できるところについて述べてください。また，そのテーマと格闘する際に，あなたの人生の中で誰がもっとも助けになっているか，そして，あなたがその人の助けをどのように活用しているかも，付記してください。

あなたのジェノグラム

　あなたの家族の3世代にわたるジェノグラムを添付してください。そして，それぞれがどんな人で，お互いの関係性がどのようなものかを私たちが理解しやすいように，コメントを添えてください。

あなたの家族の歴史

　あなたが自分のサイン的テーマと関連していると思う，あなたの家族の

歴史を，書いてください。これらは，あなたの家族やその関係性の中で，どの部分があなたのサイン的テーマの起源や定着化に影響しているかについての仮説となるものです。

あなたの臨床実践

　あなたのサイン的テーマが，クライアントとの関係やクライアントの課題への取り組みにどのような影響を与えたか，または与えうるかについて，否定的な面も肯定的な面も合わせて，あなたの考えを述べてください。

付録 B　冬学期の資料

1. POTT のシラバス：冬学期（抜粋）

コースにおける必須要件

事例発表

　授業 3 週目から，毎週 2 名の学生が発表を行います。事例発表の指示は以下の通りで，掲示もされます。**これらのアウトラインに従ってください**。発表資料とクライアントのジェノグラムは，**発表する週の月曜日の正午までに**，担当教員に電子メールで提出してください。この発表資料は，成績の 15% に相当します。担当教員は，授業時間を有効に活用できるよう，発表前に資料を確認し，必要があれば相談の機会を設けられるよう，十分な時間を取る必要があります。**提出が遅れた場合は，単位を認められません。締切後 1 週間を過ぎて提出されたレポートは受理されず，その課題に対する単位は与えられません。**

事例発表のアウトライン

<u>第 1 回目の発表</u>

形式：レポートの長さは 7 ページまでです。ダブルスペースでタイプして作成し，表紙を含めてください。また，提出前に校正とスペルチェックをしてください。文法的な誤りなどがある場合，単位を認められません。

目的：このレポート課題では，発表を通して学んだ自分のサイン的テーマを，クライアントとの関係や臨床にどのように応用しているかを示すことが求められます。この 1 回目の発表では，あなたが以下の領域につい

てどのように認識しているかに焦点を当てます。

含むべき領域：

1. あなたのサイン的テーマ：自分のサイン的テーマを明確にし，発表と POTTへの参加経験によって，自分のサイン的テーマに対する理解が どのように深まったかを記述してください。

2. あなたの臨床：最初の発表では，自分自身のサイン的テーマが臨床にど のように影響しうるかについて，自分の考えを述べました。今回の発表 では，事例を提示し，特定のクライアントとの関係性やセラピーにおけ る取り組みに，自分のサイン的テーマや人生におけるその他の個人的な 側面がどのように現れたかを示してください。

クライアントについて明示する情報：

・クライアントのジェノグラム

・クライアントが助けを求めている課題についてセラピーの中で合意した 内容と，そのことのあなたにとっての個人的意味

・クライアントに対するあなた自身の個人的な反応と，クライアントから のあなたへの個人的な反応

・その課題に対するあなたの見方に影響を与えるかもしれない文化的また はスピリチュアルな価値観

・クライアントの課題がどこから来ているのか，またその力動に関する仮 説

・クライアントや彼らの課題をめぐって関わり，取り組む上でのあなた自 身の個人的困難

・この事例において，あなた自身の個人的課題に取り組むための具体的な プラン

第2回目の発表

　2回目の発表では，1回目の発表のフォーマットを踏襲して，発表資料を作成します。ただし，自分のサイン的テーマや人生経験が臨床面接にどのような影響を与えうるかについて，1回目の発表で得た洞察を取り入れることが期待されます。授業では，実際の臨床面接のビデオクリップやロールプレイを通じて，学んだことを発表します。つまり，学生は人としての自分自身が臨床実践においてどのように否定的に影響しうるか，また，臨床プロセスにおいて，クライアントとつながり，アセスメントし，介入するために，自分のサイン的テーマや自分自身の人生経験をどのように目的を持ってかつ肯定的に活用できるかについて発表します。

　[学生への注意事項：どちらの発表でも，臨床事例について説明し，そのクライアントとの面接のビデオを提示し，自分のサイン的テーマや「人としてのセラピスト」に関する他の要素がどのように自分の臨床に関わっているかを振り返ります。この発表のために，学生は自分の面接のビデオテープを入手することになっています。スーパービジョンのためにクライアントから承諾を得るプロセスと同じようにしてください。学生は，ビデオ録画についてクライアントから許可を取り，その目的（トレーニングやスーパービジョンなど）をすべてのクライアントに説明する責任があります。実習先の情報開示に関する規定が，トレーニング目的の情報開示に言及しているかどうかに注意する必要があります。情報開示事項にこの情報が含まれていない場合は，実習先のスーパーバイザーおよび臨床トレーニングのプログラム責任者と相談してください。]

　これらの発表はビデオ録画され，最終レポートを書くときに活用することが期待されます。**発表前にビデオが再生できる状態であることを確認し，ビデオカメラのメモリーカードの空き容量を確認してください。**

［注意事項：提出された発表資料は，各発表日の前にクラスに対して電子メールで送信されます。

クライアントの秘密保持：事例発表の資料には，個人を特定できる情報を使用しないでください（仮名を使用し，勤務先や学校名などは伏せてください）。クライアントの秘密を守るため，発表後はすべての資料を**消去または破棄してください。**］

最終レポート

　事例発表に関する最終レポートは，発表資料（下書き）を修正し，さらに念入りに作り上げます。発表を経験することで，具体的なフィードバックをレポートに取り入れることができます。POTTのプロセスは人によって異なるので，最終レポートの書き方も人それぞれです。**最終レポートのアウトラインは，発表資料（下書き）のアウトラインと同じです。このアウトラインに従ってください。**

　このレポートは，最終成績の50％を占めます。最終レポートの提出日は，冬学期最後の授業です。金曜日に発表する場合，最終レポートの締め切りは翌週の**月曜日の正午**となります。最終レポートは，**最後の授業が終わる前までに，すべての教員に電子メールで送信してください（紙のコピーは必要ありません）。**提出が遅れた場合は受理されず，期限内にレポートを提出しない学生はこの課題の単位を取得できません。

事例発表とレポートに関する重要な注意事項：
・**授業では，15-20分の録画ビデオを提示してください。1回目の発表では，セラピーにおいて自分自身をどのように活用しているかに気づいた部分を示してください。2回目は，自分のサイン的テーマに関する気づきをふまえて，自分自身を目的をもってセラピーに生かそうとしている**

部分を取り上げて，**提示してください。**

・面接場面を録画したビデオの使用を強く推奨します。なぜなら，自分自身について検討し，成長するための最善の準備になるからです。

・2回とも同じ事例を発表することを強く推奨します。これは必須ではありませんが，POTTの課題をより深く臨床的に理解することができます。

・**事例発表の最終レポートは，1つの事例に基づくものにしてください。2つの異なる事例について発表した場合には，どちらか1つの事例を選んで，最終レポートとしてください。**

・事例発表の書き方については，アウトラインを参照してください（後日掲示されます）。また，これらのレポートを書くためのさらなるガイドラインについては，シラバスを参照してください。

コースにおける課題および文献抄読のアウトライン

第1回：授業のテーマ：セラピー上の関係における自己，臨床的アセスメント，そして技術的介入（講義）

第2回：授業のテーマ：アポンテ博士のビデオ（講義とディスカッション）

第3回：発表（発表者2名）

第4回：発表（発表者2名）

第5回：発表（発表者2名）

第6回：発表（発表者2名）

第7回：発表（発表者2名）

第8回：発表（発表者2名）

第9回：発表（発表者2名）

第10回：発表（発表者2名）

2. 事例発表とレポートの作成に関するガイドライン

形式：レポートの長さは7ページまでです。ダブルスペースでタイプして作成し，表紙を含めてください。また，提出前に校正とスペルチェックをしてください。文法的な誤りなどがある場合，単位を認められません。

目的：この課題は，あなたが臨床プロセスに持ち込む人としての自分自身が，クライアントとの関わり，特に臨床面接におけるあなたの関係作り，アセスメント，介入にどのように影響するかを認識することを目的としています。

含むべき領域：

1. あなたのサイン的テーマ：自分のサイン的テーマを明確にし，発表やPOTTへの参加経験を通じて，そのサイン的テーマに対する理解がどのように進んだかを記述してください。

2. あなたの臨床：最初の発表では，あなたは自分のサイン的テーマを特定し，理解し，それが臨床的関わりにどのように影響しうるかを探りました。今回の発表では，具体的な事例を挙げて，あなたのサイン的テーマが特定のクライアントとの関係性や関わりにどのように現れたかを示してください。可能であれば，あなたが発表の中で焦点を当てたいと思っているポイントを映し出している10-15分のビデオを，授業において提示してください。

以下のアウトラインに従ってレポートを構成してください：
・私が今日理解した，私のサイン的テーマ
・クライアントについて，また臨床プロセスの文脈についての情報
・クライアントのジェノグラム
・クライアントが助けを求めている課題についてセラピーの中で合意した

付録 B　冬学期の資料　243

内容と，そのことのあなたにとっての個人的意味
・クライアントに対するあなた自身の個人的な反応と，クライアントからのあなたへの個人的な反応
・課題に対するあなたの見方に影響を与えるかもしれない文化的またはスピリチュアルな価値観
・クライアントの課題がどこから来ているのか，またその力動に関する仮説
・クライアントや彼らの課題をめぐって関わり，取り組む上でのあなた自身の個人的困難
・臨床プロセスにあなたが個人的に持ち込んだもの，特にサイン的テーマが，クライアントとの関係性や関わり方にどのような影響を及ぼしたかについてのあなたの観察と分析

3. ロールプレイの選択肢

　学生は，2回の臨床発表のうち1回は，臨床面接のロールプレイを行うことができます。ロールプレイは次の2つの形式から選ぶことができ，学生は，臨床プロセスにおいてその瞬間に何が起こっているかを観察し，振り返り，クライアントと関わり，アセスメントし，介入する上でどのように自分自身を活用するかについて，ライブ・スーパービジョンを受けます。クライアントは，クラスの他の学生が演じます。
1. クライアントは予約なしに来談した人とし，学生セラピストは初回面接を行います。目標は，クライアントとセラピーにおける関係性を築き，焦点となる課題を見いだし，課題の背景にある力動に関する仮説を立て，最終的にはクライアントがセラピーに取り組むことに合意してくれることを目指します。
2. クライアントは，学生が実際に取り組んでいる事例の中から選ぶようにします。

付録C　春学期の資料

1. POTT のシラバス：春学期（抜粋）

コースにおける必須要件

シムラボ体験

　各学生は受講期間中にシュミレーション実習（シムラボ）に一度参加することが必須となっています。それぞれ割り当てられた時間枠の中からどこを希望するか，前もって申し込んでおきます。毎週，シムラボによる臨床実践（45分間）が行われ，それぞれの学生は研修を受けた俳優が演じる模擬事例にセラピストとして関わります。俳優たちはカップルであったり，家族であったりしますが，大まかなシナリオは前もって決められています。しかし，取り上げられる課題やクライアントとの関係性は，担当する個々の学生セラピストが，それぞれの関わりによって自然発生的に展開するものとします。各学生は，目の前の家族やその家族が持ち込む事柄によってどのように自分のサイン的テーマが喚起されるかに気づき，臨床上の目的のためにそれらをどのように生かせるかを意識します。学生は模擬クライアント家族やカップルと45分のセッションを行う間，スーパービジョンを受けます。その間，クラスの他の学生たちはセッションを観察します。後半の授業では，各自がシムラボでのセッションで体験したことについて話しあいます。

重要な留意事項

　シムラボのセッションはビデオ録画され，学生は「オリオンシステム」というシムラボでのセッションをまとめたウェブサイトを通じて録画されたセッションにアクセスすることができます。学生は全員，

付録C　春学期の資料　245

最終レポートを書き上げるためにこれらの録画ビデオを利用すること
になっています。また，各学生セラピストは個人のカメラを使用して
シムラボの後の話し合いを記録します。**シムラボの前に自分のビデオ
の動作を確認し，メモリーカードに十分スペースがあるかチェックし
ておいてください。**

2. シムラボにおけるフィードバック：セラピストのための質問

　模擬クライアントとのセッションの後，俳優たちは以下のようなガイド
ラインに沿って，学生セラピストにフィードバックする。

「人としてのセラピスト」に関する質問	関係構築に関するフィードバック	アセスメントへのフィードバック	介入へのフィードバック	何か他に質問はありますか？
セラピストとのセッションで一番良かったと感じたところ	セラピストの関わり方で一番良かったと感じたところ	セラピストに「理解された」と一番感じたところ	セラピストとのセッションの中で一番助けになったと感じたこと	
セラピストとのセッションで一番難しく感じたところ	セラピストの関わり方で一番気になったところ	セラピストに「理解されていない」と一番感じたところ	セラピストとのセッションの中で一番助けにならなかったと感じたこと	

3. シムラボのレポートとその書き方

　このレポートでは，あなたとクライアント家族とのセッションについ
て，詳しく書いてください。特に，次の領域においてあなたのサイン的テー
マが果たした役割について述べてください。クライアントとのつながり
において，事例に対するアセスメントにおいて，そして介入において。シ

ムラボの発表に関する指示は後日掲示します。**学生の皆さんはここで示されるアウトラインに従って作成してください。そうでない場合はこの課題の単位が認められない可能性があります。**最終レポートの締め切りは最後の授業の開始時となっています。シムラボに関するこのレポートの配点は成績全体の65％となっています。

シムラボの発表と最終レポートに関する重要な留意点：

・シムラボのレポートの書き方については，アウトライン（後日掲示）を参照してください。また，シラバスにより詳しいガイドラインが書いてありますので，確認してください。

・シムラボは模擬セラピーを体験できる場であり，あなたがクライアント役の俳優とセラピーをしているとき，アポンテ博士と共同インストラクターがスーパーバイザーとしてその場でフィードバックやガイダンスを提供してくれます。これは試験ではありません。POTTを基盤としたフィードバックを受ける貴重な機会なのです。あなたはイヤホンを通してフィードバックを受け取り，何度かセラピーをしている部屋から出て，スーパーバイザーたちと自分の面接のプロセスについて話しあうよう求められるでしょう。

・このシムラボ体験のために前もって準備することは何もありません。**必ず，自分のビデオカメラを持参し，セッション後の話し合いを録画するようにしてください。**模擬セッションの間は，自分のクライアントとつながり，ともにそこにいることに集中してください。

・前にも伝えたように，シムラボレポートには下書きというものはありません。締め切りは学期の最後の授業日となりますが，自分のシムラボ発表が終わったら，<u>できるだけ早くレポートを書くことを勧めます。</u>もし質問があれば，いつでも対応します。あなたが録画したビデオはレポートを書くときに特に助けとなるでしょう。

・自分の発表スケジュールを確認してください（後日掲示）。

付録 C　春学期の資料　247

シムラボレポートのガイドライン

セラピストについて：
サイン的テーマ：自分のサイン的テーマについて，現在，どのようにとらえているか簡潔に書いてください。

事例について：
1. クライアントに関する一般的情報（年齢，性別，関係性，職業等）
2. 事例のジェノグラム
3. クライアントの中心的課題
4. 中心的課題に関する仮説（課題に関する歴史的背景と，課題の維持に関わっている現在の力動について）
5. クライアントの社会的立場と，それらがあなたとの関係に及ぼす影響やセラピーを行う上での影響について
6. 臨床上の戦略とアプローチについて

特定の事例における「人としてのセラピスト」（person of the therapist）について——どのように「自分自身」を生かしているか：

1. このセッションにおいて，クライアントと関係を構築したり，クライアントの課題を扱う上で，どのようなことがあなたの個人的な感情や価値観を揺さぶりましたか？

あなたがクライアントと関わる際，「私という人間」にとって（感情の上で，また個人的な価値観から見て）どのような体験となっているかを見ていきます。特に，それがどのようにあなたのサイン的テーマと関わっているか特定していきます。

2. このセッションにおいてクライアントとの関係を構築するうえで，また，クライアントの課題を扱う中で，「私という人間の人生体験やものの見方」から何を引き出しましたか？

　ここでは，あなたがクライアントとつながり，共感していくために，どのように自分自身や自分の内的プロセスを活用したか，特に，クライアントへの同一化とクライアントからの差異化を，どのように行ったのか，また，意識的に目的をもって自分自身を活用しながら，どのようにアセスメントや介入を行ったかを書いてください。

3. この事例において，クライアントと関係を築き，アセスメントを行い，介入する上で，どのような困難がありましたか？　また，その困難に対し，どのように対応しましたか？

　レポートの書き方：レポートはダブルスペースで12ポイントの文字サイズを用い，APAフォーマットに従って4ページから6ページの長さとしてください。適切な見出しやタイトルをつけてください。

これは研究論文ではありませんので，引用文献は必要ありません。しかし，もし外部から引用を行った場合は，APAガイドラインに基づいて出典の引用と参照を行ってください。

4. 最終の振り返りレポートのガイドライン

次の3つの領域に関する質問：人としての変化，専門職としての成長，そしてクラスの中で経験したプロセスについて書いてください。それぞれの質問について，1枚の用紙を用いて書いてください。

人としての変化：今年1年を通してあなたが経験したプロセスを振り返ってください。あなたのサイン的テーマへの見方はどのように変化しましたか？　授業での経験を通して，あなた自身の中に，また人との関係性において，どのような変化が生じましたか？（講師に知っておいてほしいと思うことだけを書くようにしてください。個人的な情報を書く必要はありません。）

専門職としての成長：今年1年間にあなたが経験したプロセスを振り返ると，あなたの臨床実践やあなたの自分自身への見方は，このクラスでの経験を通してどのように変化したでしょうか？　クライアントと関係を構築し，アセスメントを行い，介入するといったあなたの臨床スキルは，どのように向上したでしょうか？

クラス内での体験についてのフィードバック：授業やディスカッションを含め，クラス内での体験はあなたにとってどのような助けとなりましたか？　あなた自身の内的プロセスにおいて，このクラスはどのような点で役に立ちましたか？　もう少しこうであればよかったのに，と思うことはありますか？

付録D　スーパービジョンのための資料
—— POTT モデルの正式なトレーニングを受けたスーパーバイジーのために ——

1. POTT のスーパービジョンに関する資料：事例発表

　　　スーパーバイジーの名前：_____

　　　スーパービジョンの日時：_____

1. a. クライアントがセラピーの中で助けを求めている問題について合意した内容を述べてください。

　　b. クライアントの提示した課題が，あなた自身のサイン的テーマとのつながりも含め，あなたにとって何か個人的な意味合いを持つことがあるなら，そのことについて書いてください。

2. 今日のスーパービジョンにおいて，特に話したい話題や，懸念，質問などがあれば，述べてください。またそれがどのように自分自身に影響を与えているかも書いてください。

3. クライアントの中心的課題について，あなたが持っている仮説を述べ，またそれらが他の領域にどのように波及しているかについて話してください。

4. この事例に対するあなたの臨床上の戦略や介入方法について説明してください。特に，今日のスーパービジョンにおいてあなたが話し合いたいと思っている事例の事柄に関連する形で書いてください。

5. あなたが行った介入に関連して，どのように自分自身を活用することができたか，詳しく話してください。具体的な例を挙げながら話してください。

6. 現段階において，あなたが自分自身のサイン的テーマをどのように理解しているかについて話してください。

2. スーパービジョン後の質問

スーパーバイジーの名前：_____

スーパービジョンの日時：_____

スーパービジョン後の質問：
POTT に関するディスカッション後の質問

1. スーパービジョンでの話し合いは，自分自身に対する考え方や感情，または／それに加えて，人との関わり方について影響を与えましたか？もしそうであれば，どのように影響がありましたか？
2. スーパービジョンでの話し合いは，自分自身のサイン的テーマへの理解を深める助けとなりましたか？　もしそうであれば，どのように助けとなりましたか？
3. 上記の２つの質問への答えは，あなたの臨床実践にどのように関連していると思いますか？
4. 現時点において，あなたは自分のサイン的テーマについてどのようにとらえているか述べてください。

スーパービジョン後の質問：事例発表について

1. この事例に対する私の考え方や感じ方はどのように変わったか。
2. この事例に関する臨床上の戦略はどのように影響を受けたか。
3. この事例での私自身の活かし方はどのように影響を受けたか。
4. この事例の臨床実践についてまだ疑問として残っていることは何か。

訳者あとがき

小笠原知子

　8年に渡って取り組んできたハリー・J・アポンテ及びその他著者による『人としてのセラピスト養成モデル』（以下，POTTモデル）の翻訳書がこの度，出版の運びとなりました。「ようやく終えられた」という安堵とともに，「ようやく始まったのだ」という感慨に近い思いが，私の中に湧き上がってきました。

　POTTモデルとの最初の出会いは，私が10年に及ぶ米国でのMFT修得と研鑽をひとまず終え，日本に帰国する2013年前後にさかのぼります。ちょうどその頃，Journal of Marital and Family Therapyにアポンテ博士とドレクセル大学大学院でアポンテ博士からPOTTを学んだ第1期生らによるPOTTに関する論文が続々と掲載され始めていましたが，私はそれらを読み，衝撃を受けました。私たちはみなそれぞれの歴史や背景を持つひとりの人間である，と同時に，専門的な学修と訓練を経た心理専門職セラピストである。この二つは自明なことでありながら，セラピーという文脈においてこの二つがどのように働き合い，変化していくものなのかを根本的に論じたものに私はそれまで触れたことがありませんでした。

　本書は真正面からこのテーマに取り組んでいます。POTTモデルは，私たちが人間関係において経験した葛藤や心に負った傷，自分の弱さや課題を自己探索の中心に置き，それらを効果的なセラピストとなるための資源として活用する方法を提示するものです。これは，「言うは易く行うは難し」であると私たちの多くが感じるかもしれません。私も本書を読む前はそうでした。しかし，翻訳を終えた今思うことは，これまでクライアントとの関係性に真摯に取り組んできた臨床家であれば，本書に書かれている事柄を必ずどこかで経験し，それが自身の変化や成長の起点となったこ

とを思い出すのではないか，ということです。そういった自明の理を
POTT は改めて理念化し，構造化したものであるともいえるでしょう。

　本書の翻訳作業は，正直，困難を極めました。心理療法が欧米を中心に
発展してきたものである以上，該当する日本語が見つからない概念や表現
しえない臨床の場面をどのように読者に分かるように言語化するのか，私
たち4人の翻訳チームは最初から最後まで格闘しました。日本の大学にお
いて心理職養成に携わる福井里江先生，人としての精神科医養成を掲げら
れる大森美湖先生には，心理臨床における日本語訳の表現について多くの
示唆をいただきました。米国において MFT の資格を修得され，POTT の
知識をお持ちであった辻井弘美先生には，英語で表現されたセラピー場面
での理解を多く助けていただきました。そのようにして本書に記された言
葉や理念は，必ずやこれからの日本のセラピスト養成に関する考察や議論
の始まりに役立つものになると信じています。そして，本書を通して，一
人でも多くの方が，セラピストという専門職の魅力と豊かさに触れていた
だければ幸いです。

大森美湖

　思い返せば，POTT を初めて知ったのは 2016 年の日本家族療法学会長
崎大会の少し前のことでした。小笠原先生から，アメリカで素晴らしいプ
ログラムがあるのだとご紹介頂き，学会で POTT の発表をやろうと，発
表前に福井先生と3人で，自身の“サイン的テーマ”について深く語り合
ったことが思い出されます。その後，辻井先生に加わって頂き，約8年に
わたり4人で“POTT の良さをどう伝えるか”に力を注いできました。3
人の先生方の豊富な翻訳経験に多くを学びながら，私自身この翻訳作業に
加われたことは大変幸せなことでした。

　セラピーの多くは，セラピスト自身の心の傷や弱さ・失敗体験は，修復
して解決をしていることを求められますが，POTT はこれを資源として
肯定的・積極的に活用し，セラピストの臨床的成長のためのチャンスとと

らえます。これは，"未曽有"ばかりが続く現代に生きる私たちに勇気を
与えてくれるのではないでしょうか。

　第8章では，POTTが心理士の修士課程だけでなく，メンタルヘルスに
関連する様々な領域すべてに通じると語られています。精神科医にとっ
て，"精神療法"を遠いものと感じている人も多いかもしれませんが，外
来診療において，全ての精神科医が"精神療法"をおこなっています。精
神科医の精神療法は2つの水準があるとされ，第一は，精神科医が全ての
臨床状況でできなければいけない支持的精神療法，そして第二は，心的な
交流の中で，対象となる人のパーソナリティや考え方の変化や成長をめざ
していくタイプの精神療法（力動的精神療法，認知行動療法など）を指し
ています（日本精神神経学会精神療法委員会より）。つまり精神科医の臨
床でも，患者さん（クライアント）との相互関係や共感は大きな課題であ
り，"人としての精神科医"の資質向上には，このPOTTの哲学は大変重
要ではないかと考えています。今後，国内でPOTTについての関心と実
践が，あらゆるメンタルヘルス領域に拡がっていくことを願っています。

辻井弘美

　私がPOTTを知ったのは，2017年に行われたインターショナル・ファ
ミリーセラピー・アソシエーション（IFTA）の年次大会の場でした。そ
こで本書の著者の一人であるニーニョ博士が，家族療法の大学院プログラ
ムで行ったPOTTについて発表されていました。会場には多くの人が集
まり，POTTを大学院で行う際の評価方法や，セラピストに求められる
資質は何であるか等，様々な視点から盛んなディスカッションが行われま
した。より効果的なセラピーの様式が常に模索される中で，臨床家に注目
する「人としてのセラピスト」への関心の高さが，そこにうかがわれてい
たように思います。

　臨床家として自己を探求したり，自分と家族の関係性を振り返るトレー
ニングは，個人精神療法や家族療法の教育や研修に組み込まれるなど，

様々な形で実施されています。それをPOTTのように臨床につなげ，模擬セラピーのスーパービジョンや実習の振り返りも含めて体系化し，ファシリテーターのトレーニングと共に確立したプログラムは他に類をみないでしょう。セラピーの様式や理論によって，自己や自己を振り返るトレーニングについての考え方は異なる中で，POTTを通して「人としてのセラピスト」についてのディスカッションが広がり，トレーニングの機会が増えていくことが期待されます。

　本書の翻訳の機会は，私がIFTAに参加した直後に，小笠原先生より頂きました。小笠原先生は，家族療法家であるアポンテ博士の論文を研究される中でPOTTに出会われ，後にPOTTの実践を大学院で始められた福井先生と，医師として精神科医療でのPOTTの重要性を論じられる大森先生と共に，日本へのPOTTの紹介を既に始められていました。3人の先生方は，POTTの概念を原著に忠実に訳すために，一語一語を吟味し，納得いくまで議論し，推敲を重ねられていました。そこに参加させていただいたことで学んだことも多く，この機会に深く感謝しています。本書から，現地の文化やトレーニングの文脈も含めたPOTTとその実践の様子が，読者の皆様に伝わることを願っています。

福井里江

　本書の翻訳を終えて，私は今，自分のスーパーバイジー体験をあらためて思い起こしています。スーパーバイザーは，私が心の奥深くにしまいこんでいた人としての歴史に焦点を当て，数々の辛い体験の中にも私を生かしてきたものがあったことに気づかせてくださり，私が自分自身やクライアントとつながれるように支えてくださいました。今でも私の中には，そのときに味わったスーパーバイザーとの関係性や学びが体感として残っており，臨床や教育に携わるときの軸となっています。小笠原先生の導きで本書に出会ってから出版まで，大変長い年月がかかってしまいましたが，この体験があったからこそ，POTTの魅力や意義を多くの方々に伝えた

い思いで，あきらめずに取り組んでこられたのだと実感しています。

　本書の翻訳は，まずそれぞれの担当章を下訳し，その後，お互いが原稿を読み合って気になる点を抽出，その後，それらを一つ一つ協議して訳語や訳文の吟味を行うというプロセスを繰り返しながら進めていきました。忌憚なく意見を重ねていけるこの4人の信頼関係とチームワークがなければ，本書の翻訳を成し遂げることはできなかったと思います。また，私自身としては，自分の指導学生とともにPOTTを実践してきた経験や，オープンダイアローグのトレーニングを受けた経験なども，本書の理解や訳出に役立ちました。これまで力になってくださったすべての方々に，この場をお借りして御礼申し上げます。

　POTTモデルは，セラピストが弱さや葛藤のある自分のままでいることを通して，クライアントと人間的につながり，理解し，関われるようになることを目指す，臨床の流派を問わず土台となるようなトレーニングです。本書に何度も出てくる「関係構築，アセスメント，介入」という言葉はある意味聞きなれたものですが，そのどのプロセスにおいても，自分自身の人生経験や人間性をいかにして意識的に目的をもって活かすかが一貫して重視され，そうした実践的学びを支えるものとして，「サイン的テーマ」「同一化」「差異化」という中心概念が登場します。このような「人としてのセラピスト」にまつわる涵養がなされないまま，クライアントをただ外側から対象化して眺め，治療や支援に走ってしまうとき，専門性という名のもとにクライアントの傷つきや不利益が生じてしまうのかもしれません。今後，POTTの理念や取り組みが，公認心理師・臨床心理士養成はもちろん，心のケアに携わるあらゆる職種に広まり，人としての尊厳やつながりを基盤とする実践に結びついていくことを，心から願っています。

　最後に，本書を日本に紹介したいという私たちの願いを根気強く見守り，実現してくださった星和書店の石澤雄司社長と編集部の近藤達哉さんに，訳者一同，心より感謝申し上げます。

索　引

索引は，カテゴリーごとに分類してあります。

また，本文中の言葉が多少違っても，意味の類似度が高い言葉はまとめて示してあります。

検索にはやや不向きですが，内容が一覧できますので，興味のある用語・フレーズを探して，本文への入口にしてみてください。

【POTT の構造と構成要素】

導入セッション　27

オリエンテーション　27

日誌　27, 49-71

サイン的テーマ　26, 28-34, 34-46, 50-52, 55-71, 73-101, 113-134, 149-152, 156, 157, 162, 188-198, 205, 207-222

　ーサイン的テーマのレポート項目　29-30

事例発表　26, 34-36

　ー事例発表のレポート項目　34-36

ロールプレイ　36-37

シミュレーション実習／シムラボ／模擬セラピー　26, 37-43, 51, 102

　ーシムラボのレポート項目　40

　ーライブ・スーパービジョン　26, 38, 39, 51, 67

　ースクリプト　167-168

最終課題　43

　ー最終課題のレポート項目　43

二者間のスーパービジョン　205-225

文献を読む　149

ビデオ／ビデオクリップ　26, 34, 36, 39, 53, 175

ジェノグラム　30, 35, 88

グループ・グループ形式　26, 91, 150, 172

個別のサポート　28

フィードバック

　ー大学院生のアシスタントから　27

　ー他の学生から　33, 39, 53, 97

　ー俳優・クライアント役から　39, 53, 168

　ーファシリテーターから　50, 51, 58, 151

学生／クラスメート　26

ファシリテーター　26, 147-164

　ーファシリテーターのトレーニング　147-152

　ーファシリテーターの仕事　153-164

共同ファシリテーター　152-153, 164

大学院生のアシスタント　26

IP（identified patient）　62, 67, 102

模擬クライアント　54

雇用された／訓練を受けた俳優　26, 38, 51, 102, 165

学外のセラピスト　159

場の構造　154

安全　54, 154

支持的な雰囲気　57

受容的なトレーニング環境　154

守秘義務／プライバシーの尊重　154, 173

二重関係を避ける　170

倫理　172

ルール　154

クライアントの利益／ウェルビーイング　148, 172

遠隔カメラ　38, 102, 172, 175

観察用の鏡　38, 102, 172, 175

録画設備　175

資格認定機関／認定基準／教育基準　182, 183, 191, 196, 197

成績評価　52

ガイドライン　154, 168, 224

【POTT のプロセス】

関係性　13-17, 120, 130, 156, 168, 186

アセスメント　13, 17-20

介入　13, 20-22

自分を知る　7-12, 206

自分にアクセスする　7-12

自分を調整する　8-12, 196

同一化　5-23, 50, 97

差異化　5-23, 50, 97

人としての自分自身　13, 25, 28, 34, 49, 51, 54, 90

自分自身を生かす／用いる　9, 109, 142, 143, 151, 152, 166, 174, 205, 206

率直でいる／心を開く　18, 50, 56

弱さ・傷つきやすさ・葛藤とつながる／無防備なままでいる　17, 18, 50, 56, 59, 65, 70, 79, 94, 101, 110, 111, 116, 121, 125, 128, 134, 197, 198, 200, 217

その時，その瞬間に／今，この瞬間に　7, 13, 20, 36, 95, 111, 184

存在している／そこに居る　1, 65, 68, 145, 184, 199, 212

人と人とが出会う人間的なプロセス　1

生きた／生き生きとした体験　2, 3, 145

関係性における立ち位置　13, 15, 21

共鳴　6, 17, 18, 19, 20, 76, 151, 179, 182, 191

共感　12, 13, 33, 63, 195

人間的な・人としてのつながり　5, 16, 17, 22,

人間性とつながる／受け入れる／共有する　23, 91, 131, 135, 145, 148, 150, 155, 179

クライアント家族とつながる／ともにいる　38, 63, 70, 108, 144, 216, 221

弱さ・葛藤・怖れは普遍的なものである　33, 45, 58, 200

同じ人間だという感覚　97

共通点に気づく　61, 140, 142

修正しようとしない　68

言語化されない情報を知る　179

言語的，非言語的能力が必要　186

人として，専門家として　32, 38, 45

臨床と結びつける／関連づける　50, 51, 52, 53, 54, 59

自己内省と臨床の両方に取り組む／統合する　53, 54

自己開示　68, 154, 162

自己探索　158

原家族　57

承認する／正当性を認める　33, 131, 142

傷ついた癒し人　161, 179

リソース／資源　33, 55, 59, 122, 123, 182, 188

境界・境界線（人やクライアントとの）　16, 76, 176, 221

境界・境界線（トレーニングにおける）
　　－トレーニングとセラピーとの　148, 149, 161, 163

　　－個人と専門職との　174, 223, 224

　　－受講生と受講生の　154, 171

自分とクライアントの経験を区別する　63

対処方法／対処のメカニズム　96, 114, 115, 116, 120, 131, 132, 141

自分自身の臨床的判断を使う　177-201

セルフケア　175, 222

人間的な変化　9

人としての成長　75, 161, 224

臨床家としての成長　50

同時発生的な変化と成長　206, 216, 220

意識的／意図的／積極的／肯定的／目的を持って　12, 13, 23, 49, 51, 53, 134, 151, 152, 154, 206

【受講生／セラピストの感情・体験】

愛されるに値しないことへの恐れ　207

要求がましいと思われたくない　28

アイデンティティが消される　84

怒り／憤り　86, 207, 210

裏切り　77, 84

重苦しさ　108

親を失望させる恐れ　58

愚かな人だと思われる　31

解決に飛びつく　67, 145

過去を忘れようとする　144

過剰に人の世話をする　207

悲しみ　108

感情が邪魔をする恐れ　63, 194

感情・情緒を避ける／切り離す／ふたをする　60, 61, 64, 68, 77, 85, 86, 96, 109, 110, 140, 150, 194, 208

完璧でなければならない　33

「きちんとやらねばならない」症候群　208

共感性が高い／共感しすぎる　76, 91

拒絶される／拒絶される怖れ　28, 31, 87, 133, 190, 193

クライアントに嫌われないような話題を選ぶ　207

現実逃避　80

ゴールへの到達を追求する／自分を急き立てる　64, 212

克服しなければならない　44

孤独／孤立／一人　28, 33, 80, 88, 108, 125, 133, 143
コントロールする／できない　67, 81, 92, 130, 131, 132, 157, 214, 217
コントロールを手放す　213
罪悪感　207, 210
自己犠牲　118, 120, 123, 207
自己尊重感の低さ　208
自分には価値がないのではないか　31, 207
自分のペースが速すぎる　64
自分の欲求を否定する　213
自由がない　80
情緒的なニーズ　120, 121
承認欲求　208
消耗　76, 115, 123
信頼・信用する／しない／できない　32, 74, 77, 78, 84, 90, 126, 129
スーパーバイザーへの依存　218
責任を背負いすぎる　210
セラピストとして不合格である不安　195
喪失　84
大事な人を失う恐れ　126, 207
抱きしめてほしい　127
他者を喜ばせたい　190
助け人　117, 135, 136
沈黙を避ける　207
同情を優先する　76
怒鳴りつけられるのではないか　42
努力しても失敗する　28
二度と戻ってきてもらえない　32
恥・恥ずかしさ　33, 150
必要とされたい　207
人との関係において距離を置く／壁を作る／身を引く　61, 74, 77, 207, 210, 217
人に知られたくない　28
人に頼らない／助けを求めない　28, 73
批判を恐れる　60, 61
疲労感　125
不安／怖れ　28, 32, 198
不公平さ　125
負担になることを恐れる　133
分析的　98
防衛機制　115, 120, 125, 133, 142
巻き込まれやすい　67

見捨てられる／見捨てられる怖れ　28, 31, 33, 40, 77, 82, 123, 132, 133, 140, 157
無力感／無力な　81, 83, 92
燃え尽き　76, 207
問題を回避する　110
良い仕事をしていないと思われる　32
抑圧する　122, 133
弱さ／傷つき／傷つきやすさ／葛藤　55, 57, 77, 79, 86, 91, 116, 132, 135, 191
リスクのある相手を選ぶ　89
理性化／知的な理解　80, 109
両親に対する批判　139
臨床上の結びつきに過度に依存する　208
悪く思われているのではないか　41

【日誌のテーマ】
日誌のテーマ　54-71
秋学期の日誌のテーマ　55-59
　－POTT のプロセスがわかってくる　55
　－つながる　56
　－不安と弱さを探求する　57
　－感情体験を言葉にし始める　59
冬学期の日誌のテーマ　59-65
　－共通の葛藤に気づく　60
　－サイン的テーマをリソースとしてとらえる　62
　－「すること（doing）」から「居ること（being）」に移行する　63
春学期の日誌のテーマ　65-71
　－自分自身へのアクセスが増える　66
　－自分自身を生かす／用いる　68
　－原家族の問題を受け入れる　70

【POTT の事例】
ライニー（受講生）の事例　73-111
　－サイン的テーマのレポート　73-77
　－サイン的テーマの発表　78-101
　－シムラボ　102-111
ダリア（受講生）の事例　113-146
　－サイン的テーマのレポート　113-115
　－サイン的テーマの発表　116-134
　－シムラボ　134-137

索　引　261

―事例発表　137-144
　　―毎週の日誌　144
アポンテによるスーパービジョンの事例　188-222
　　―ジョディ・ルッソンの事例　188-200
　　―マーサの事例　206-222

【日誌・レポートの実例】
サイン的テーマのレポート（ある学生）　31-32
シムラボのレポート（ある学生）　40-43
最終課題のレポート（ある学生）　44-46
マンディの日誌（秋学期）　55
ジャクリーンの日誌（秋学期）　57
ステファニーの日誌（冬学期）　60
メリッサの日誌（冬学期）　62
サラの日誌（冬学期）　63
デビーの日誌（春学期）　67
ショーナの日誌（春学期）　68

【セラピーの各流派】
ナラティヴセラピー　2
古典的な精神分析　2, 21
構造学派／構造主義的家族療法　2, 4, 24
アタッチメント・セラピー／愛着理論　4, 11, 17, 127
感情焦点化療法　4, 210
認知行動療法　4
ポストモダン　14
システム論／システミック・モデル　20, 127
解決志向ブリーフセラピー　21
人間性中心の視点　127
トラウマへの焦点化　210
実演化　2, 4
分化（Bowen）　6
同調（Wylie & Turner）　11
存在している（Rogers）　15
権威（Rogers）　15
親密な体験（Satir）　17
感情同調能力（Wylie & Turner）　17
家族構造の「バランスを崩す」（Minuchin & Fishman）　21
原家族からの分化（Kerr & Bowen）　197

逆転移（Freud）　197

【機関・プログラム名】
ドレクセル大学　25, 165
バージニア家族研究所　25
人／実践モデル　25
カップル・ファミリーセラピー学部　25
マリッジ・ファミリーセラピー修士プログラム　25, 73, 113, 149,
カップル・ファミリーセラピー修士プログラム　165
MFT プログラム　185

【人名】
Anderson　14
Aponte　25, 73-111, 113-146, 188-200, 206-222
Bowen　6, 19
Dattilio　4
Fishman　14
Horvath　3
Kerr　19
Koob　21
Minuchin　14
Muntigl　3
Rogers　14
Satir　17
Sprenkle　4
Turner　4, 11
Watson　25
Weiss　3
Wylie　4, 11

〈編著者〉

ハリー・J・アポンテ（Harry J. Aponte, MSW, LCSW, LMFT, HPhD）

ドレクセル大学カップル・ファミリーセラピー学部　臨床准教授

私は，精神分析的心理療法を学んだ背景を持ち，構造派家族療法から多大な影響を受けています が，セラピーでは統合的アプローチを実践しています。私は，欠点や弱さを持つ私たちの人間性がどのようにセラピストとしての共感力を高めるかについて感じることが多々あり，一つの信念を形成するに至りました。そういった感受性や信念を通して本書のPOTTモデルは構成されています。

カーニ・キシル（Karni Kissil, PhD）

認定マリッジ＆ファミリーセラピスト。フロリダ州ジュピターにて開業

私は2つの異なる文化圏に住み，2つの異なるセラピーのアプローチ（精神力動的心理療法と家族療法）の訓練を受けてきたことで，セラピストとして既成概念にとらわれない考え方ができるようになりました。私がPOTTモデルに惹かれるのは，欠けているところのある私たちの人間性を受容することを重視しているからです。それによって私は自分自身を心地よく受け入れることができるようになり，より自由に臨床を行うことができるようになりました。

〈著者〉

レナータ・カルネーロ（Renata Carneiro, MS PhD）

私の持つ文化や，演劇者としての経歴，そして家族のおかげで，私は常に人に対して好奇心を持っていました。私の志向する臨床理論は，ナラティブ的家族療法です。自分とは異なるクライアントとのセラピーを実践し，その人々の経験について学ぶことに喜びを感じています。私にとってのPOTTの魅力は，体験的要素を重視しているところにあります。私自身も，自分のすべてを用いながら，クライアントとつながることを大切にしているからです。

クリスチャン・ジョーダル（Christian Jordal, PhD, LMFT）

ドレクセル大学カップル・ファミリーセラピー学部，修士プログラムディレクター／臨床准教授

私は，クライアントの抱える困難に応じて，さまざまなアプローチを実践しています。カップル・セラピーとセックス・セラピーについては，上級トレーニングを受けています。私がPOTTに惹かれるのは，私自身が，臨床家としての自分を理解するためには，人間としての自分を理解しなければならないと考えているからです。

アルバ・ニーニョ（Alba Niño, PhD, LCMFT）

アライアント国際大学（米国サンディエゴ）カップル・ファミリーセラピープログラム助教

私は，アタッチメントと感情を中心に据えるセラピーの知識をもとにして，臨床を行って

います。現在の研究テーマとして，移民であるセラピスト，異文化間の治療的関係，セラピストの効果的なトレーニング方法などに関心を持っています。POTT のトレーニングは，研究者として，また教員として，私の仕事の中心となっています。POTT の理念とトレーニングでの課題は，受講生が自分自身を人間らしくし，クライアント，そして心理療法という職業を人間らしくするのに役立っています。

ジョディ・ルッソン（Jody Russon, MA, PhD）

ドレクセル大学　ポスト・ドクトラル・フェロー

ファミリー・セラピストとして，また研究者として，私はアタッチメントの知識をもとにした介入や，ジェンダーや性的アイデンティティに関する社会生態学的視点を中心に関心を持っています。自分自身の経験を用いて家族に共感する POTT のトレーニングプロセスを通して，セラピストとしての可能性を，最大限に追求し続けることができると私は思っています。私は，「傷ついた癒し人」として，感情に関する知恵を得ることができ，心を開いて他者に手を差し伸べられることができるようになりました。

セネム・ゼィティーノル（Senem Zeytinoglu, PhD）

トルコにあるコジャタギ・アチバデ（Kozyatagi Acibade）病院小児神経科に勤務するファミリー・セラピスト，また，イスタンブール・ビルギ（Bilgi）大学カップル・ファミリーセラピープログラム臨床スーパーヴァイザー

自分とは異なる道を歩んできた人たちと接するとき，自分の人生経験を用いられることが，私の拠り所となっています。私はシステム論に基づく臨床を実践し，感情焦点化療法と EMDR の広範囲にわたる訓練を受けています。POTT は私にとって，自分の感情，信念，そして完全ではない物事の捉え方すべてを，クライアントのために用いる方法なのです。

〈訳者略歴（五十音順）〉

小笠原知子（Tomoko Ogasawara）

2007年，University of Rochester 大学院にてマリッジ＆ファミリーセラピスト（MFT）の資格取得。その後，University of Minnesota の博士課程において医療的家族療法(Medical Family Therapy)の専門的臨床訓練や，カップル・家族関係における文化比較研究及び介入支援調査研究に従事。翻訳書としてポーリン・ボスによる「あいまいな喪失」の理論と介入法に関する著作数冊，およびスーザン・マクダニエル他による著作『メディカルファミリーセラピー』などがある。日本家族療法学会認定スーパーバイザーとして日本におけるセラピスト養成に関する論考や発表に関わり，主にアジア圏における家族志向の臨床家とともに，family therapy の発展や社会文化的適応について学術交流を行っている。2015年より金沢大学に奉職，現在に至る。

翻訳担当：序文，謝辞，第1章，第7章，第9章，付録C，付録D

大森　美湖（Miko Oomori）

医師，公認心理師，臨床心理士。

現職は，東京学芸大学保健管理センター　准教授。

専門は思春期疾患，摂食障害，家族療法，家族心理教育，メンタライジングなど。大学では学生へのカウンセリングや教職員への産業医面談を主に行い，クリニックでは思春期疾患の臨床を行っている。研修医時代から現在まで，摂食障害をはじめとする思春期病態に悩む子供の親向けの家族グループに携わっている。

現在，メンタライジング・アプローチの研修中。

翻訳担当：第8章

辻井　弘美（Hiromi Tsujii）

公認心理師，臨床心理士，米国認定カウンセラー（NCC），ニューヨーク州認定マリッジ＆ファミリーセラピスト（LMFT）。

専門は家族療法。国立成育医療研究センターこころの診療部（心理療法士），カリフォルニア臨床心理大学院日本校（講師）等を経て，現在，ゆうりんクリニックでの臨床および家族療法・オープンダイアローグの研修・スーパービジョンに携わる。Medical Family Therapy Intensive (ロチェスター大学医療センター)，Dialogical Approaches in Couple and Family Therapy Trainer's Training (Dialogic/ フィンランド)修了。

翻訳担当：第4章，第5章，第6章，著者紹介

福井　里江（Satoe Fukui）

公認心理師，臨床心理士，博士（保健学）。

現職は，東京学芸大学教育心理学講座臨床心理学分野　教授。

専門は，家族心理教育，個人精神療法，家族療法，オープンダイアローグなど。

大学・大学院で主に公認心理師・臨床心理士の養成を行いながら，民間のメンタルクリニックにおける臨床活動，不登校・ひきこもり等をめぐる家族支援，それらに関連した各種の講演会・研修会・スーパービジョン等に携わっている。2017年から自分の指導学生とともにPOTTの一部を実践，現在までに25名の大学院生がPOTTに参加している。

日本心理教育・家族教室ネットワーク認定家族心理教育インストラクター。オープンダイアローグ・アドバンスト・トレーニングコース（ODNJP）修了。

翻訳担当：第2章，第3章，付録A，付録B

人としてのセラピスト養成モデル

2024年9月24日　初版第1刷発行

編　著　者	ハリー・J・アポンテ　カーニ・キシル
監　修　者	福　井　里　江
訳　　　者	小笠原知子　大森美湖　辻井弘美　福井里江
発　行　者	石　澤　雄　司
発　行　所	㍿星　和　書　店

〒168-0074　東京都杉並区上高井戸1-2-5
電話　03（3329）0031（営業部）／03（3329）0033（編集部）
FAX　03（5374）7186（営業部）／03（5374）7185（編集部）
http://www.seiwa-pb.co.jp

印刷・製本　中央精版印刷株式会社

Printed in Japan　　　　　　　　　　　ISBN978-4-7911-1141-1

・本書に掲載する著作物の複製権・翻訳権・上映権・譲渡権・公衆送信権（送信可能化権を含む）は㈱星和書店が管理する権利です。

・ JCOPY 〈（社）出版者著作権管理機構　委託出版物〉
本書の無断複製は著作権法上での例外を除き禁じられています。複製される場合は，そのつど事前に（社）出版者著作権管理機構（電話03-5244-5088，FAX 03-5244-5089，e-mail：info@jcopy.or.jp）の許諾を得てください。

愛着と精神療法

デイビッド・J・ウォーリン 著
津島豊美 訳
A5判　588p　定価：本体 5,800円＋税

ウェルビーイング療法
治療マニュアルと事例に合わせた使い方

ジョバンニ・A・ファヴァ 著
堀越 勝 監修　杉浦義典，竹林由武 監訳
A5判　212p　定価：本体 2,300円＋税

自然流 精神療法のすすめ
精神療法、カウンセリングをめざす人のために

岡野憲一郎 著
四六判　300p　定価：本体 2,500円＋税

女性心理療法家のための Q&A

岡野憲一郎 編
心理療法研究会 著
A5判　276p　定価：本体 2,900円＋税

発行：星和書店　http://www.seiwa-pb.co.jp

認知行動療法実践ガイド：
基礎から応用まで 第3版

ジュディス・ベックの認知行動療法テキスト

ジュディス・S・ベック 著　伊藤絵美, 藤澤大介 訳

A5判　632p　定価：本体 4,500円＋税

短期精神療法の理論と実際

Mantosh J. Dewan, 他 編著
鹿島晴雄, 白波瀬丈一郎 監訳

A5判　416p　定価：本体 3,500円＋税

メタファー：
心理療法に「ことばの科学」を取り入れる

ニコラス・トールネケ 著　スティーブン・C・ヘイズ 序文
武藤 崇, 大月 友, 坂野朝子 監訳

A5判　256p　定価：本体 3,000円＋税

マインドフルネスそして
セルフ・コンパッションへ

苦しい思考や感情から自由になる

クリストファー・K・ガーマー 著　伊藤絵美 訳

A5判　364p　定価：本体 2,700円＋税

発行：星和書店　http://www.seiwa-pb.co.jp

動機づけ面接〈第3版〉上

ウイリアム・R・ミラー，ステファン・ロルニック 著
原井宏明 監訳

A5判　424p　定価：本体 4,400円＋税

動機づけ面接〈第3版〉下

ウイリアム・R・ミラー，ステファン・ロルニック 著
原井宏明 監訳

A5判　312p　定価：本体 3,600円＋税

よくわかるACT（アクセプタンス＆コミットメント・セラピー）〈改訂第2版〉上
明日から使える ACT 入門

ラス・ハリス 著　スティーブン・C・ヘイズ 序文
武藤 崇, 嶋 大樹, 坂野朝子 監訳

A5判　336p　定価：本体 3,300円＋税

よくわかるACT（アクセプタンス＆コミットメント・セラピー）〈改訂第2版〉下
明日から使える ACT 入門

ラス・ハリス 著　スティーブン・C・ヘイズ 序文
武藤 崇, 嶋 大樹, 坂野朝子 監訳

A5判　320p　定価：本体 3,200円＋税

発行：星和書店　http://www.seiwa-pb.co.jp